KB273412

호국 특전사

털보 엘리야와 대머리 엘리사

나눔사

호국 특전사-털보 엘리야와 대머리 엘리사

초판 인쇄 ｜ 2005년 4월 15일
초판 발행 ｜ 2005년 4월 20일

지은이 ｜ 정명식
펴낸이 ｜ 이충석
편집인 ｜ 성상건

박은곳 ｜ **나눔사**

㉾122-943 서울특별시 은평구 진관내동 529-1
전화 359-3429, 359-3453 팩스 355-3429
등록 ｜ 1998년 2월 16일 제2-489

ⓒ정명식, 2005

값 9,000원

ISBN 89-7027-025-6 03230

추천의 글

　　본 서는 구약성경의 역사서에서 가장 두드러진 선지자인 엘리야와 엘리사에 대한 설교적 관점을 담고 있다. 엘리야와 엘리사에 대한 이야기는 열왕기 전체에서 약 1/3을 차지하며, 이 두 인물은 이스라엘 역사에서 가장 어두운 시대에 가장 밝은 빛을 비춘 선지자로 나타난다.

　　저자는 웨스트민스터 신학교에서 왈키(B. K. Waltke), 딜라드(R. Dillard) 그리고 롱맨(T. Longman III)에게서 구약학을 탄탄히 배운 학도로서, 웨스트민스터 신학교의 해석적 전통을 이어받아 엘리야와 엘리사 선지자의 이야기에서 멋있게 풀어내고 있다. 그의 해석은 건실한 주석에 근거할 뿐 아니라, 성경신학적 안목까지 형성하고 있으며, 무엇보다도 주전 8~9세기 북 이스라엘의 상황을 현대의 다차원적 상황과 예리하게 연결하며 지평의 융합을 만들어 내고 있다. 독자들은 이 책을 통하여, 원문에 대한 이해 뿐 아니라, 구약역사서에 대한 새로운 설교적 접근을 볼 수 있을 것이다. 이에 저자와 함께 구약학을 공부한 사람으로서, 여러 목회자들과 신학생들에게 이 귀한 책을 필독서로 추천하는 바이다.

　　　　　　　　　　　　김 정 우 박사, 총신대 신학대학원 구약학 교수

추천의 글

이 책은 구약의 두 대표적인 선지자였던 엘리야와 엘리사가 각기 다른 시대에 주어진 독특한 사역을 어떻게 행하였는가를 깊이 있고 폭 넓게 말해 줄 뿐 아니라 마치 엘리야와 엘리사가 오늘의 시대에 다시 살아나서 말해주는 것 같이 현실감이 넘치는 놀라운 책이다

이 책을 주의 깊게 읽는다면 역사의 배후에서 일하시는 하나님의 손길을 만나게 될 것이며 오늘의 시대에 우리에게 주시는 그 분의 음성을 듣게 될 것이다

서 삼 정 목 사
미국 애틀랜타 제일 장로교회 담임
「영성이 살아야 예수 믿는 맛이 난다」 (두란노) 의 저자

감사의 글

"목사님, 목사님은 풍부한 지성을 가지고 계세요. 그걸 그냥 썩히지 마세요."

"왜 나한테 그러냐? 네 아빠도 지성이 풍부하시잖니?"

"아빠의 지성은 책하고만 연결된 거예요. 목사님의 지성은 마음과 연결되어 있어요."

'목사님'이란 호칭이 이젠 부담스럽고 어색하다고 느끼기 시작하던 필자에게 소녀의 이 말은 작은 충격이었다. 노크도 없이 문을 벌렁 열고 들어온다고 한마디 할 양이면 목사님 네 셋째 딸이 왜 노크를 해야 되냐고 반박하던 소녀는 어쩌면 호적상의 딸들보다 더 친숙한 딸이 되어 버렸는지 모르겠다. 필자만 만나면 말이 많아지는 탓이기도 하려니와, 아비로서의 의무감을 느낄 필요가 없는 딸인 탓에 더욱 마음속에 묻어둔 이야기들을 거리낌 없이 나눌 수 있는 것일 게다. 방학을 맞아 영국서 돌아오면 언제나 필자를 찾아왔던 소녀가 해준 그 말의 의미는 무엇일까? 어쩌면 소녀를 실망시킨 아빠에게서 찾지 못한 그 무엇을 필자에게서 찾아내려는 애절한 갈구의 표출일까? 아니면 자포자기에 빠져버릴 지도 모를 필자에게 자신도 모르는 사이에 사랑의 하나님의 대변인이 된 것일까?

어쨌든 이런저런 상념들은 접어두기로 하고, 소녀의 말은 목사로서의 자신을 다시 한번 생각게 하는 하나의 작은 계기가 되었다는 말은 꼭 해두고 싶다. 남들이 부러워하던 직장을 그만두고 미국으로 건너와 십수 년간 몰입해오다 책갈피 속에 그냥 버려두었던 지식들과 갑자기 불어 닥친 폭풍으로 산산 조각난 꿈의 잔해들과 힘겨워 땅바닥에 누워버린 필자의 눈을 통해 들어와 가슴속에 지워지지 않는 파일로 기록된 기울어진 세상의 영상들……
채 정리되지 않은 채 흩어졌던 이것들을 주워 담아 정열의 용광로에 부어
녹여 인내의 담금질과 각고의 망치질로 펴낸 이 글을 폐기처분하지 않고 다
시 보살펴주도록 필자를 일깨워준 말이었다.

　소녀의 말이 전부가 아니었다. 하나님은 이 책이 결국 빛을 보고 이제 필
자의 품을 떠나 자기의 길을 가게 되기까지 수많은 선배들, 친구들, 그리고
출판사를 동원해 주시고 필자를 격려해 주셨다. 그러므로 필자는 필자를 알
고 기도해주시는 많은 분들에게 주의 이름으로 감사하며, 특히 가장 존경하
는 선배이시며 조언자가 되어주신 총신대신대원 김정우 교수님, 언제나 큰
형님 같이 투정을 받아주시며 힘들 때마다 위안이 되어주시던 애틀랜타 제
일장로교회 서삼정 목사님, 거침없는 예리한 비평으로 글답게 만들도록 결
정타를 날려주신 웨스트민스터신대원의 박덕준 전도사님, 중도포기하지 않
고 끝까지 달려오도록 언제나 따스한 말로 격려해 주신 아름다운 친구 매사
추세츠 주 핫포드 제일 장로교회 김한요 목사님, 출판계의 사정에 어두웠던
필자를 위해 조언과 격려를 아끼지 않으셨던 웨스트민스터신대원의 이국진
목사님, 필자의 일을 자신의 일처럼 여기고 발 벗고 나서서 출판사를 알선
해 주신 믿음직한 친구 아세아연합신대원의 박응규 교수님, 가까이 지나면
서 우리네 문화와 살아가는 모습에 대한 목회자적인 안목을 함께 나누며 이
글을 위한 영감을 더욱 풍부하게 해 주신 애틀랜타의 장혁 목사님과 장성희
사모님, 정치적 불안정과 경제적 불황 속에서도 무명의 필자의 글을 받아
기꺼이 출판해 주신 나눔사의 성상건 사장님과 실무를 담당하신 손종오 장
로님과 직원들, 그리고 어린 시절부터 필자를 위해 눈물로 기도하시다가 지
금은 눈물 없는 곳에 계시는 어머님께 주의 이름으로 감사를 드린다.

이 책을 읽으려는 분들께

　　이 책은 성경 주석이나 논문이 아니다. 설교집도 아니고 성경공부 교재도 아니다. 이 책은 이 모든 것을 혼합한 자유분방한 스타일의 책이다. 그러니까 이것저것 필자의 손으로 손쉽게 주워 담을 수 있는 여러 가지 것들을 모아 필자의 관점에서 만들어 본 하나의 스테인드글라스 모자이크 같은 것이다. 태양빛은 맨눈으로 보지 못하고 필터를 통해서만 볼 수 있듯 하나님의 크신 경륜도 필터를 통해서만 볼 수 있다면, 필자가 구성한 이 모자이크 필터를 통해 독자들은 하나님의 경륜의 일부분을 관찰할 수 있을 것이다.

　　이 책은 구약학을 공부했던 필자가 특히 관심을 가져왔던 한 분야인 엘리야와 엘리사의 시대상황이 어쩜 지금 우리가 처한 시대상황과 너무 닮은 점이 많은 것 같다는 느낌을 가지고 이를 확인 및 검증해 나가면서, 모든 것이 헷갈리는 시대적 전환기에 처한 성도들의 삶에 대해 구약의 이 부분이 어떤 교훈들을 주고 있는지 독자들과 함께 생각해 보기 위해 쓴 책이다. 따라서 이 책은 필자의 주장이기도 하면서 독자들에게 던지는 질문이기도 하다. 또 어떤 부분은 실천적인 면에서나 신학적인 면에서 논란의 소지가 있을 수도 있다. 그러나 필자의 입장을 밝히기 위한 지루한 논리 전개는 꼭 필요한 경우 외에는 가급적 삼갔다.

　　이 책의 내용의 대부분은 성경을 어느 정도 읽어 그 주된 내용들에 익숙한 평신도들과 목회자들, 신학생들, 그리고 신학자들은 대개는 소파에 앉아 부담 없이 술술 읽어 내려갈 수 있을 것이다. 가끔씩은 자신도 모르게 성경

책을 펴서 확인하고 싶어질 것이다. 그리고 요즘은 심지어 헬라어와 히브리어까지 공부하는 평신도들도 있다는 소문이 사실이라면 필자가 이렇게 읽어라 저렇게 읽어라 말하는 게 오히려 어색하겠지만, 그래도 평균적인 수준을 감안할 때 다음과 같이 권하고 싶다.

이 책은 아무런 성경 지식이 없이 읽어나가도 어느 정도 얻는 것이 있을 것이다. 그러나 성경지식이 거의 없는 분들은 열왕기상과 열왕기하, 혹은 최소한 열왕기상 16장부터 열왕기하 13장까지 한 번 이상 읽으신 후 이 책을 읽는 것이 좋을듯하다. 그리고 각 장별로 서두에 표기된 성경구절을 읽은 후 각 장의 내용을 읽으면 더욱 좋겠다. 또 이 책을 읽는 동안 자주 펴 볼 수 있도록 성경책을 항상 옆에 두시기 바란다. 극히 일부 난해하다고 생각되는 부분들은 그냥 건너뛰어도 전체 흐름을 파악하는 데 큰 지장은 없을 것이다.

다음으로, 어느 정도의 성경 지식을 가지고 있는 평신도들은 가끔 뒤져보기 위해 성경을 옆에 두고 읽어 나가면 될 듯하다. 극히 일부 난해하다고 생각되는 부분들은 그냥 건너뛰어도 좋겠지만, 읽는 속도를 약간만 늦추고 새로 구입한 핸드폰 사용설명서나 정치적으로 약간 차원 있는 신문기사나 월간지를 읽을 때처럼 생각하면서 읽어나가면 이해하는 데 큰 어려움은 없을 것이며, 오히려 많은 것을 배울 수 있을 것이다. 주석은 부담스러운 것들도 있을 터이니 신학을 전공하는 사람들의 몫으로 생각하고 넘겨도 좋다. 그러나 더러는 평신도들에게도 도움이 되는 부분들이 발견될 것이다.

마지막으로 신학생들과 목회자들은 한글 성경은 물론 극히 제한적이나마 원어 성경을 참고할 준비를 하고 읽으면 책에 적힌 내용 이상의 것들을 얻을 수 있을 것으로 본다. 또 글의 흐름에 지장이 없고 전문성이 강한 내용들은 대부분 주석으로 처리했으므로, 여유만 있다면 주석들을 주의 깊게 읽으면 좋을듯하며, 주석에 추천된 자료들까지 찾아본다면 더욱 좋겠다.

아무쪼록 이 책이 읽는 모든 분들에게 전환기의 혼란한 상황을 하나님의 말씀의 프리즘을 통해 한번쯤 관찰하고, 그 속에 처한 성도와 교회의 갈 길을 생각해 보도록 하는 동기 부여의 몫을 감당한다면 필자로서는 더 바랄 것이 없겠다.

차 례

세상은 바뀌고 사람은 안 바뀌고

호국동지 털보와 대머리

〈와일드 와일드 웨스트〉(Wild Wild West. 1999)라는 제목의 코믹 공상 과학 영화가 있다. 미국의 남북전쟁 직후 동서를 연결하는 대륙횡단 철도가 완성되던 시절, 과학자들을 강제로 동원해 만든 첨단무기로 연방정부를 위협하며 항복을 종용하는 남군 잔당으로부터 율리시즈 그랜트 대통령과 연방정부를 구하는 두 영웅들의 이야기이다. 이 영화에서 흑인 스타 윌 스미스가 캡틴 제임스 웨스트 역을, 그리고 백인 스타 캐빈 클라인은 수사관 알티머스 역을 맡는다. 그런데 이 영화가 재미가 있는 이유 중 하나는 피부색 뿐 아니라 성격도 대조적이고 작전 성향도 전혀 다른 두 사람이 하나가 되어 싸우는 호국동지가 된다는 데 있다. 백인인 고든은 변장술과 첨단기기 발명에 뛰어난 반면, 흑인인 웨스트는 위트와 재치가 있으며 임기응변에 강하다. 그러나 마지막 장면에서 율리시즈 대통령과 고든 수사관이 러브리스 박사의 거대한 거미 탱크에 연금돼 위기를 맞았을 때, 웨스트는 고든의 변장술과 그가 발명한 비행기를 이용해 그들을 구해낸다.

대조적인 두 사람이 하나가 되어 싸우는 이야기가 또 있다. 그것은 구약 성경에 나오는 털보 한 명과 대머리 한 명의 이야기이다. 이 두 사람이 함께 길을 간다면 사람들은 아마 한번쯤 다시 쳐다볼 것이다. 생긴 모습도, 성격도 대조적이다. 털보는 다혈질이고 대머리는 비교적 차분하다. 털보는 직설적으로 쏘아붙이고 대머리는 남 듣기 싫은 소리는 별로 안한다. 털보가 크게 떠벌이는 대중선동가 스타일이라면 대머리는 작게 시작하는 맨투맨 스타일이다. 털보는 때려 부수고 불살라 버리는데 대머리는 고쳐주고 살려준다. 이처럼 대조적인 두 사람이 한 나라의 호국동지가 된다.

이것은 수천 년 전 이스라엘의 호국동지 털보 엘리야와 대머리 엘리사의 이야기이다. 그런데 이들은 웨스트와 고든과는 달리 동시에 출연하지는 않는다. 대신 시대의 한 전환점을 중심으로 스토리를 전반과 후반으로 나누어 전반은 털보가, 후반은 대머리가 주인공으로 등장한다. 즉 두 시대의 이야기를 연결해 큰 역사의 한 단원을 형성하는 것이다.

그런데 필자는 왜 이 이야기를 하고자 하는가? 이 이야기는 기원전 8~9세기 이스라엘의 이야기이자 또 하나의 시대적 전환점에 처한 우리의 이야기이기 때문이다. 우리는 세기가 바뀌는 전환점에 서 있다. 사무엘 헌팅턴이 이데올로기 충돌의 시대가 지나고 문명 충돌의 시대가 온다고 표현한 그 전환점이며, 한국과 미국을 비롯한 수많은 나라 안에서 보수 세력과 진보 세력이 그 어느 때보다도 더욱 첨예하게 대립하는 전환점인 것이다.

911이 666보다 더 무섭더라.

지난 세기 도덕적으로 한없이 타락해 가던 세상을 바라보며 비관적 종말론에 빠졌던 기독인들이 있었다. 그 중 어떤 이들이 보기엔 이스라엘의 국가 건립 혹은 재건은 "무화과나무 가지가 연하여 지는" 사건으로서, '여름' 즉 예수의 재림이 가까움을 보여주는 사건이었고(마태복음 24:32),[1] 유럽연합(EU)의 전신인 유럽 공동체(EC)는 열 뿔 달린 짐승(요한계시록 13장)

이었다. 이러한 해석을 바탕으로 이들은 재림예수를 기다리는 종말론적 기대를 키워갔다. 세대주의 신학자인 잔 월보르드는 사담 후세인이 쿠웨이트를 점령했던 1990년, 이 사건을 계기로 요한계시록의 아마겟돈 전쟁이 임박한 것으로 내다보려는 시도까지 했었다.2) 이와 같은 세기말적 분위기에 편승해 많은 사이비 재림예수들이 나타났었고, 가장 극단적인 부류에 속했던 시한부 종말론자들은 지난 세기가 가기 전 진짜 재림예수가 오실 것으로 기대했으나,3) 결국 그들이 기대했던 재림예수는 오시지 않았다. 그리고 그들이 그렇게도 무서운 것이라고 경고했던 666이란 숫자는 결국 하나도 무서운 것이 아님이 드러나고 말았다.

뿐만 아니라 잭 반 임페 목사가 "2000 시한폭탄"이라고 명명했던 엄청난 "2000년 컴퓨터 대란"도 예상과는 달리 일어나지 않았다. 세대주의적 종말론 연구가인 그는 1998년 9월 28일 방송된 〈잭 반 임페 쇼〉에서 이 컴퓨터 대란이야말로 누가복음 21:25에 예언된 '혼란'이 될 것이며, 예수의 재림이

---

1) 참고. Hal Lindsey, *The Last Great Planet Earth* (Grand Rapids: Zondervan, 1970) 53~54. 「대 유성 지구의 종말」이란 제목의 한글 번역판을 포함, 약 30개 언어로 출간된 이 책은 마태복음 24:34의 "이 세대"를 현대 이스라엘 국가 탄생일인 1948년 5월 14일로부터 시작, 약 40년간의 기간으로 해석해, 1988년 경 예수께서 재림하실 가능성을 강력히 시사했다. 물론 그는 "정확한 날짜를 말하는 것은 아니다." (p.5) 라는 토는 달았으나, 이 예언해석은 세계적으로, 특히 한국에서 엄청난 물의를 일으켰던 시한부 종말론의 모체가 된 것이 사실이다.

2) John F. Walvoord, *Armageddon, Oil, and the Middle East Crisis*, Revised (Grand Rapids: Zondervan, 1990 〔1974〕). 당시 달라스 신학교 조직신학 교수였던 저자는 1974년 아랍 국가들의 석유 무기화를 계기로 세대주의적 관점에서 중동과 유럽의 변화를 분석한 저작으로 이 책을 내놓았다가, 1990년 이라크의 후세인이 쿠웨이트를 점령하자 다시 개정판을 내놓았다. 그는 후세인과 적그리스도를 노골적으로 동일시하지는 않지만, 그 가능성은 비치고 있다.

3) 일례로 당시 소년 전도자 하방익을 중심으로 한 다베라 선교회의 「하나님의 마지막 계획」 (서울: 디딤, 1991)은 미국의 세대주의적 종말론 연구가 잭 반 임페(Jack Van Impe)의 한 세대의 기간 계산법에서 힌트를 얻어, 정확하게 1999년 10월 예수께서 재림하시고, 그로부터 7년 전 교회의 공중 휴거가 이루어진다고 주장했다 (pp. 30~1).

가까웠다는 결정적인 징조가 될 것이라고 말했지만,4) 그의 예언은 빗나가고 말았다.

반면 소수의 비관론자들을 제외한 대부분의 사람들은 하이테크 시대를 내다보며 기대에 부풀어 있었다. 그들은 비관주의적 종말론과는 반대로 낙관론적이었다. 그런데 "하이테크 시대"란 "하이테크"만으로 정의되는 시대가 아니었다. 기술의 비약적 발전 뿐 아니라 모든 상황이 낙관적인 시대였던 것이다. 가령 이데올로기와 세계 안보에 관해서는, 냉전이 종식되면서 핵전쟁의 공포가 크게 수그러들었다. 또한 경제상황을 보면, 18세기 영국에서부터 시작된 산업혁명에 견줄 수 있는 일종의 "경영혁명"이 레이건 대통령 시대를 전후해 미국에서 일어나면서 너무 비대해진 나머지 만년 적자에 허덕이던 기업들이 되살아나기 시작했다. 경영혁명의 일환으로 세계화가 진행되고, 대기업의 창업주들과 경영귀재들의 철학과 방법론 등에 대한 연구 분석을 바탕으로 경제적으로 성공하는 방법을 제시하는 책들이 무수히 쏟아져 나왔다. 그리고 과학기술 면에서는 불과 수십 년 전까지도 상상조차 못했던 하이테크의 비약적인 발전과 정보산업의 대중화가 새로운 낙원을 기약해주는 듯했다. 이와 같은 모든 상황은 20세기 초반 두 차례의 세계대전 등으로 인한 허무주의적 분위기를 낙관주의적 분위기로 바꾸어놓았으며, 특히 클린턴 대통령 시대의 미국은 이와 같은 진보에 힘입어 임박한 하이테크 시대에의 장밋빛 환상에 젖은 하나의 황금기를 누렸던 것이다.

이 같은 낙관적인 분위기는 한국도 마찬가지였다. 비록 외환위기를 겪기는 했으나, 하이테크의 발전에 고무된 닷컴 벤처기업들이 우후죽순처럼 생겨났고, 이들이 "돈 나와라, 뚝딱!" 도깨비 방망이가 될 것으로 기대했던 사람들의 소위 "묻지 마 투자"가 온 나라를 시끌벅적하게 만들었다.

---

4) "Hints at Y2K Leading to Anti-Christ; Holy Spirit Warned Him" http://www.geocities.com/bob_hunter/y2k2.html.

물론 지난 세기 말 세계화에 힘입은 고도성장기에도 위협은 있어왔지만 금세기처럼 심각하지는 않았다. 미국이 키웠던 이라크의 사담 후세인이 미국에 위협이 되긴 했지만 구소련의 위협에 비길 바가 못 되었고, 경제제재 조치를 통해 효과적으로 억눌려 왔었다. 또한 세계 곳곳에 산재한 테러집단들의 테러들은 산발적이고 국소적인 규모에 그쳐, 이들에 대해 약간만 경계하면 되는 것으로 여겨졌다.

그러나 21세기가 열리자마자 미국 본토에서 일어났던 9.11 테러 사건은 뉴욕의 월드 트레이드 센터와 함께 지난 세기 말의 낙관주의를 여지없이 무너뜨리기에 충분했다. 세상에, 지나고 보니 손이나 이마에 받으면 큰일 난다던 666도 컴퓨터 대란을 일으킬지 모른다던 00도 알고 보니 무섭지 않았는데, 무서우면 급히 누르던 미국식 119인 911이란 숫자가 이렇게 무서울 줄이야. 또한 약 이백 명의 스페인 사람들의 목숨을 앗아가고 스페인의 정치 판도를 순식간에 바꾸어놓은 2004년 3월 11의 마드리드 지하철 테러 사건은 "테러와의 전쟁"이 지엽적이거나 미국만의 문제가 아니라 전 세계의 생존을 위한 근본적인 사안임을 재확인해 주었다. 그런데 공교롭게도 이 두 사건의 간격이 911일이었다. 뿐만 아니라 미극과 이라크의 전쟁, 이란의 핵무기 사태, 그리고 북한의 핵 위기, 이를 빙자한 일본의 우경화 등으로 세계는 다시 공포에 떨고 있다.

그런데 아이러니컬한 사실은 수많은 이들로 하여금 새로운 꿈에 부풀게 해 준 하이테크가 꿈같은 세상에 대한 기대를 산산이 부서뜨리는 도구가 되어 버렸다는 것이다.

이러한 분위기 속에서 사무엘 헌팅턴이 말하던 "문명의 충돌"을 넘어서서 "문명의 종말" 혹은 "인류 자체의 종말"이 인류에게 다가오고 있는 것이 아닌가 하는 심각한 우려를 표출하는 사람이 있다. 미국의 국제관계 전문가이자 워싱턴 포스트 기고가인 월터 러셀 미드는 미국의 대 이라크 선전포고가 임박해 있던 2003년 2월 2일 "저주가 공중에 임할 때"(When Doom Is in The Air …)란 제목의 기고문에서 이렇게 말하고 있다.

낙관주의가 어떻게 된 일인가? "미국의 새 희망"이 어떻게 돼 버렸는가? 이렇게 묻는 편이 낫겠다. 진보란, 그러니까 기술적 진보가 우리 모두에게 나은 시대를 가져다 줄 것이란 기대는 어떻게 된 건가? 이 사상은 비단 지난 1990년대 만 아니라 계몽주의 시대 이후 서구 문명을 계속 지배해 오던 사상이었다. 십 년 전 우리는 산꼭대기에 거의 도달했다고 생각되었다. 지금은 손가락 끝으로 낭떠러지에 매달려 있는 것처럼 느껴진다. 2001년 9월 11일 사건은 이 새로운 분위기를 구체화해 주긴 했지만, 그 배후에는 더 큰 힘들이 움직이고 있다. 우리는 기술의 진보가 보다 나은 세상을 만들어가고 있다는 믿음이 바로 그 첨단기술이 불량국가들에게 힘을 제공하고―프랑켄슈타인의 괴물처럼―첨단기술을 만들어낸 자들을 공격할 것이라는 두려움으로 바뀌고 있는 전환기에 처해 있다.5)

물론 그가 어떤 나라들을 '불량국가'(rogues)의 범주에 포함시키고 있으며, 또 그의 분류에 동의할 수 있느냐 하는 문제에 대해서는 나라마다 또 사람마다 견해차가 있을 수 있겠지만, 그가 하이테크와 정보산업의 급진전

---

5) Walter Russell Mead, "When Doom Is In The Air…" The Washington Post, Feb. 2, 2003 B3. 원문은 다음과 같다:
"What happened to optimism? What happened to "morning in America"? A better question is, what happened to progress – the idea that technological advances were bringing better times for us all? That's been the ruling idea of Western civilization since the Enlightenment, not just the '90s. Ten years ago we thought we were standing somewhere near the mountaintop. Now it feels as if we're hanging by our fingertips on the edge of a cliff. Sept. 11, 2001, may have crystallized the new mood, but bigger forces are at work. We seem to be at a tipping point, where faith that technological progress was building a better world is yielding to fears that technology is empowering rogues and – like Frankenstein's monster – turning on its creators."

이 인류가 기다리던 구세주가 아니었다는 점을 분명히 한 것은 매우 적절하다고 생각된다.

세상은 바뀌고 사람은 안 바뀌고

1969년 노벨 문학상을 수상한 프랑스 작가 사무엘 베케트의 비극적 희극 〈고도우를 기다리며〉(En attendant Godot. 1949)는 19세기 말부터 팽배했던 낙관주의가 두 차례의 세계대전과 경제공항 등으로 허무하게 무너져버린 지난 세기 중반의 시대상이 그 배경이다. 하나님에 대한 신앙마저 무너져 내리던 혼란과 좌절의 시기에 그래도 신을 향한 실낱같은 기대를 가지고 보다 나은 세상을 기다리던 인류의 심경이 두 거지 블라디머와 에스트라곤의 허무개그 같은 대화 속에 그대로 나타난다. 그들 앞에 포조가 나타날 때, 그가 고도우일까 기대를 모았으나 아니었다. 해질 녘 이런 전언을 받는다. "고도우 님은 오늘 오시지 않습니다." 그 말을 들은 두 거지는 "자, 가세." 라고 말하지만 자리를 뜨지 않는다. 그리고 이튿날. 하루 종일 기다렸으나 고도우는 오지 않고, 전날과 똑같이 "고도우 님은 오늘도 오시지 않습니다."라는 전언을 받은 거지들은 또 "자 가세." 라고 말하지만, 여전히 자리를 뜨지 않는다. 죄를 안고 있는 모습 그대로 그 자리에 그냥 앉아있는 것이다. 기다림을 포기해야 될 줄 알면서 포기하지 못하는 처절한 심경은 바로 그 시기에 처한 인류의 실존적 고뇌였겠으나, 그렇다고 기다리는 그들의 원래 모습이 달라진 것도 하나 없다.

지난 세기 말, 어떤 이들에게는 20세기가 끝나기 전에 다시 오실 재림예수가, 어떤 이들에게는 하이테크 시대가 결국 오시지 않았던 고도우였는지도 모르겠다. 그래도 언젠가는 고도우가 오시리란 소망을 가졌는지 안 가졌는지, 인류는 염려했던 2000년 컴퓨터 대란을 겪지 않고 또 다른 세기를 향해 발걸음을 내디뎠다. "자, 가세." 그러나 실상은 움직이지 않았다. 달라진 게 없다. 세상을 구해줄 그 어떤 무엇인가에 대한 기대를 포기하지 못하는 고뇌와 함께 어제의 습관대로 여전히 죄와 전쟁은 계속되고, 만연된 세속주의 속에서 성도들은 참 신앙과 타협적인 신앙 사이를 왔다 갔다 한다.

털보와 대머리의 시대도 오늘 우리의 시대와 별반 다를 바가 없었다. 목이 말라 물 근원을 정신없이 찾아 헤매던 털보의 시대나 혼란의 시대상황 속에서 조용히 진행되어 가던 천국운동의 주체인 대머리의 시대나 죄와 전쟁은 여전히 계속되었고, 사람들은 여호와와 바알 사이를 왔다 갔다 했다. 이스라엘 왕 아합은 국제결혼과 이에 덤으로 도입된 이방 종교를 통해 일종의 세계화를 추진했다고 볼 수 있겠다. 그러나 고대 중동 판 세계화를 힘입어 유지됐던 번영기는 영원하지 못했다. 그의 왕가가 예후의 쿠데타로 무너지면서 동맹관계들은 산산조각이 났고, 예후 왕조의 이스라엘은 걷잡을 수 없는 전란에 시달렸던 것이다.

그러나 그 속에서도 하나님은 역사하셨고, 영원한 왕국을 세우실 구세주를 기다리는 소망은 점점 영글어 갔다. 그리고 하나님은 이 역사를 통해 오늘의 소망을 찾으라고 하신다. 이것이 필자가 이 글을 쓰기 시작한 이유이다. 즉 역사적 전환점을 배경으로 한 털보와 대머리의 투쟁의 삶의 모습을 통해 낙관주의가 허무하게 무너지고 있는 전환기에 처한 세상을 살아가는 성도 개인의 신앙 투쟁의 삶과, 교회의 신앙 투쟁과, 궁극적인 배경이 되는 영적 전쟁을 조명해 보고자 하는 것이다.

이스라엘의 병거와 마병이여!

하나님 나라의 호국동지 털보와 대머리의 투쟁의 삶을 그려가기에 앞서 우선 이들의 투쟁이 펼쳐지던 역사적 무대를 간략하게나마 살펴보는 것이 좋겠다.

한 사람이 이 땅의 삶을 마감하고 떠날 때 사람들이 하는 말을 통해 그의 일생이 잘 요약되는 경우가 허다하다. 그런 의미에서 엘리야가 승천하는 모습을 보며 엘리사가 외친 말(열왕기하 2:12)과 엘리사가 임종할 때 이스라엘 왕 요아스가 눈물을 흘리며 외친 말(열왕기하 13:14)이 똑같다는 점은 매우 의미심장하다고 할 수 있다.

"내 아버지여, 내 아버지여! 이스라엘의 병거와 마병이여!"

이 짤막한 외침은 그들이 살았던 시대가 어떠했는지, 또 그 시대를 살아간 그들의 삶의 모습이 어떠했는지를 시사해 주는, 매우 의미심장한 외침이다.

사실, 이 말의 역사성 문제는 논란의 소지가 있을 법도 하다. 어쩜 엘리사의 임종은 매우 자연스런 상황이었으며, 따라서 요아스가 이 말을 했다는 것도 역사적으로 있을 법한 일이었다. 반면 엘리야가 세상을 떠난 사건은 불 말과 불 병거의 호위를 받으며 회오리바람을 타고 하늘로 올라갔다는, 보통 사람들이 듣기엔 황당무계한 이야기로 기록되었다. 신화에나 나올 법한 이 이야기는 초자연적 사건들의 역사성을 부정하기를 좋아하는 비평적 주석가들이나 "합리적 해석"만을 추구하는 사람들에게는 역사적 사실로 받아들여지기 어려운 것이 사실일 것이며, 그렇다면 엘리사가 이같이 외쳤다는 사실도 믿기 어려울 것이다. 필자는 그 역사성을 믿기를 좋아하지만, 어쨌든 역사성에 관한 논의를 접어두더라도 확실한 것은, 열왕기가 이 외침을 털보와 대머리에게 다 적용함으로써 그들이 하나님 나라를 위한 닮은 꼴 호국동지임을 분명히 밝히고 있다는 점이다.

그런데, 의문점은 또 있다. "내 아버지여, 내 아버지여!"라는 외침은 그런 대로 이해하기 쉽다. 스승과 제자 사이, 왕과 나이 많은 선지자 사이 등 친숙한 사이에서 자주 사용했던 말이니까. 그러나 "이스라엘의 병거와 마병이여!"란 말의 진의에 대해서는 많은 현대 주석가들이 속 시원한 결론을 내리기를 주저하고 있다. 하여간 그 뜻이 의미심장한 만큼 필자는 독자들과 함께 그 의미와 교훈을 찾을 수 있는 데까지 찾아보고 싶다.

요아스 왕의 절규

열왕기하 13장 첫 부분을 읽다보면 마치 사사기의 한 구절을 읽는 듯하다. "하나님의 백성이 범죄했다. 여호와께서 진노하사 대적의 손에 붙이셨다. 백성들이 여호와께 부르짖으매 구원자를 보내셨다……." 사사기의 패턴 그대로다. 그런데, 5절의 '구원자'는 누구인가 하는 의문이 생긴다. 이에 대해 어떤 이는 아시리아의 왕이었을 것이라고 추측하기도 하지만, 사사기에 자주 나옴직한 패턴임을 고려한다면 외국 왕은 아닐 것 같다. 아마도 엘리사라고 보는 견해가 옳을 것이다.[6]

---

6) 참고. T. R. Hobbs, *2 Kings*, WBC Vol. 13 (Waco, TX: Word, 1985) 167.

하나님의 백성들은 수백 년 동안 범죄와 징계, 그리고 회개와 구원의 경험을 되풀이해왔다. 그러나 백성들은 여전히 범죄행위를 계속했다. 그래서 여호와께서는 그들을 다시 대적의 손에 붙이신 것이다. 당시의 군사적 상황은 열왕기하 13:7에 잘 나타나 있다. 즉 요아스의 선왕 여호아하스의 시대는 가깝고도 먼 사이였던 이웃나라 아람의 강한 군사력 앞에 무릎을 꿇고 자체 방위력에 대한 통제를 받던 시절이었다는 것이다.

이 시기를 다룬 열왕기의 기록들을 좀더 잘 이해하기 위해서는 기원전 9~8세기의 이스라엘과 중동의 역사를 간략하게나마 알아두는 것이 좋겠다.

북쪽 나라 이스라엘이 한때 강성을 누렸던 오므리 왕조 시대는 어쩜 한국의 소위 신군부 시대와 비슷한 데가 많다. 기원후 20세기 한국에선, 박정희의 측근 김재규가 술좌석에서 그를 암살하자, 전두환은 휴전선의 병력까지 빼내어 김재규를 제거하고, 김종필, 김영삼, 김대중 등 그의 정적들을 누르고 정권을 잡았다. 기원전 9세기 팔레스타인에선, 북쪽 나라 이스라엘 왕 엘라의 측근 시므리가 술좌석에서 술에 취한 엘라 왕을 살해하고 잠시 왕 노릇을 하는 동안, 오므리가 당시 전방이었던 깁브돈에서부터 회군해 디르사에 이르러 시므리를 제거하고, 잠시 정적이 됐던 디브니를 누르고 정권을 잡았다.

오므리는 유능한 정치가였던 것으로 생각된다. 일례로, 이스라엘이란 나라가 "오므리의 땅"으로 불렸다는 고고학적 사실7)이 이를 뒷받침한다고 볼

---

7) George A. Barton, *Archeology and the Bible*, 7th ed. (Philadelphia: American Sunday-School Union, 1937 〔1916〕) 462~3. 그는 아시리아의 아닷니라리 3세의 승전비를 Rawlinson, Cuneiform Inscriptions of Neareastern Asia, Vol. 1, p. 35, No. 1에서 인용, 영문으로 번역했다. 그 기록 중 아닷니라리가 정복한 나라 이름들 일부가 다음과 같이 나열되었다: "……두로, 시돈, 오므리의 땅, 에돔, 팔라스투……"(Tyre, Sidon, the land of Omri, Palastu)

수 있다. 그가 나라를 평정한 후 주위의 작은 나라들을 제압해 그의 아들 아합이 그 나라들을 거느리는 맹주가 되는 터전을 닦았다. 또한 서로간의 이해관계가 복잡할 수밖에 없었던 작은 나라들이 어쩔 수 없이 똘똘 뭉치게 된 또 하나의 이유가 있었는데, 동쪽에서 태동하고 있었던 초강대국 아수르 혹은 아시리아를 의식하지 않을 수 없었음이리라.

성경에는 기록되지 않았던 '길갈 전투'(주전 843년경)는 "뭉치면 살고 헤어지면 죽는다."는 진리를 역사적으로 증명했다. 아시리아는 비문을 통해 "승리했다"고 주장했지만, 신빙성이 약하다는 것이 고고학자들의 일반적인 견해이다. 아시리아 군의 퇴각은 곧 아시리아의 국력 쇠퇴로 이어졌다.

그리하여 아시리아의 세력이 기원전 9세기에서 8세기로 넘어서면서 약화되어 서진을 멈추어 유프라테스 강 상류까지 미치지 못하게 되었다. 뿐만 아니라, 기원전 14~12세기까지만 해도 팔레스타인에 영향력을 미쳤던 애굽 즉 이집트의 세력도 큰 위협이 되지 않고 있었으며, 지금의 터기 지방을 중심으로 한때 강성했던 헷 혹은 히타이트 문명은 역사의 뒤안길로 사라진 지 이미 오래 되었다. 이와 같은 초 강대 세력의 공백기는 작은 나라들끼리 토닥거릴 수 있는 시기였던 것이다. 호랑이가 없으니 토끼가 왕 노릇할 수 있는 형국이었다. 그런데, 한때 바로 그 토끼였던 오므리 왕조는 후백제의 견훤 못지않게 우락부락했던 예후의 쿠데타로 무너졌다.

한편 이스라엘의 숙적 아람의 벤하닷 2세가 병들자, 하사엘이 젖은 이불로 질식시켜 암살하고 정권을 잡았다. 그는 김재규나 시므리와는 달랐다. 오랜 이스라엘과의 전쟁으로 약해진 아람 즉 시리아를 다시 일으켜 이스라엘을 공격했다. 하사엘과 그 아들 벤하닷 3세의 공격으로 이스라엘의 예후 왕조는 약해질 대로 약해지고, 결국 그 아들 여호아하스는 군비 통제를 받는 지경에 이르렀다.

사실 군비 통제는 약하니까 받게 되는 것이란 점은 예나 지금이나 마찬가지인 것 같다. 과거 조선 시대 율곡 이이가 '십만양병설'을 주장했으나 유성룡 등은 이를 반대했다. 그런데 편안한 시기에 군사를 양성하는 것은 나중에 화를 불러온다던 유성룡의 반대 이유는 당시 중원(中原)의 초강대국이었던 명(明)을 지나치게 의식했던 탓이 아니었나 싶다.

이라크나 북한이 무기사찰을 받아야 했던 데는 여러 가지 이유가 있었겠지만, 이 나라들은 미국, 영국, 프랑스, 러시아 등 강대국들에 비해 약하기 때문이란 것도 중요한 이유가 되었을 것이다. 사실상 가장 많은 대량 살상 무기를 보유하고 있고, 인류 역사상 유일하게 이를 실제로 사용했던 미국 같은 나라가 외국이나 유엔으로부터 무기사찰을 받은 적도 없고 무기사찰을 하려는 생각을 가졌던 나라도 없지 않은가.

"테러와의 전쟁"이란 명분으로 미국은 아프가니스탄과 이라크를 공격했지만, 대한항공 비행기가 구소련 공군의 미사일 공격으로 수백 명의 탑승자와 함께 태평양에 가라앉았으나 나라의 안전을 위해 한국은 소련을 공격할 엄두조차 내지 못했다. 약하기 때문이었다.

약한 나라 백성의 설움을 아는 배달겨레의 정서는 죽어가는 엘리사 곁에서 눈물 흘리는 요아스의 심정을 너무나 잘 이해할 수 있을 것이다. 여호아하스가 죽자 예후 왕조의 3대 왕이 된 요아스. 그래도 그때까지 이스라엘의 한 가닥 희망이었던 엘리사 선지자의 임종이 가까웠다니, 이 얼마나 답답한 노릇인가? 눈물이 나지 않을 수가 없었을 것이다.

그렇다면 그의 외침을 무슨 뜻을 담고 있었을까? "선지자 님, 지금 돌아가시면 어떻게 해요? 지금 이스라엘은 전차 10대와 기병대 50명밖에 없어요. 어쩜 좋아요?" 이런 뜻의 외침이었을까? 아니면, "선지자 님, 당신은 이스라엘의 전차부대였고 기병대이셨습니다. 지금까지 이 나라를 지켜주셨던 분은 당신이었습니다. 이제 겨우 잿더미 속에서 다시 일어서려 하는 차에 당신이 가시다니요?" 이런 뜻이었을까? 대부분의 현대 주석가들의 답은 "잘 모르겠다."이지만, 필자 생각엔 그의 절규 속에 딱 한 가지 뜻 보다는 어쩌면 여러 가지 생각들이 혼합된 것이 아닐까 하는 생각이 든다. 아마도 이 모든 가능한 의미들이 그의 절규 속에 모두 담겨 있었을 것 같다.

엘리사의 외침

엘리사의 임종 시 요아스 왕의 절규는 엘리사 자신이 하늘로 올라가는 엘리야를 보면서 외쳤던 말과 똑같다. 그런데, 엘리야가 "이스라엘의 병거와 마병"이었다는 뜻인지, 두 동지를 갈라놓은 불 말과 불 병거가 "이스라엘의 병거와 마병"이었다는 뜻인지, 현대 주석가들의 답은 역시 "잘 모르겠다." 이다. 글쎄. 요즘 주석가들은 왜 이렇게 불확실하다는 게 많은지 원.

그러나 분명한 사실 한 가지가 있다. 즉 이 두 구절은 털보와 대머리 두 선지자와 이스라엘의 안보를 직결시키고 있다는 점이다. 하나님의 사람들이 나라를 지키는 데 결정적인 역할을 해왔다는 것이다. 이제 필자가 왜 두 사람을 "호국동지"라고 부르는지 독자들은 이해가 가시는지?

그런데, 엘리사는 아람 군대가 쳐들어오면 미리 알려서 이스라엘이 이기게 하는 등 전쟁에 관여했던 에피소드가 많지만, 엘리야는 그런 에피소드가 전혀 없다는 점은 열왕기를 읽어보신 분들이라면 잘 알고 있을 터.

또 열왕기상 20장의 '이스라엘 왕'에게 아람과의 전투에서 이길 것이라고 예언한 '한 선지자'가 엘리야였다는 확실한 증거도 없다.

오히려 왕을 상대로 싸우고, 바알 선지자들을 죽이고, 신상들을 부수고, 이방 신에게 왕의 운명을 물으러 간다고 하늘에서 불을 내려 군사들을 태워 죽이고……. 그러나 바로 이런 모습의 엘리야가 과연 "이스라엘의 병거와 그 마병"이었다고 말할 수 있느냐 하는 의문은 이스라엘의 안보가 여호와의 신앙과 어떤 관련성이 있는지를 살펴보면 풀릴 것이다.

3

신앙 투쟁은 안보를 위한 투쟁이다

털보 엘리야의 투쟁은 이스라엘의 안보와 직결되었는가?

이 거창한 문제를 풀어가기 앞서 구약 성경에 등장하는 소위 '선지자'들이란 어떤 존재인가, 그 역할은 무엇인가, 그리고 그들은 하나님의 나라에 어떤 영향을 미쳤는가 하는 문제들을 간략히 살펴보자.

본론을 전개하기 전에 미리 주지할 사항은, '이스라엘'이란 용어가 크게 2가지 의미로 사용된다는 점이다. 즉, 때로는 하나님의 택하신 백성인 야곱의 자손 전체를 의미하기도 하고, 때로는 그 나라가 둘로 나뉜 후 북쪽 나라의 국명으로 사용되기도 한다는 것. 그런데, 사실 성경에 대한 약간의 지식을 가지고 읽으시는 독자들에겐 그 구분이 그다지 어렵지 않을 것이므로, 이 용어가 나타날 때마다 일일이 설명하지는 않겠다.

하나님의 백성 '이스라엘' 안에서의 선지자 제도는 모세로부터 시작된다는 것이 정설이다. 믿음의 조상 아브라함도 때로는 선지자로 불렸지만,(창세기 20:7) 하나님이 다스리시는 나라 안에서 정식으로 제도화된 것은 모세 이후라고 본다는 것. 이런 의미에서 최초의 선지자인 모세를 통해 주신 말씀 중 신명기 18:9~22는 이스라엘의 선지자와 이방 나라들의 선지자를 뚜렷하게 구별하고 있다. 왕이나 제사장과는 달리 선지자는 하나님이 직접 세우신다는 것이다.

그런데 겉으로 보기엔 비슷했던 점도 많았다. 이방의 선지자들도 이스라엘의 선지자들처럼 똑같이 예언도 하고, 기적도 일으켰다. 그리고 전쟁에 나아가면 이길 것인지 패할 것인지, 어떻게 하면 이길 수 있는지를 예언하는 참모 역할도 담당했다. 이런 점에서 고대 중동지방의 선지자들의 활동은 어느 나라건 그 나라의 안보와 직결되어 있었다. 나라마다 그 나라를 주관하는 신이 있었고, 그 신의 뜻과 다른 신들과의 역학 관계가 전쟁의 승패를 좌우한다고 보았다. 어쩌면 이점에서도 이스라엘의 선지자의 역할과 이방 나라 선지자들의 역할이 비슷해 보인다.

패러디, 헷갈리네.

2002년 초여름 미국의 극장가는 〈스타워즈 II〉 개봉으로 떠들썩했다. 우주의 평화와 자유를 지키는 반란군 특전사(Jedi)들과 그 전우들, 그리고 공화국(Republic)의 세력 간의 투쟁을 그려낸, 한여름 무더위를 시원하게 식혀주는 영화였다. 그런데 스타워즈의 에피소드에 자주 나타나는 말 한 가지가 우리의 주의를 끈다. "포스가 너희와 함께 있을지어다."(May the Force be with you.)하는 말이 그것인데, 이것은 "주께서 함께 계실지어다."와 너무 비슷하다. 그런데, 여기서 '포스'(힘)란 어쩌면 동양철학의 '기'(氣) 같은 개념을 빌려온 게 아닌가 하는 생각이 들기도 한다. 1977년 작품인 〈스타워즈〉에서는 제다이 오비 완 케노비의 순교(?)로 포스가 더욱 강해진다. 그 포스를 힘입어 젊은 특전사 룩 스카이워커는 지금의 컴퓨터보다 훨씬 고성능인 미래의 컴퓨터가 아니라 자신의 "영적인 감각"(?)으로 폭 2 미터의 작은 구멍으로 폭탄을 접어 넣어 공화국의 거점 인공행성을 분쇄하는 데 성공을 거둔다. 그리고 바로 케노비의 음성이 들린다. "기억하라. 포스가 항상 너와 함께 있으리라."(Remember. The Force will be with you forever.) 이건 마태복음 28:20을 패러디 한 것임에 틀림없는 것 같다. 그런데, 예나 지금이나 비슷하게 생긴 것들이 참과 거짓을 구별하기 힘들게 만든다. 그것은 고대 중동지방 나라들의 전쟁을 둘러싼 신화들을 비교해보면 실감할 수 있다. 당시의 각 나라 백성들에게는 한 신이 다른 신을 이기면 그 신을 모신 백성들도 이긴다는 신학이 있었다. 그런데 구약성경을 보면 여호와도 비슷한 모습인 "전쟁의 신"이란 이미지로 등장하는 곳이 많다.[8] 가령 출애굽기 15장의 승전가를 읽어보라. 얼핏 보기엔 바다의 신인 얌(Yam)을 죽이고 승리한 가나안의 바알(Baal)의 이야기나 티아맛(Tiamat)을 죽이고 승리한 메소포타미아의 마르둑(Marduk)의 이야기와 비슷하다. 또 여호와께서 바다의 용 리워야단(Leviatan)을 죽이셨다는 이사야 27:1의 말씀도 바알이나 마르둑의 전승기와 너무 닮았다. 정말 헷갈린다.

그러나 겉으로 보기엔 비슷비슷해 보임에도 불구하고 출애굽기 15:11은 여호와와 이방 신들의 차이를 분명히 하고 있다. "여호와여, 신 중에 주와 같은 자 누구니이까?" 물론 이 말씀마저 패러디하는 존재가 있긴 하다. 요한계시록 13:4에 나오는 "누가 이 짐승과 같으뇨?" 라는 구절이 그것이다. 그러나 우리가 분명 믿음으로 아는 것은 여호와만이 참 신이시며, 대적이 정말 없다는 것이다. 기껏 해봐야 천사였던 사탄이 있을까. 그가 창조주와 같이 자신을 높이려 했으나, 여전히 피조물일 수밖에 없다. 그렇다면 이스라엘의 흥망성쇠는 여호와와의 관계만 바로 되어 있으면 걱정이 없다는 결론에 도달하게 된다. 가장 강하신 여호와께서 다른 신에게 패하실 걱정은 안 해도 되니까. 그런데, 믿음으로 살지 않았던 왕들 중에는 여호와께서 이

---

8) 구약은 물론 신약에도 나타나는 "여호와는 용사"라는 주제에 대해 관심이 있는 독자들에게 필자가 추천하고 싶은 책이 하나 있다. 즉 Tremper Longman III & Daniel G. Reid, God is a Warrior, *Studies in Old Testament Biblical Theology* (Grand Rapids: Zondervan, 1995). 저자들은 이 주제가 성경의 한 지엽적인 주제가 아니라 "중심 주제 중의 하나"라고 말한다. 학문적 깊이가 있긴 하지만 성경 지식이 상당한 평신도들도 쉽게 읽어나갈 수 있다.

방 신에게 패하신 것처럼 생각했던 자가 있었다. 최소한 유다의 아하스 왕은 분명 그랬다. 열왕기하 16:10~16을 보면, 아하스는 이스라엘과 시리아 연합군의 공격으로부터 나라를 살리려는 눈물겨운 노력의 일환으로 속국을 자처하고 아시리아의 디글랏빌레셀에게 구원을 청했다. 그리고는 아시리아의 신에게 제사 드리는 단을 만들었다. 일시적으로는 뜻대로 되는 것 같았다. 그러나 아시리아의 신이 유다를 끝까지 지켜주었는가? 역사는 아니라고 답한다.

확실한 차별화

모든 신 위에 뛰어나신 여호와는 그의 백성들이 헷갈리지 않고 분명한 진리를 따르기 원하셨다. 그래서 하나님은 이스라엘을 구별하시는 데 역점을 두셨다. 옷도, 음식도, 제사하는 방식도, 그리고 제사하는 장소까지도 구별되었다. 그리고 무엇보다 중요한 것은 이스라엘의 안보는 군사력이 아니라 하나님과의 관계에 따라 굳건해지기도 하고 흔들리기도 했다는 점이다. 이점은 신명기의 말씀, 특히 28장 등을 통해서 뿐만 아니라, 사사 시대의 역사와 이스라엘의 두 왕국의 역사를 통해 명백히 증명되었다. 여호와 하나님과의 관계가 바로 서있지 않았을 때는 갖가지 재앙이 따랐으며, 그 하이라이트는 적군에 패하고 압제를 받는 것이었다. 그러다가 회개하면 적군을 물리치고 나라를 회복하고 축복을 받았다. 열왕기는 이런 악순환을 계속하다가 결국 하나님과의 관계가 끝내 바로서지 못했던 이스라엘이 아시리아와 신바빌로니아에 멸망을 당하고 포로로 잡혀가게 된 역사를 기록한 것이며, 그런 의미에서 유대인들이 열왕기에 '역사서'라는 이름을 붙이지 않고 오히려 '전기 선지서'(前期 先知書)라고 이름붙인 부분에 귀속시킨 것은 의미 있는 일이었다.

엘리야는 이것을 잘 알고 있었다. 이스라엘의 안보는 이웃나라에서 보편화된 바알 종교와 문화를 받아들이는 '세계화'에 달린 것이 아니라, 여호와 하나님과의 바른 관계를 정립하는 데 있다는 점을. 그러므로 바알 종교를 쳐부수고 백성들의 마음을 여호와께로 돌이키려는 선지자의 투쟁은 이스라엘의 안보를 위한 가장 결정적인 활동이었다.

이와 관련해서 엘리야보다 훨씬 후대에 유다 왕국에서 부르심을 받은 예레미야의 책 중에서 우리는 의미심장한 구절을 발견한다. 즉, 렘 1:10을 보라. 여호와께서 예레미야에게 주신 사명을 표현한 6가지 동사들이 나온다. "뽑으며, 파괴하며, 파멸하며, 넘어뜨리며, 건설하며, 심게 하였느니라." 이 구절에서 파괴적인 동사가 넷, 건설적인 동사가 둘이다.

"때려라, 부셔라." 하면 아마도 공산 혁명이나 4.19 혁명, 1989년의 천안문 사태와 루마니아의 챠우세스크의 죽음 같은 사건들이 제일 먼저 사람들의 머리에 떠오를 것이다. 이런 혁명은 야당 혹은 비주류가 여당이나 주류로부터 주도권을 빼앗거나 그들과 대항해 자신들의 주장을 관철시키려는 시도들이다. 엘리야도 R. R. 윌슨(Wilson) 이 말한 것처럼 이스라엘 선지자 중 '비주류' 혹은 '야당'에 속했기 때문에 그랬던가?9) 정치적인 상황으로 본다면 그는 물론 비주류였고 야당이었다. "야당은 원래 반대당"이란 말도 있었지만, 이는 정치적인 세력을 얻기 위한 반대나 반정부 활동이 아니었다. 하나님이 주신 선지자의 사명이었다.

진정한 안보는 참된 신앙에 있다는 것, 그래서 때로는 바로잡을 수 없는 것들을 때려 부수고 다시 세워야 할 때도 있다는 것이다. 그러므로 '세계화'로 인한 잘못된 신앙과 정책을 때려 부수고 다시 세우려는 엘리야의 투쟁은 바로 하나님이 다스리시는 나라를 지키기 위한 투쟁이었다.

---

9) R. R. Wilson, *Prophecy and Society in Ancient Israel* (Philadelphia: Fortress, 1980) 195.

코카콜라가 하나님?

　우리의 특전사 털보 이야기를 계속하기에 앞서, 우선 일반적인 이방 종교에 대한 구약의 하나님의 입장을 잠깐 논하고, 다음 글에서 바알 종교에 관한 이야기를 하기로 하자.

　제 26세기의 모 신학 전문지에 다음과 같은 글이 실렸다. 물론 가상이다.

　　하나님은 코카콜라와 같이…… 진짜 하나님이시다.

　　하나님은 스카치테이프와 같이…… 보이시지 않지만 거기 분명히 계신다.

　　God is like Coca　Cola…… He's the real thing.

　　God is like Scotch Tape…… You can't see Him but you know

　　He's there!

　서기 2512년 6월 25일은 자기장의 세기가 1천분의 1 나노가우스 이하로 떨어진 상태의 자기 코드를 해독해 낸, 슈퍼-테크 역사상 획기적인 날로 기록되었다. 이번에 사용된 슈퍼컴퓨터는 극히 디력한 자력장도 재생할 수 있고, 60만개 이상의 언어를 판독할 수 있는 환상의 제6세대 나노컴퓨터 IV로서, 티베트 국립 고고학 연구소의 한 연구팀이 한때 초강대국이었던 미국의 영토였던 북 아메리카 대륙 동해안에서 최근 발굴한 기원후 2천년기 말의 원시적인 컴퓨터 자기 원반에 담겼던 메시지를 불과 1.25초 만에 판독하는 데 성공했다. 그들은 또한 당시 국제 공용어였던 영어로 코딩된 이 메시지에 나오는 '코카콜라'는 당시 가장 인기를 끌었던 음료수 중의 하나였으며, '스카치테이프'는 당시에 널리 사용되었던 접착용 테이프임을 알아냈다.

이러한 최근 연구 결과를 놓고 신학자들은 당시의 신학에 대해 연구를 거듭한 결과, 당시 만연됐던 황금만능주의 철학의 영향을 받은 하나님의 개념을 바탕으로 한, 그동안 잘 알려지지 않았던 신학 사조가 있었다는 결론에 도달하게 되었다. 즉, 기원전 제1천년기로부터 기원후 제2천년기까지 특히 우랄 알타이 계통의 민족들에게서 발견되었던 토템 신앙 혹은 정령숭배 사상과 유사한 형태의 신학이었다는 것이다. 청동기 시대 및 철기 시대에 이어 지난 세기 학자들에 의해 '전자기기 시대'로 명명된 이 시대 사람들은 당시로서는 획기적이었던 이 제품들 속에 어떤 신적인 기운이 깃들었다고 본 것이다.

이것은 마치 구약 성서에 나오는 우상, 즉 사람이 돌이나 나무 등으로 깎아 만든 신상 속에 신적인 기운이 깃들었다고 믿었던 것과 큰 차이가 없었던 것이다. 또한 최근 발굴돼 동 시대의 것으로 확인된 자성을 띤 긴 플라스틱 띠 등에 담겼던 코카콜라를 찬양하는 노래, 혹은 코카콜라를 마시다가 오른손으로 높이 떠받드는 당시 사람들의 모습 등이 이 주장을 뒷받침하고 있다. 또한 당시 유행했던 것으로 보이는 영화들 가운데 당시 기술을 훨씬 뛰어넘는 듯한 우주전쟁 영화 등에 등장하는 의상들이 토템 신앙이 여전히 사라지지 않고 있었던 청동기 후기 및 철기 전기 시대의 복색을 닮았다는 점을 감안할 때, 당시 사람들이 훨씬 고대 사람들의 사상에 대한 향수를 느끼고 있었다고 볼 수 있다. 이러한 사실들을 통해서 볼 때 새로운 형태의 토템 신앙이 나타날 수 있는 충분한 토양이 그 당시 조성되어 있었다고 볼 수 있다.

그때까지 주님이 다시 오시지 않았다는 전제 하에서 이런 학계 소식이 알려졌다는 사실을 코카콜라 시대에 살던 우리가 알게 되었다면 어떻게 생각하게 될까? 아마 배꼽을 잡고 웃을 것이다. 왜냐하면, 이 문구들은 전도를 잘 해 보려고 어떤 사람들이 만들어낸 매우 인상적인 문구에 불과했던 것을 알고 있기 때문이다.

비슷한 겉모습들

이와 같은 가상 스토리는 웃고 넘어가기 쉽겠지만, 어쩌면 우리도 수천 년 전에 기록된 문헌들에 대해 이런 오해를 하고 있을지도 모른다는 생각도 해봄직하다. 예를 들어 구약 성경의 몇 구절과 20세기 시리아의 라스 샴라에서 출토된 기원전 2천년기 후반기 우가릿 문명에 속한 문서 중 나오는 바알 신의 이야기를 비교해 보자. 바알 신의 이야기 중 이런 구절이 있다.

승리하신 바알을 높이세

구름을 타시는 바알을 높이세!

바다의 왕자는 그에게 사로잡혔고

강의 주권자도 그에게 사로잡혔도다!10)

이 글을 구약 성경에 나오는 다음 구절들과 비교해 보자.

……. 구름으로 자기 수레를 삼으시고

바람 날개로 다니시며 ……. (시편 104:3)

그는 권능으로 바다를 흉용케 하시며

지혜로 라합을 쳐서 파하시며……. (욥기 26:12)

서유기의 손오공이나 수염이 길고 흰 고대 한국의 신령님만 구름을 타고 다니시는 게 아니라, 바알도 여호와도 모두 구름을 타고 다니신다고 한다. 그리고 극동지방의 신화나 전설 등에서는 찾아보기 힘들지만, 당시 사람들은 바알도 여호와도 반대세력인 물의 신들을 정복한 것으로 믿었던 것으로

---

10) R. R. Wilson, *Prophecy and Society in Ancient Israel* (Philadelphia: Fortress, 1980) 195.

나타난다.

이처럼 비슷한 표현이 한두 가지 눈의 띄면 모든 게 같은 근원에서 나왔다고 단정하는 신학자들이 있다. 그러니까 여호와나 바알이나 결국 고대 중동지방의 비슷비슷한 사상·문화적 토양에서 형성된 신의 개념들이라고 어떤 신학자들은 주장한다. 즉 구약의 '엘'이나 팔레스타인의 '엘'이나 결국은 같은 신이었다는 것이다. 다만 그 모습이 민족에 따라 약간 다른 형태로 나타났다는 것이다. 그런데, 기원전 2천년기 후반은 히타이트 문명이 종말을 고하고 이집트에서 히브리인들이 탈출하는 등 고대 중동지방에 급격한 변화가 있었던 하나의 전환기였으며, 그 전환의 근원은 신의 세계에서의 새 질서 정립이었다고 믿었다는 것이다. 즉, 그때까지 가장 큰 실권을 행사해왔던 엘이 뒤로 물러나고 새로운 신들이 역사의 주도권을 쥐게 되었다는 것이다. 누구냐면, 팔레스타인에서는 엘의 아들인 바다의 신 '얌'을 죽인 용사 바알이고, 히브리인들에게는 여호와가 엘의 권좌를 물려받았다는 것이다.

이렇게 말하는 마이클 쿠건11) 같은 사람의 말을 그 당시 사람들이 들었다면 무어라고 말했을까? 글쎄, 코카콜라 시대가 아니라서 우리로선 정확한 건 알 수가 없지만, 몇 가지 가능한 추론들을 생각해 보자. 무슨 말인지 헷갈린다고 생각하실 독자들도 있겠지만, 읽는 속도를 약간만 늦추고 곰곰이 생각하면서 하나씩 짚어 가노라면 그다지 어렵지 않다는 것을 알게 될 것이다.

첫째는 극단적 진보주의에 속한 신학자들의 이론이다. 바알 종교나 여호와 종교나 결국 그게 그거였는데, 역사가 진행되면서 바알 종교는 도태되고 여호와 종교는 유대교와 기독교로 발전되어 온 것이란 이론이다. 즉, 마이크로소프트 엑스플로러에 네스케이프 네비게이터가 밀려나는 것과 다를 바

---

11) Coogan, Op. cit., 79~81.

가 없다는 얘기다. 이 주장은 기독교인으로서의 자부심을 가진 필자의 마음에 들지 않는 이론이다.

둘째로 보수적인 기독인들과 근본주의자들은 위와는 정반대의 생각에 사로잡히기 쉽다. 즉, 하나님의 말씀인 구약 성경 만이 진리인데, 사탄이 그 흉내를 내서 헷갈리게 만들어 사람들이 참 진리를 찾지 못하도록 방해하려고 이방 종교나 바알 신화를 만들었다는 이론이다. 마치 패스워드 "열려라 참깨"를 알아내 거금을 빼돌린 아라비안나이트 판 해커 알리바바의 집에 수건이 걸렸을 때, 그 아내가 집집마다 수건을 걸어 두어 40명의 도둑들이 헷갈려서 결국 그의 집을 찾지 못하게 했던 것처럼 말이다. 이 두 번째 주장은 "결국 그게 그거"란 식의 첫 번째 이론과는 달리 어느 정도 일리가 있어 보인다.

셋째로, 위에서 필자가 가상 스토리를 통해 언급한 것처럼, 구약 성경을 쓰신 하나님이 당시 사람들에게 참 신이신 여호와 종교의 진리를 귀에 쏙 들어오도록 설명하시기 위해 그 당시 사람들이 잘 알고 있던 문화적인 배경을 활용한 것이라는 이론이다. 말하자면 선교적 차원에서 하나님이 선택하신 접근방법이란 말인데, 필자는 이 이론에 호감을 느낀다.

넷째로, 계시종교인 여호와 종교의 경전은 하나님이 직접 써 주신 책인데, 이런 특별계시의 축복을 받지 못한 이방인들도 나름대로 진리를 찾고자 하는 갈급한 마음이 있으며, 그래서 나름대로 애쓰는 가운데 발전되어 온 것이 이방 종교들이라는 이론이 있다. 이게 바로 기독교 변증학자들이 말하는 '패러디의 원리'란 거다. 이 이론은 세 번째 이론과 통하는 점이 있지만 그 벡터의 방향이 정반대이다. 즉, 세 번째 이론은 무지몽매한 사람들을 향하신 하나님의 역할을 강조하는 반면, 네 번째 이론은 사람이 쉽게 접근하기에는 너무나 고상한 진리를 향한 사람의 노력이 강조되는 것이다. 이 이론도 필자의 마음에 어필한다.

결국 서로 반대방향인 두 벡터들이 함께 작용해 왔다고 보는 것이 좋을 듯하다. 즉, 끝내 도달할 수 없는 참 진리를 향해 나아가려고 몸부림치는 인간 영혼의 구도(求道)의 역사과정에서 이방 종교들이 발전되어 왔으며, 이러한 인간들에게 참 진리를 가르치시려고 바로 이방종교를 포함한 그들의 문화 속에서 그들과 친숙해진 것들을 그대로 활용하셔서 진리를 전하시는 하나님의 낮아지시는 모습이 성경에 나타나고 있는 것이다. 즉 사람의 '패러디'를 하나님이 '패러디'하셔서 우리에게 진리를 전하시려는 것이란 말이다.

한국의 예

지구상의 민족 중에 풍요를 바라지 않는 민족은 없을 것이다. 우리네 선조들도 명절이면 제사를 드리며 풍년과 안녕을 기원해 왔다. 명절일수록 단정한 마음가짐과 옷차림을 갖추었고, 어른에게 드리는 세배를 통해 효(孝)를 바탕으로 한 사회윤리를 재확인했다. 이웃과 함께 음식을 나누며 흥겨운 시간도 가졌고, 나그네들과 가난한 이웃들을 대접했다. 또 가뭄이 계속되면 왕들이 직접 나서서 기우제를 드리기도 했다. 기우제를 지낼 때는 왕들은 자신에게 허물이 없는지 살피는 경건한 마음을 가지고 제사에 임했다.

문제가 있었다면 복음이 전파되지 않았기 때문에 참 하나님을 알지 못한 채 막연한 신적 개념인 '하늘'이나 조상의 혼령들에게 제사를 드렸다는 점이다. 그러나 몰랐기 때문에 하나님은 허물치 아니하셨다. 오히려 이 '하늘' 신앙은 나름대로 사회 질서와 윤리를 유지해 주었고, 우리 민족의 긍정적인 삶의 자세를 북돋워 주는 데 큰 기여를 해온 셈이다. 하나님의 일반은총의 일면이라고 볼 수 있을 것이다.

그 후 복음이 전해지면서 선교사들은 바로 이 풍습 이면에 깔린 사상에서 선교의 접촉점을 찾아냈다. 즉 몇 가지 용어를 기독교적으로 재 정의하고 내용을 약간만 조정하면 기독교적인 풍습이 될 수 있다는 것이었다. 그래서 선교학적인 차원에서 선교사들과 한국교회는 구약의 '엘' 신의 이름을 '하ᄂᆞ님'('하느님'의 고전적 표기법)으로 번역했다. '엘'과 '하늘'이 같은 존재였다는 뜻이 아니다. 곧 자세히 논의되겠지만, 사도행전 17장에서 바울이 "알지 못하는 그것"을 알려 주겠다고 말했던 점을 상기해 보라. 한민족이 알지 못하던 가운데 신앙했던 '하ᄂᆞ님'의 참 모습은 성경이 말씀하는 하나님이라는 것, 그래서 이제는 알고 섬겨야 한다는 것이다. 모르던 시절 나름대로 생각해낸 방법들을 대신 성경이 가르쳐주시는 방법으로. 그래서 한반도의 초창기 교회는 조상제사에 대한 대안으로서 '추도예배'라는 형식을 제시했다. 즉 예배를 통해 돌아가신 부모와 조상들을 기념하게 하고 이들을 통해 자신들에게 생명과 삶의 터전을 주신 하나님께 감사하도록 한 것이다.

맹목적 배타주의는 잘못이다

그러므로 참 진리가 아니라고 무조건 배척하고, 이방 종교는 다 마귀의 장난으로, 전혀 가치가 없는 것으로 규정하는 것은 잘못이다.

이와 관련해 사도행전 17장에 기록된 바울의 연설 내용을 주의 깊게 관찰해 보자.

그는 그리스 문화의 중심도시인 아테네를 방문했다. 바울은 역시 바울이었다. 필자는 학창시절 불국사, 해인사 등 불교 사찰들을 수없이 찾아갔지만 '분한 마음'은 들지 않았다. 그런데 바울은 그리스인들의 신전들을 돌아보며 '분한 마음'이 들었단다. 왜 그랬는가?

그리스인들은 우상만 섬기는 "패역한 자들"이라고 생각했기 때문이 아니다. 오히려 그들이 "종교심이 많다."(22절)는 점을 인정했다. 바울의 성품에 비추어 볼 때 이는 아부 성 발언은 결코 아니었을 것이다. 옳다 생각되면 예수쟁이들을 잡아 죽이는 일이건 예수를 전파하는 일이건 물불 안 가리던 바울이라면, 뻔히 잘못된 줄 알면서 사탕발림을 하지는 않았을 것이다. 정말 종교심이 많다는 사실을 인정한 것이다. 나름대로 진리를 찾는 구도의 힘한 길을 걸어온 민족이란 말이다. 그리고 그들의 종교를 통해 사회 질서가 유지되었고, 또 그들의 신앙이 삶과 전쟁에서 용기를 주기도 했다.

문제는 "알지 못하고 섬겼다"는 사실에 있다. 하나님은 친히 우리에게 보여주시지 않으면 결국 알 수 없는 분이니까. 그래서 하나님도 알지 못하던 시대의 일은 "허물치 아니하셨다"(30절)고 했다. 힌두교, 불교, 유교…… 세상의 수많은 종교들이 그렇게 생겨난 것이란 말이다. 참 진리이신 여호와께 도달하지는 못했지만, 나름대로 세상의 도덕적 질서를 유지해 주었고, 최소한 이승에서 만은 바로 살도록 이끌어주었으며, 괴롬 많고 힘든 세상을 이겨나갈 힘을 북돋워 준 것이다.

그러나 이제는 천하 만민에 복음이 전파된 것이다. 세상 어디서든지 "회개하라" 하신다는 것.

이러한 하나님의 역사 주관의 원리는 구약 시대도 마찬가지였다. 다른 신들을 섬겼던 이집트인들이나 메소포타미아인들을 여호와를 섬기지 않았다는 이유로 멸망시키지 않으셨다. 오히려 에돔인들이나 이집트인들을 미워하지 말라고 하셨다.(신명시 23:7) 그들이 여호와를 섬겼기 때문이 아니다. 에돔은 혈통적으로 사촌이었기 때문이고, 이집트는 수백 년을 같이 살았던 이웃이었기 때문이다. 알지 못하던 시대였으니 허물치 아니하신 것이다. 종교에 관계없이 하나님의 백성에게 호의를 베푼 백성들에게는 축복을 주신 하나님이시다.

다른 한편으로는 이집트에서의 요셉이나 바벨론에서의 다니엘처럼, 그들과 더불어 살면서 여호와를 섬기는 백성의 모범을 보여줌으로써 여호와만이 참 신이심을 그들이 보고 감화를 받고 여호와께 영광을 돌리며, 혹 그들 중에서도 여호와께로 돌아오는 자들이 생기도록, 그래서 최소한 3대가 지나면 이스라엘 시민권을 얻을 수 있도록 (신명기 23:8) 역사를 이끄신 것이다. 심지어 시민권 부여 대상에서 영구히 제외되었던 모압 자손 중에서도 여호와의 백성이 된 룻(룻기)이 있지 않은가. 룻기와 신명기 23장은 정반대의 신학사상을 배경으로 하고 있다는 주장을 필자는 싫어한다.

그러면 오늘날은 어떤가? 이제 회개의 복음이 천하 만민에게 전파되었으니 다른 종교는 다 정죄하고 쳐부숴야 하는가? 반드시 그런 것은 아니다. 할 수 있는 대로 이웃과 평화롭게 살면서 거룩한 삶의 모습을 보여주어야 한다.(히브리서 12:14) 세상의 빛이 되어 우리의 착한 행실을 보고 사람들이 하나님께 영광을 돌리도록 힘써야 한다.(마태복음 5:16)

그러면 국내외 한인 성도들은 이같이 이웃에게 주님의 참모습을 보여주고 있는가? 사실 그렇지 못한 경우가 많다. 가령 다수의 미주한인동포들은 미국식과 한국식 중 자신에게 유리한 쪽으로만 선택하며 번 돈으로 사치를 일삼기도 한다. 어떤 교계 지도자들은 거짓말은 "뱀 같은 지혜"로, 불법은 "은혜"로 개명하는 "지혜"를 보이기도 한다. "예수 잘 믿어 부자 됐다."고 주장하는 한국인들 중에는 지긋지긋한 가난을 벗어나려고 처절한 투쟁을 하고 있는 외국 노동자들의 급료를 떼먹고 인격을 무시하는 이들도 있다. 자기 주위의 목회자들과 교인들의 작태가 너무 한심해서 당신의 아들과 손을 잡고 교회 한 번 가시는 게 소원이라는 어머니께 불효하고 있다는 한 재미동포의 푸념을 들으면서, 예수쟁이들은 세상살이에서는 바보 같지만 다들 착한 사람들이라고 칭찬받던 어린 시절 자그마했던 고향 교회와 순박한 정이 오갔던 신앙선배들의 모습들이 한없이 그리워졌다.

필자는 근자에 일부 기독교인들이 관련되어 있는 것으로 보이는 불교 반대 사이트를 방문한 적이 있다. 이 사이트에 올라온 글들의 대부분은 불교의 교리나 가르침을 비판하는 내용들이 아니다. 대체적인 논지는 불교 신자가 많은 나라일수록 가난하다는 제대로 검증되지 않은 듯한 통계자료와 불교인들의 윤리적인 문제 등을 들어 "불교를 믿으면 나라가 망한다."는 결론을 끄집어내고 있다. 물론 불교인들이 타락한 시절도 있었고 나라와 민간에 악영향을 미친 적도 많았다는 사실은 부인할 수 없다. 그렇다면, 기독교회는 역사적으로 오명을 남겼던 일이 없는가? 중세기 유럽의 기독교, 즉 천주교의 타락상은 불교인들의 타락상에 비해 나았다고 말할 수 있는가? 기독교인들이 불교인들을 이런 식으로 공격하고 불교는 그래서 잘못됐다고 주장한다면, 똑같은 논리로 불교인들도 얼마든지 기독교인들과 기독교를 공격할 수가 있는 것이다.

불교 뿐 아니라 이 세상의 대부분의 고등종교의 가치들을 인정해 주어야 한다. 기독교가 참된 구원의 종교란 자부심을 가지는 것은 좋겠지만, 다른 종교나 철학들도 인류에게 많은 도움을 주는 것이란 점을 인정해야 한다. 종교인들이 타락한다고 해서 종교 자체가 전적으로 잘못된 것이라고 말해서는 안 된다. 오히려 우리는 그들과 함께 살면서 기독교인으로서의 빛의 사명을 충실히 감당함으로써 그들도 참 하나님을 찾고 싶은 마음이 생기도록 도와주어야 한다.

어린 시절 주일학교에서 자주 부르던 노래가 하나 생각난다.

예배당에 가는 아이들은 마음씨가 모두 착해요. 나이 많은 분이 버스를 타면 제 자리를 성큼 내 드려요.

물론 사람들의 마음을 바꾸시는 분은 성령이시다. 사람을 보고 교회 오면 안 되고 주님 만나기 위해 교회 와야 된다. 그러나 우리의 "착한 행실"을 통해 불신자들에게 빛을 비춰게 하시는 것이 또한 하나님 나라 확장의 중요한 전략 중의 하나인 것이다. 우리의 삶에서 예수의 모습이 보여야 한다. 이집트에서의 요셉이나 바벨론에서의 다니엘처럼. "사람을 보지 말고 예수님을 보고 믿으라."는 지극히 옳은 충고는 기독교인들의 모습에 실망한 세인들에게는 씨가 먹혀들지 않는 말이다. 그러나 복잡한 버스나 전철 속에서 노약자들에게 앉았던 자리를 양보하는 일 같은 자그마한 선행들은 작지만 선명한 그리스도의 빛이 되어 세상 사람들에게 주님의 모습을 보여줄 수 있는 것이다.

자, 이로써 일반적인 이방 종교에 관한 이야기는 마무리하기로 하고 우리의 특전사 털보 이야기로 돌아가기 위해, 왜 여호와께서는 신명기 20:17에 열거된 가나안의 여섯 족속은 씨를 말리셨으며 엘리야는 왜 바알 종교만은 그토록 반대했는가 하는 문제로 돌아가야 하겠다.

바알 종교는 왜 나쁜가?

바알 종교의 문제점

모든 나라가 다 풍요를 바라며 각 나라마다 제각기 자기 신들에게 제사를 드렸지만, 바알 종교는 그 모습이 건전하지 못했다. 가령 한민족이 제사를 드릴 때면 제일 먼저 몸가짐과 마음가짐부터 살폈고, 기우제를 지낼 때 왕들은 하늘의 노여움을 살 만한 허물이 없는지 자신부터 살폈다. 백성들에게 지나치게 가혹하지나 않았는지, 사치와 방탕의 나날을 보낸 것은 아니었는지, 무지몽매하고 덕이 없어 백성들의 고초를 알아차리지 못해 원성을 사지나 않았는지, 자신을 반성하는 일부터 했었다. 그러나 바알 종교는 전혀 그렇지 않았던 것이다. 성서고고학자 존 브라이트는 바알 종교는 "극단적으로 타락한 형태의 이방 종교"(an extraordinarily debasing form of paganism)라고 말한다.12) 특히 풍요제(豊饒祭. fertility cult)를 중심으로 행해지는 각종 퇴폐 행위들, 즉 "성스러운" 매춘, 동성애, 난잡한 술잔치 등이 그들의 교리에 따라 횡행했다고 그는 지적한다.

바알종교의 타락상은 이스라엘 백성들의 가나안 정복의 정당성을 부여한다.

---

12) John Bright, *A History of Israel*, 3rd ed. (Philadelphia: Westminster Press, 1959 [1981]) 118.

하나님은 팔레스타인 지방의 모든 나라를 다 완전 멸하라고 하시지는 않았다. 오히려 대부분의 성읍들에는 "평화를 선언하라."고 하셨다. 다만 평화하기를 거부하고 대적하면 싸워 이기고 전리품을 차지하라고 하셨다(신명기 20:10~15). 그러나 가나안의 여섯 족속들 즉 헷 족속, 아모리 족속, 가나안 족속, 브리스 족속, 히위 족속, 그리고 여부스 족속 등(17절)은 완전 섬멸이었다. 모든 것을 불태우라고 하셨다. 그 중에서는 짐승도 어떠한 물품도 취하지 말라고 하셨다. 그 이유는 그들이 여호와를 섬기지 않았기 때문이 아니라, 종교라는 이름으로, 혹은 종교 때문에, 도덕적인 타락이 극에 달했기 때문이다.

이는 이스라엘 백성들에게 주신 경고의 말씀 중 신명기 9:4~6의 말씀에서 밝히 드러난다.

> 네 하나님 여호와께서 그들을 네 앞에서 쫓아내신 후에 네가 심중에 이르기를 나의 의로움을 인하여 여호와께서 나를 이 땅으로 인도하여 들여서 그것을 얻게 하셨다 하지 말라. 실상은 이 민족들이 악함을 인하여 여호와께서 그들을 네 앞에서 쫓아내심이니라. 네가 가서 그 땅을 얻음은 너의 의로움을 인함도 아니며, 네 마음이 정직함을 인함도 아니요, 이 민족들의 악함을 인하여 네 하나님 여호와께서 그들을 네 앞에서 쫓아내심이라. 여호와께서 이같이 하심은 네 열조 아브라함과 이삭과 야곱에게 하신 맹세를 이루려 하심이니라. 그러므로 네가 알 것은 네 하나님 여호와께서 네게 이 아름다운 땅을 기업으로 주신 것이 네 의로움을 인함이 아니니라. 너는 목이 곧은 백성이니라.

요약하자면, 이스라엘에게 "젖과 꿀이 흐르는" 가나안 땅을 빼앗아 차지할 권리를 부여하신 이유는 이스라엘이 훌륭해서가 아니라 가나안 민족들이 악하기 때문이란 말이다. 즉 이스라엘에게는 축복이었지만, 가나안의 여섯 민족에게는 공의로우신 하나님의 심판이었던 것이다.

도덕적인 타락 때문에 심판을 받은 민족은 가나안 민족들뿐만 아니다. 소돔과 고모라도 도덕적으로 타락했기 때문에 하나님이 멸하셨다고 성경은 말한다. 고대 뿐 아니라 신약시대에도 이런 일들은 종종 있었다. 극단적인 성적, 도덕적 타락상을 보인 폼페이가 화산에서 분출된 용암에 뒤덮여 버렸고, 인간을 제물로 바치던 마야 문명이 그들이 "흰 얼굴의 신들"이라고 생각했던 스페인 사람들에게 멸망당했던 이유는 무엇이었을까? 성적인 문란, 사람을 제물로 드리는 행위, 동성애 등이 횡행하던 문화 중에 이처럼 멸망당하지 않은 문화가 거의 없다는 역사적 사실들은 하나님의 심판이 아닌 다른 이론들만으로 해석이 가능할까?

우리의 삶

흔히들 예수 믿지 않는 것이 가장 큰 죄라고 말한다. 분명 옳은 말이다. 아무리 흉악한 죄인이라도 회개하면 구원 얻고, 아무리 선하게 살아도 회개치 않으면 구원받지 못한다는 것은 진리이다. 그러나 이 말이 윤리생활에 대한 무관심으로 이어져서는 안 된다.

헷갈리는 세상을 살아가는 우리도 우리의 윤리적 자화상을 그려볼 필요가 있다. 물론 예수 믿는 모양은 있다. 그리고 사람을 잡아 드리는 제사나 동성애 혹은 성적인 문란행위는 극히 드물 것이다. 그러나 예수를 사랑한다면서 그의 계명을 지키는지 생각해 보아야겠다. 대중매체나 인터넷을 통해 날이 갈수록 문란해지는 성의 문제들, 신에게 사람을 제물로 바치지는 않지만 돈이나 명예나 권력 등 자신의 이익을 위해 다른 사람을 희생시키는 일들, 태어날 때부터 불구나 정신적 장애를 가진 사람은 잘못됐으므로 도와주어야 한다면서 동성애자는 그렇게 태어났으니 괜찮다는 주장……. 바알 종교의 타락상이 지금 우리 사회에서 새로운 형태로 나타나고 있는 것은 아닌지?

이스라엘은 바알 종교 뿐 아니라 어떠한 이방 종교도 받아들여서는 안 되는 나라였다. 왜냐하면, 여호와께서 특별히 사랑하셔서 택하신 나라였기 때문이다. 바울의 시대보다 훨씬 앞섰지만, 그들에게는 '회개'가 이미 전파되었고, 따라서 "알지 못하던 시대"가 아니었기 때문이다. 그럼에도 불구하고 이방 종교를, 그것도 가장 타락한 형태의 종교를 국교로 삼다니. 나라의 흥망성쇠가 여호와와 그들의 관계에 달려있다는 대전제를 잊어버리지 않고는 불가능한 일이 아니었을까?

그런데, 죄의 유혹이란 대단한 마력이 있어서 확고한 신앙과 뚜렷한 윤리관과 성령의 도우심이 없이는 신앙의 순결이란 지키기 어려운 것이 사실이다. 지난 세기 미국의 타락의 역사를 보면 이를 잘 알 수 있다. 기독교 신앙을 바탕으로 세워졌던 나라가 풍요로워 지면서 신앙생활이 해이해 지고, 국제적인 교류가 더욱 활성화되면서 미국 내로 수입되어 온 동양적인 사상들이 그들의 호기심을 자극했다. 그들이 지금까지 경험하지 못했던 것들에 호기심을 가지기 시작하면서 각종 이방 종교들은 물론 점성술, 카드 점, 손금 보기, 무당 등 미신적인 사류들까지 더욱 왕성하게 퍼져나가게 된 것이다.

지난 세기의 미국처럼 이스라엘도 그랬었나보다. 바알 문화권의 틈바구니에서 오므리 왕조의 훌륭한 치적으로 나라가 강성하 지면서 이스라엘 백성들도 지금까지 경험해 보지 못했던 바알 문화와 종교에 호기심을 느꼈을 것이다. 그러다가 바알 신앙이 왕실에까지 들어오고 조정의 인정을 받게 되면서 더욱 힘을 얻어 민간에까지 쉽사리 퍼져 나갔을 것이다. 그리하여 바알 종교가 국교처럼 되어 버리고 백성들은 여호와와 바알 사이를 왔다 갔다 하는 헷갈리던 시대가 열리게 된 것이다.

그러한 시대 상황 처했던 털보와 대머리는 어떻게 살아갔는가? 그리고 그들의 신앙 투쟁의 삶을 통해 모든 게 상대적이고 모든 게 불확실한 21세기 초를 살아가는 우리에게 하나님이 주시는 교훈은 무엇인가? 이런 질문들을 가지고 이제부터 우선 털보 엘리야의 발자취를 뒤따라가 보자.

엘니뇨도 라니냐도 아니다

- 열왕기상 17:1, 18:16~19 -

성경은 이를 가리켜 엘니뇨 혹은 라니냐 현상이라고 하지 않는다. 디셉 사람 엘리야가 성경역사의 무대에 등장하자마자 찾아온 열왕기상 17장의 가뭄은 여호와께서 하늘을 닫으신 결과였다. 그러나 이와 같은 천연재해나 갖가지 불행한 사건들을 만날 때마다 오늘을 사는 사람들의 마음은 어떤 "합리적" 혹은 "과학적"인 해석을 원한다.

죄 때문이라니?

월드트레이드센터 빌딩이 잿더미가 된 직후, 이를 미국에 대한 하나님의 경고 혹은 징계라고 주장하던 사람들이 있었다.

미국 리버티 대학교 총장이자 영향력 있는 목회자인 제리 팔월 목사는 사건 직후 팻 라벗슨 목사가 이끄는 '700 클럽'에서 이 사건은 동성연애, 유산 등을 포함한 미국인들의 도덕적 부패상에 대한 하나님의 징계라고 말했다. 그러나 그의 지적은 많은 미국인들, 특히 여성운동가, 동성애자, 양성애자 및 성전환자들의 감정을 자극하는 결과를 초래했다. 가령 여성신학자 중의 한사람인 감독교회 신학교의 카터 헤이워드 교수는 그의 주장은 "영적인 무지"에서 나온 주장이며, 경우에 따라서는 수천 명을 죽이실 수도 있다는 그의 신관은 "사랑과 정의와 연민의 하나님을 모독하는, 수치스러운" 것이라고 혹평했다.13) 이 같은 반대파들의 분노는 팔월 목사가 매스컴을 통해 이를 사과함으로써 겨우 무마되었다.

어떤 이들, 특히 미국에 대해 제3자적인 입장에 있는 많은 이들은 미국의 교만과 무지가 이 사태를 불렀다고 주장하기도 했다. 세계에서 제일이라고 거드름피우며 세계 어디서나 자기네 방식과 자기네 생각대로만 하려는 미국을 아니꼽게 보던 사람들 중 극단주의자들이 일으킨 테러라고 말하기도 했다.

가령 미국 내의 팔레스타인의 대변자로 알려졌던 고 에드워드 사이드 박사는 같은 달 말경 9.11 테러의 근본 원인을 묻는 미국 「프로그레시브」 지의 데이빗 바스미언에게 이같이 답했다:

> 대부분의 아랍인들과 회교도들은 미국 측은 자신들이 원하는 바에 대해서는 별로 신경을 쓰지 않았다고 생각합니다. 미국은 미국만을 위한 정책을 추진해 나가는 것이지, 민주주의, 자율, 언론의 자유, 집회의 자유, 그리고 국제법 등, 겉으로만 내세우는 원리를 충실히 따르는 게 아니란 것이죠. 가령, (이스라엘이) 웨스트 뱅크와 가자 지구를 35년 동안이나 점령하고 있다는 사실은 정당화되기 어렵습니다. 무려 140개 지구에 대략 40만 명의 이스라엘인이 살고 있다는 점도 정당화되기 어렵죠. 이런 조치들은 미국의 동의와 재정적 지원 하에 이루어진 것입니다. 이게 어떻게 미국이 국제법과 유엔의 결의를 존중하는 게 될 수 있겠습니까? 이런 일들은 결과적으로 미국이 정신분열증 적인 나라라는 인상을 남기게 되는 것입니다.14)

---

13) Carter Heyward, *God in the Balance: Christian Spirituality in Times of Terror* (Cleveland, OH: Pilgrim, 2002) 68. 인용된 내용은 이 책의 "수치스런 신학을 넘어"(Beyond Shameful Theology, 67f.)라는 단원에서 나오며, 이 부분은 2001년 9월 24일 샬롯 옵서버 지 A-15면에 게재했었음.

그러나 이 주장 역시 대부분의 미국인들에게는 씨가 먹혀들지 않았다. 미국 정부는 심지어 콜롬비아 대학교가 그를 해임하도록 압력을 넣기까지 했으나 대학 측의 거부로 무산되기도 했다. 세계 제일의 나라에 대한 시기심의 발로이거나 회교 극단주의자들의 알라 신을 위한 테러였다는 논리로 양심의 귀를 막아버린 것이었다.

또 같은 달 16일 미국 조지아 주 애틀랜타 한인교회협의회 주최 연합집회에서 서삼정 목사는 설교를 통해 미국 교회들의 문제점을 지적하고 회개와 기도를 촉구했었다. 예수의 부활을 부인하는 사람들이 목사 안수를 받고, 동성애자가 임직을 하며, 바른 신학과 신앙이 무너져가고 있고, 도덕성이 해이해가고 있는 미국이 받은 징계라는 주장이었다. 미국 주류 언론에 알려지지 않아서 그랬는지 사과하는 해프닝은 없었다.

이듬해 2월 12일 미국 언론계의 한 거물인 CNN의 설립자 테드 터너가 모교인 브라운 대학의 한 초청강연에서 9.11 테러는 "가난에서 비롯된 자포자기적인 행위"였다고 말했다가 곧 사과하는 해프닝을 벌이기도 했다.

같은 해 6월 30일, 그러니까 미국의 독립 기념주일, 애틀랜타 제일침례교회 찰스 스탠리 목사는 9.11 테러사건을 통한 하나님의 메시지에 관해

---

14) http://www.progressive.org/0901/intv1101.html. 원문은 다음과 같음: ⋯ Most Arabs and Muslims feel that the United States hasn't really been paying much attention to their desires. They think it has been pursuing its policies for its own sake and not according to many of the principles that it claims are its own—democracy, self-determination, freedom of speech, freedom of assembly, international law. It's very hard, for example, to justify the thirty-four-year occupation of the West Bank and Gaza. It's very hard to justify 140 Israeli settlements and roughly 400,000 settlers. These actions were taken with the support and financing of the United States. How can you say this is part of U. S. adherence to international law and U. N. resolutions? The result is a kind of schizophrenic picture of the United States.

말문을 열었다. 그는 그동안 테러사건에 관한 한 조심스러운 자세로 일관해 오면서 위로와 격려의 메시지를 거듭해 왔다. 그러나 이날 설교의 분위기는 완전히 달랐다. 테러사건 이후 교회가 차고 넘친 기간은 고작 3주간이었으며, 테러사건을 단순히 '9.11'이라는, 말하자면 미국 내 편의점의 하나인 '7.11'에 비해 그다지 나쁘게 들리지 않는 용어로 바꾸어 부를 정도로 잊혀가는 것에 대한 아쉬움을 나타냈다. 그는 또 하나님이 이 사건이 일어나도록 "허용"하신 데는 분명한 메시지를 전하려는 뜻이 숨어있다고 전제하고, 미국의 타락과 유산을 통한 3백만이 넘는 태아 살해, 지도자들의 부도덕성, 그리고 하나님, 성경, 교회의 거룩성 파괴 등을 비판했다. 그는 시편 44:14를 인용하고, 미국이 하나님의 진리로 돌아서지 않으면 세상의 조롱거리가 될 것이라고 경고했다. 그의 이날 메시지는 특히 불과 사흘 전 캘리포니아의 제 9 순회 연방고등법원이 '성조기에 대한 맹세' 중 "하나님 아래"(under God)란 문구가 위헌이라는 판결을 내린 후 교계가 시끄러운 시점이라 더욱 의미심장했다.

독자들은 지난 세기 말경 한국을 강타했던 돈 가뭄을 기억할 것이다. 국제통화기금(IMF)의 간섭 하에 자존심 구겨졌던 수년간, 수많은 기독교계 지도자들이 소위 'IMF 사태'를 하나님의 징계라고 주장했다. 어떤 이는 북한을 시켜 치시지 않은 것이 그나마 다행이라고 믿으라는 말까지 곁들이기도 했다. 그러나 미국에서처럼 언론에 두들겨 맞고 사과하는 해프닝이 있었다는 말은 듣지 못했다. 미국인들보다 한국인들이 더 마음이 넓었던 건가. 그렇다고 제대로 회개한 것 같지도 않다. 혹은 재벌들을 탓하고 혹은 재정경제원을 비난하기도 하고, 힘 있는 자들은 여전히 자기의 입장만 지키려고 애쓰는 가운데, 가지지 못한 자들은 직장과 집을 잃기도 하고 자살을 하기도 했다. 그러나 교회의 모습도 재벌들이나 정치인들의 모습도 별로 달라진 게 없다.

그건 너 바로 너 때문이야

별명이 음치 가수였던 이장희 씨가 1973년 발표한 〈그건 너〉란 가요는 뜻밖에 대히트였다. 돼지 목 따는 소리로 부르는 그의 노래 속에서 반복되는 "그건 너, 바로 너 때문이야."라는 가사가 인상적이다. 사모하는 사람 때문에 잠도 못 이루고, 책을 읽어도 머리에 들어오지 않고, 미친 사람처럼 비 내리는 종로 거리를 헤매고, 전화를 걸었다가도 그녀의 음성이 들리면 아무 말도 못하고 끊어버리고는 마냥 울면서, 이러한 사랑의 아픔이 다 그녀 탓이라는 그의 절규에서 가슴 아픈 낭만을 느꼈던 것이 필자의 젊은 시절이었다.

"이스라엘을 괴롭게 하는 자여! 네냐?"(열왕기상 18:17) 이스라엘 왕 아합의 엘리야를 향한 이 절규는 사랑의 아픔도 낭만도 아니었다. 가뭄으로 인해 나라의 기초가 흔들리던 시기에 선지자를 향한 분노의 폭발이었다.

오므리 왕조 시대는 북쪽 나라 이스라엘이 강성했던 시기였다. 어떤 의미에서 이 시기는 작은 나라들을 규합해 강국 아시리아의 서진을 대비하기 위한 방편으로 일종의 '세계화'를 추진했던 시기라고 말할 수 있을 것이다. 이스라엘은 공식적으로는 여호와를 섬겨왔지만, 주위 나라들은 바알을 섬기고 있었고, 바알 문화는 팔레스타인 지방의 전통문화로 이스라엘에도 널리 알려진 터. 그래서 아합은 시돈, 즉 페니키아의 공주 이세벨을 왕비로 맞아들이고, 그녀와 함께 바알 종교를 수입해 왔다.(열왕기상 16:29~33) 또, 그동안 티격태격해 오던 남쪽 나라 유다와도 평화 교류의 관계를 맺기 위해 그들의 딸 아달랴를 시집보냈다. 혼수에는 물론 바알 종교가 포함됐었다.(열왕기하 8:26~27) 왕실들의 정략결혼과 외래문화 수입을 통해 "세계 속의 이스라엘"을 지향했었나보다.

이런 대세의 흐름 속에서 디셉 사람 엘리야란 자가 어떤 의미에서 "편협한" 보수주의를 고집하면서, 기도로 하늘 문을 닫아 비가 안 오게 했다. 비를 내려주신다는 바알은 무얼 하시는지. 하여튼 아합의 생각엔 엘리야가 분명히 "이스라엘을 괴롭히는 자"(열왕기상 18:17)였다. 그러나 엘리야의 해석은 정반대였다.

> 내가 이스라엘을 괴롭게 한 것이 아니라 당신과 당신의 아비의 집이 괴롭게 하였으니 이는 여호와의 명령을 버렸고 당신이 바알들을 좇았음이라.(열왕기상 18:18)

그런데, 여기 '괴롭힌다'에 해당하는 히브리어 동사 '아카르'는 미국의 클린턴 전 대통령의 "부적절한 관계" 정도의 골칫거리 이상이었다. 구약학자 토머스 도즈만은 이 구절을 제외하고 구약성경에서 이 단어가 등장하는 9개의 구절을 분석한 결과, 이는 올바른 서약을 지키지 않았기 때문에, 혹은 생각 없이 행한 바보 같은 서약 때문에 발생하는 골칫거리를 말한다는 결론에 도달했다.15) 그럼, 도즈만이 열거한 아홉 구절 중 잠언의 세 구절은 빼놓고 나머지 구절들을 가만히 들여다보자.

야곱의 두 아들 시므온과 레위가 할례를 빙자해서 세겜 사람들의 전력을 무력화시켜 놓고 칼날로 그들을 침으로 발생한 '괴로움'(창세기 34:30)16). 여호수아가 이끄는 이스라엘 군대가 여리고 성을 칠 때 그 성에 있는 사람, 짐승, 물건 그 무엇도 취하지 말고 다 불태우라는 명령을 어긴 아간 때문에 작은 성 아이에 패해 울음바다가 됐던 이스라엘 군대의 '괴로움'(여호수아 6:18, 7:25, 역대상 2:7)17). 사생아 출신 사사 입다가 출정하면서 승리하고 돌

---

15) Thomas B. Dozeman, "The 'Troubler' of Israel: 'akhar in 1 Kings 18:17~18," *Studia Biblica et Theologica* 9 (1979) 81~93.

16) 개역한글판에서는 '화'(禍)로 번역되었음.

17) 여호수아 6:18은 개역한글판에서는 '화'(禍)로 번역되었음.

아올 때 누구든지 자신을 제일 먼저 맞이하는 사람을 번제로 드리겠다고 서약한 줄도 모르고 그를 맞이한 딸 때문에 그가 받은 '괴로움'(사사기 11:35). 이스라엘의 초대 왕 사울이 블레셋과의 전투 중 전투가 끝날 때까지 아무것도 먹지 말라고 명령한 것을 몰랐던 그의 아들 요나단이 꿀 조금 먹어서 전세가 흔들릴 뻔했던 '괴로움'(사무엘상 14:29)[18]. 괴로움 치고도 엄청난 괴로움들이 아닌가? 그중 최소한 몇 구절은 나라의 기둥뿌리가 흔들릴 정도의 괴로움이다.

이처럼 이스라엘 나라가 통째로 흔들릴 만큼 심각한 가뭄이 누구 탓인가 하는 문제에 대해 아합과 엘리야 두 사람의 입장은 정반대였다. 아합은 엘리야를, 엘리야는 아합을 비난했던 것이다. 이에 대허 기독인이라면 누구나 "그건 너, 아합, 바로 너 때문이야!"라는 생각은 당연하게 여겨질 것이며, 그건 전적으로 옳은 생각이다. 그러나 만일 우리가 그 당시 그러한 상황에 처한 아합이거나 그가 다스리던 백성 중 한 사람이었다면, 이와 같은 생각은 지극히 옳고 당연한 것이라고 주저 없이 주장했을까? 우리가 그 시대로 돌아가서 따져볼 수는 길은 없을 것이다. 다만 지금 우리가 사는 세상 속에서 우리가 어떻게 처신하고 있는가를 살펴보는 간접적인 길은 있을 것 같다.

누구 때문인가?

이 세상은 믿는 자와 믿지 않는 자가 함께 살아가는 세상이다. 너무 빠른 속도로 변해가는 세상이다. 모든 나라가 세계화를 외치는 세상이다. 세계화를 반대하는 비정부운동(NGO) 같은 기구가 꼭 잘하고 있다는 것은 아니지만, 그들을 비롯한 세계화 반대 운동권은 신앙적인 이유보다는 경제적인 이유로 반대한다. 그러나 엘리야가 아합의 세계화를 반대한 이유는 철저히

---

18) 개역한글판에서는 '곤란케 하였다'로 번역되었음.

종교적인 이유였다. 미국의 부시 대통령이 "테러와의 전쟁"은 절대로 종교적 전쟁이 아니란 점을 강조할 수밖에 없었던 제3천년기를 사는 사람들에게는 웃기는 얘기처럼 들릴 수도 있겠지만.

그럼에도 불구하고 그의 투쟁의 삶은 우리의 현실을 둘러보고 자기반성의 기회를 갖도록 촉구하고 있다. 다른 사람들의 생각과 문화와 종교를 존중해 주어야 문화인 대접을 받는 세상에서 편리하게 살아가기 위해 버리지 말아야 할 것들을 버리고 있지 않은가? "세계화" 혹은 "다양성"이란 미명 하에 수십 년 전만 해도 반론의 여지가 없었던 죄악의 요소들이 나름대로 존중받아야 할 "차이점"에 불과한 것으로 재해석되어 버리고 마는 현실 속에서, 우리는 어떻게 살아야 되는가?

과거에는 죄였던 것이 이제 죄가 아닌 것으로 둔갑하는 세상이 되어가고 있다. 동성애는 더 이상 죄가 아니다. 나와는 다른 성적인 성향일 뿐이다. 이혼은 진정한 자아를 찾기 위한 아픔일 따름이다. 간음은 범죄로 성립이 되지 않는다. 오히려 진정한 사랑의 결과로 아름답게 그려진다. 거짓말은 죄가 아니라 지혜로운 수단일 뿐이다.

이와 같은 시대적 분위기는 대중매체에도 그대로 표출되고 있다. 예전에는 분명히 어둠과 악의 세력이었던 것이 오히려 선으로 그려지는 드라마들이 양산되고 있는 것이다. 가령 미국 내에서 인기를 모으고 있는 흡혈귀 혹은 마법 이야기들을 보라. 미국의 TV 드라마 〈참드〉(Charmed)는 세 자매를 선을 위해 싸우는 마녀들로 그리고 있다. 〈앤젤〉(Angel)의 주인공인 앤젤은 천사가 아니라 흡혈귀이다. 그는 자신의 내면에 있는 악한 면을 억누르면서 선을 위해 싸우는 존재이다. 또 거기 등장하는 녹색 피부에 마귀의 두 뿔이 달린 캐릭터인 '호스트'도 선을 위해 싸우는 자이다. 마치 엘리야 시대의 바알이 모든 백성들에게 비를 내려 은택을 베푸는 신으로 그려졌던 것처럼, 흡혈귀도 마녀도 선을 위해 싸우는 전사들로 그려질 수 있는 시대에 우리는 살고 있는 것이다.

우리의 분별력을 흐려놓는 극단적인 한 예가 포트투갈의 소설가 주제 사라마고(Jose Saramago)의 소설 「예수 그리스도의 복음」(O Evangelio Segundo Jesus Cristo. 1991)에서 나타난다. 호수 안에서 하나님과 예수와 사탄이 함께 보냈던 40일. 그동안 하나님의 계획이 예수에게 자세히 알려진다. 종교의 이름으로 인류가 겪었던 수많은 피비린내 나는 사건들이 열거되고, "하나님이 하나님 되기 위해" 사탄은 사탄이어야 하며, 예수는 죽음으로써 유명해 져야 한다는 것이다. 이 소설에서 하나님과 사탄을 비교할 때에 선한 쪽은 오히려 "목적이 수단을 정당화한다는 논리"라며 하나님께 도전하는 사탄이다. 하나님은 세계가 섬기는 유일한 신이 되기 위해 수단방법을 가리지 않는 그의 명령을 거부하기로 결심한 예수를 교묘한 수단을 써서 결국 죽게 만드신다. 비록 수천 년 후에 성취되도록 타협은 보았지만, 기독교를 세계의 유일한 종교로 만들려는 하나님은 사탄보다 오히려 더 악한 신이다.

사라마고의 소설 속의 이야기만이 아니다. 요즈음 세상이 그렇지 않은가? 이방 종교인들에게 하는 전도는 자기 사상을 남에게 강요하는 행위로 여겨진다. 교황 요한 바오로 2세가 힌두교권에 대한 선교를 외치자 미국 내 인도인들을 중심한 힌두교도들이 반대시위를 가졌다. 앨라배마 주 대법원의 로이 무어 판사는 법원 앞뜰에 세워둔 십계명 비석이 "정교분리의 원 clr"에 위배되므로 철거하라는 법원 측의 판결을 거부함으로 면직 처분을 받았다. 물론 타 종교인들을 죄인시해서는 안되겠지만, 기독교의 하나님이 자신의 지위를 위해 물불을 가리지 않으시는 신으로 그려지고 있다면, 그래서 고린도후서 11:14의 말씀처럼 사탄적인 것들이 오히려 "광명의 천사"로 가장해 우리 앞에 나타나고 있다면, 이런 세상에서 살고 있는 우리 기독인들은 이른바 "다양성"이란 것을 단순히 "다양성"이라고만 받아들여야 하겠는가? 헷갈리는 세상에서 우리도 아합과 그의 백성들과 같은 죄를 범하고 있는 것은 아닌지? 우리의 믿음과 생활은 어떠한 기초 위에 서 있는지 주의 깊게 살펴야 하지 않겠는가?

지난 세기 말 지구촌 여러 곳의 가뭄과 홍수는 엘니뇨 혹은 라니냐 현상 때문이었다고 기상학자들은 분석했다. 아합은 가뭄이 엘니뇨 혹은 라니냐 현상 때문이라고 주장하지는 않았지만 그런 건 몰랐을 테니까 과학보다는 신학을 통해 천재지변의 이유를 찾으려고 했었던 그 옛날, 그는 나라를 괴롭히는 엘리야에게서 합리적인 이유를 찾으려고 했다. 접근방법은 달랐지만, 결국 그 동기는 같다. 자기 죄가 그 원인이라고 생각하기를 거부한 것이다.

그러나 이 같은 타락의 시대에도 재난의 원인을 자신의 죄에서 찾으려던 한 여인의 이야기가 있다. 우리는 다음 장에서 그 여인을 만나보게 될 것이다.

작전상 후퇴 아닌 선교여행

- 열왕기상 17:2~24 -

남자 성직자가 혼자 여성을 만나는 것은 특별한 경우 외에는 금기시 되는 게 하나의 불문율이 돼 버린 요즘과 그 때는 달랐나 보다. 엘리야가 여인을 만났다. 그것도 아들 하나 데리고 혼자 사는 과부를. 게다가 한번 찾아간 게 아니라 성경의 표현으론 "여러 날"을, 실제로는 "여러 해"를 한 지붕 아래서 서비스 받으며 살았다. 요즈음 세상 같으면 구설수에 오르기 십상인 상황인데도 그와 같은 문제점은 전혀 나타나지 않았다. 그 당시는 성직자들을 그만큼 믿어 주었다는 얘기도 될 수 있겠고, 어쩌면 그 신앙인격이 너무나 훌륭했었다는 뜻도 될 수 있을 것 같다.

이 문제는 비단 성직자들만의 문제는 아닐 것이다. 성윤리가 성경으로부터 점점 더 멀어져만 가는 세상에서는 성직자들이나 평신도나 할 것 없이 정절을 소중히 여기고 신의를 지키도록 힘써서 복음 전파가 방해받지 않도록 힘씀이 옳겠다. 이런 의미에서 지난 80년대 이후 미국 내 기독 청소년들 사이에서 〈트루 러브 웨이츠〉(True Love Waits) 운동[19] 등을 통한 순결 지키기 운동이 전개되고 있다는 사실은 고무적이라 아니할 수 없다. 이들은

---

[19] 관심 있는 이는 이 운동의 공식사이트 http://www.truelovewaits.com을 참고하기 바란다.

대학 캠퍼스 등에서 혼전 순결 서약서를 작성하고, 이미 선을 넘어버린 친구들이 주님께로 돌아와 용서 받고 새 출발을 할 수 있도록 따뜻한 사랑과 관용을 베풀어 주며, 실제적인 상담을 통해 도움을 주는 운동을 벌이고 있다. 현재는 남아프리카 등 해외에서도 운동을 전개해 나가고 있어, 성윤리가 타락의 일로를 치닫고 있는 세계 속에서 하나의 참신한 새 바람을 기대하게 하고 있다.

사르밧 행은 선교여행이었다

잠시 곁길로 나갔던 것 같다. 이제 이 글의 중심 주제로 돌아가자.

여호와의 작전지시에 따라 "치고 빠지는" 게릴라 전법을 구사하는 털보 특전사 엘리야의 모습이 열왕기상 17장에 기록되었다. 그런데, 여기서 우리가 발견할 수 있는 사실은 엘리야의 도피가 단순한 "작전상 후퇴" 만은 아니란 점이다.

신약 시대 예수께서도 혼자 여인을 만나신 적이 있었다. 수가 성 우물가에서 사마리아 여인을 만난 사건이 요한복음 4장에 기록되었다. 얼핏 보기에 이 사건은 엘리야가 사르밧, 혹은 사렙다의 과부를 만나 여러 날 기거한 사건과는 별로 통하는 점이 없어 보인다. 남자와 여자의 만남이고 물 한 사발 달라는 말로 접근이 시작됐다는 점 외에는. 그러나 이 두 사건은 하나님께서 인간 구원을 위해 인류의 역사를 어떻게 이끌어가셨나 하는 질문을 염두에 두고 읽으면 아주 중요한 공통점을 찾아낼 수 있게 된다. 무엇인가? 자기 백성이 배척한 하나님의 복음을 다른 백성, 그것도 소외된 여인들이 받아들였다는 점이다.

우선 요한복음 4장을 간단히 살펴보자.

관심이 있는 독자들은 넓게는 요한복음 1~5장, 혹은 3~4장을 읽으면서 '증거'라는 단어가 어떻게 사용되고 있는지 살펴보라. 요한복음 3장은 진리를 찾고 싶어서 밤에 찾아온 니고데모에게 예수께서 거듭남의 도리를 설명하시는 이야기로 시작된다. 거듭남의 도리는 대단히 중요하다. 그런데, 여기서 또 한 가지 그냥 지나칠 수 없는 것은 예수님의 책망의 말씀이다. 그 가운데 11절을 보라.

> 진실로 진실로 네게 이르노니 우리 아는 것을 말하고 본 것을 증거하
> 노라. 그러나 너희가 우리 증거를 받지 아니하는도다.

여기서 '우리'는 진리의 편이고 '너희'는 예수를 배척하는 민족으로서의 유대인들이다. 니고데모는 그 대표로서 야단을 맞는 것이다. 그들은 거듭나지 못했고, "육으로 난" 자들이므로 예수의 증거를 받지 않는다는 말이다.

이제 4장을 자세히 뜯어보자. 사마리아의 수가라는 곳에 사는 한 여인이 나온다. 사마리아라는 지방 전체가 자신들의 종교만이 "정통 종교"라고 주장하던 유대인들로부터 소외된 곳이며, 게다가 이 여인은 행실이 단정치 못한, 그 중에서도 더욱 소외된 여인이었을 것이다. 니고데모처럼 진리를 찾고 싶어 일부러 예수를 찾아온 것이 아니었다. 물 길으러 왔다가 뜻밖에 예수를 만났고, 뺀돌뺀돌 쉽지 않은 말상대 같았으나, 결국 예수가 메시아라는 생각을 가지고 동네로 들어갔다. 39절을 보라.

> 여자의 말이 그가 나의 행한 모든 것을 내게 말하였다 증거하므로 그
> 동네 중에 많은 사마리아인이 예수를 믿는지라.

즉 그들은 예수의 증거를 받아들인 것이다. 그 여인 한 사람 만이 아니라 많은 사마리아인들이. 이렇게 해서 요한복음 3장과 4장을 통해 복음을 받아들이지 않은 유대인들과 복음을 받아들인 사마리아인들이 극명한 대조를 이루고 있다.

또 한 가지 주목할 것이 있다. 4장 3절을 보면, 예수께서 사마리아를 통

과하신 것은 우연이 아니었다. "사마리아로 통과하여야 하겠는지라." 즉 반드시 사마리아를 거쳐 가셔야만 했다는 말이다. 신학적인 용어를 빌리자면, "구속 역사적 필연성"이라고 할 수 있겠다.

이제 열왕기상 17장을 뜯어보자.

우선, 예수께서 사마리아를 지나가신 것이 필연이었던 것 같이 엘리야가 사르밧 과부를 찾아가던 길도 구속 역사적 필연이었다는 이론은 충분한 이유가 있다는 점을 지적하고 싶다. 이 점을 확실히 하기 위해, 약간 골치 아플지 모르지만, 곰곰이 생각하면서 필자의 논리를 따라와 주기 바란다.

엘리야가 가뭄을 선언한 후 여호와는 그를 그릿 시냇가에 잠시 머물게 하셨다. 까마귀들이 음식을 날라다 주었고, 물은 시냇물을 마셨다. 그런데 얼마 후 시냇물이 말랐다.

이 대목에서 어쩜 유치하게 들릴지도 모를 질문들이 머릿속에 떠오른다. 여호와께서는 그릿 시냇물만은 마르지 않도록 못하셨을까? 아니면, 가령 떡은 까마귀 군단, 물은 백조 군단을 시켜 배달하실 생각은 왜 못 하셨을까? 뒤의 19장에서 로뎀 나무 아래 쓰러졌을 때는 물도 배달해 주셨는데. 아니면 모세가 한 것처럼 바위를 치게 하시든가, 하갈에게 보여주셨던 것처럼 비상용 우물 하나 파셔서 보여주시든가? 그런데도 시냇물이 마르도록 그냥 두신 데는 또 다른 중대한 계획이 계셨기 때문이라고 봐야 하겠다. 그것은 곧 엘리야를 사르밧, 혹은 사렙다로 보내시는 계획 중의 한 과정이 아니었을까.

사르밧은 바알종교의 기수였던 아합의 아내 이세벨 왕후의 고향인 페니키아 즉 두로에 있는 한 자그마한 도시였다. 여호와께서 바알종교의 본산으로 선지자를 보내신 목적은 털보 특전사에게 일시적인 피신처를 제공해 주시는 것도 중요하지만, 그보다 훨씬 중요한 것은 이방 도시에 사는 이방 여인에게, 그것도 소외된 계층에 속한 과부에게, 여호와께서 참 신이심을 증거하게 하신 것이다. 이점이 바로 요한복음 4장과 통하는 면이라는 것이 필자의 생각이다. 즉 하나님께서는 자기 백성이 복음을 받지 않으면 이를 이방인에게 먼저 전파하신다는 원칙이다.

사실, 열왕기상 17장의 이 같은 선교학적 차원에서의 이해는 필자가 생각해내기 수천 년 앞서 이미 신약 저자 중 한 사람인 누가의 책에서 나타나고 있다. 누가복음 4:24~27을 자세히 읽어보라.

> 또 가라사대, "내가 진실로 너희에게 이르노니 선지자가 고향에서 환영을 받는 자가 없느니라. 내가 참으로 너희에게 이르노니, 엘리야 시대에 하늘이 세 해 여섯 달을 닫히어 온 땅에 큰 흉년이 들었을 때에 이스라엘에 많은 과부가 있었으되 엘리야가 그 중 한 사람에게도 보내심을 받지 않고 오직 시돈 땅에 있는 사렙다의 한 과부에게 뿐이었으며, 또 선지자 엘리사 때에 이스라엘에 많은 문둥이가 있었으되 그 중에 한 사람도 깨끗함을 얻지 못하고 오직 수리아 사람 나아만 뿐이니라."

만일 엘리야가 사르밧 과부를 찾아간 것이 단지 피신처를 얻기 위한 것이었다고 생각했다면, 이 구절은 너무 싱겁다. 예수께서 하신 이 말씀은 고향 사람들이 그를 믿지 않기 때문에 가버나움에서 행하셨던 기적들을 고향에서는 행하지 않겠다는 말씀과 관련되어 있다. 엘리야가 사르밧 과부를 찾아간 일에 빗대어 자신의 행보를 말씀하셨을 때는 엘리야의 행보의 선교학적 중요성을 염두에 두신 것이 아니겠는가?

누가를 통해 전해진 이 예수의 말씀은 누가의 두 번째 저작인 사도행전에서 비시디아 안디옥에 간 바울과 바나바가 유대인들에게 선언한 다음 말씀과도 맥락을 같이한다.

> 바울과 바나바가 담대히 말하여 가로되, "하나님의 말씀을 마땅히 먼

저 너희에게 전할 것이로되 너희가 버리고 영생 얻음에 합당치 않은 자로 자처하기로 우리가 이방인에게로 향하노라. 주께서 이같이 우리를 명하시되 '내가 너를 이방의 빛을 삼아 너로 땅 끝까지 구원하게 하리라' 하셨느니라." 하니, 이방인들이 듣고 기뻐하여 하나님의 말씀을 찬송하며, 영생을 주시기로 작정된 자는 다 믿더라.(사도행전 13:46~48)

열왕기하 17장은 이와 같은 선교학적 맥락에서 이해되어야 한다. 엘리야의 사르밧 행은 단순한 피신이 아니라 선교여행이었다. 즉 하나님의 백성들이 복음을 받지 않으므로 이방인에게 복음을 전하는 것이다.

이방 여인의 변화

하나님의 백성과 특히 지도층이 바른 복음을 받아들이지 않을 때, 하나님은 소외된 계층과 이방인에게로 복음을 전하신다. 남은 재료 다 털어 마지막 눈물의 식사를 마치고 아들과 함께 굶어 죽으려는 과부에게 "물 떠 와라, 빵 구워 와라." 이런 철면피한 요구를 서슴지 않은 털보 특전사. 어쨌거나 그의 말대로라면 대접 한번 잘 해서 해갈 될 때까지 안심하고 먹을 수 있을 것이라는 믿음-혹은 일말의 기대(?)-를 안고 그에게 떡을 갖다 바친 이방 과부.

우리는 수많은 설교가들을 통해 "사르밧 과부의 믿음의 순종"이란 주제의 설교를 들어왔다. 물론 믿음이 전혀 없지는 않았겠지만 그토록 대단한 믿음이었을까 하는 의문이 생기는 게 필자의 솔직한 생각이다. 어쩌면 물에 빠진 사람 지푸라기 잡는 격으로 황당무계한 약속에 일말의 기대를 걸어본 정도였을 수도 있을 것이란 생각도 들지만, 성경 본문은 이에 대해 사실상 침묵하고 있다.

어쨌거나 부활 사건을 경험한 다음은 완전히 달랐다.

열왕기상 17:17~24를 주의 깊게 읽어보자. 여인의 아들이 죽었다. 괴롬과 슬픔에 가득 찬 여인은 엘리야를 심하게 공격했다. 그중 18절의 여인의 말을 한번 읽어보자.

하나님의 사람이여. 당신이 나와 무슨 상관이 있기로 내 죄를 생각나게 하고 또 내 아들을 죽게 하려고 내게 오셨나이까?

그러나 이 공격적인 말을 지난 글에서 이미 언급한 바 18장에 나오는 아합이 엘리야를 공격한 말과 비교해 보면 무언가 다르다. 그녀는 자신에게 닥친 불행을 자신의 죄의 문제와 결부시켰다는 사실이다. 여기서 이 여인에게 어떤 특정한 죄가 있었느냐 없었느냐 하는 문제는 부차적인 것이다. 죄의 문제를 스스로 생각했다는 사실 자체와, 그 죄가 하나님의 사람의 출현으로 드러난 것이 아닌가 하고 생각했다는 점이 중요한 것이다.

신학교 시절, 댄 매카트니 교수의 연구실 앞에 붙어있던 문구 하나가 생각난다. "세상의 모든 질문에는 가장 쉽고, 단순하고 그리고 틀린 답이 반드시 있다." 불행이 닥칠 때마다 반드시 그 이유가 도는 어떤 죄가 뒤에 도사리고 있다고 믿는 것은 가장 단순하고 쉽지만 틀린 답이다. 의인이 불행을 당하기도 하고 죄인이 흥하기도 하는 세상이 아닌가. 그럼에도 불구하고 우리에게 불행이 닥칠 때 이를 계기로 죄의 문제를 생각한다는 것은 중요한 일이다. 그러나 완악한 사람의 마음은 사렙다 과부의 마음처럼 하나님 앞에서 겸손해지기 어려운가보다.

미국의 경우를 보자. 9.11 테러사건과 관련해 자신들의 죄에서 그 이유를 찾으려는 미국인들은 극소수에 불과했고, 그 소수의 외침은 대다수 미국인들의 맹목적인 애국심에 빛을 잃었다. 얼마동안 교회 출석이 늘어나는 듯했다. 그런데, 그들의 기도는 "하나님이여 미국을 축복하소서."였지, "하나님이여 우리가 깨닫지 못한 죄가 있습니까?"가 아니었다.

한국은 어떠한가? 서울 올림픽 이후 한국의 무역수지가 흑자로 돌아서자마자 한국 경제계는 축제분위기였다. 그러나 "샴페인을 너무 일찍 터뜨렸다."는 서방의 우려대로 수년 후 외환 위기가 들이닥치고, 'IMF'가 어떤 기관의 이름인지 특정한 시기를 지칭하는 용어인지 제대로 분간할 마음의 여유도 없이 한국은 수년간 IMF의 소위 "경제식민통치"를 받는 수모를 겪었다. 많은 설교가들이 이는 하나님의 징계라고 외치기도 했다. 그러나 회개운동은 극히 미미한 수준에 그쳤다. 오히려 서민들은 정부와 재벌들을 성토했고, 새 대통령은 전임 대통령에게 책임을 돌렸다. 얼마 후 경제주권은 회복했다. 그러나 재벌들은 여전히 옛 습관대로 시장 논리 보다는 비자금으로 경제 질서를 좌지우지하고, 정치인들은 정치적 신념보다는 당선 가능성에 따라 변신과 헤쳐모여를 되풀이하고, 노동자들은 그동안의 희생의 대가를 돌려달라며 극한투쟁을 일삼고 있다.

IMF 시대의 교훈은 어디 갔는가? 그것은 우리 자신의 죄의 문제와는 전혀 상관이 없었던 것인가? 이미 끝난 일이니 경계경보로서의 시효가 말소되었는가? 그렇지 않다. 아합의 경우를 생각해 보라. 하나님이 가뭄을 끝내실 것을 선언하신 것은 그가 회개하기 전이었다. 그렇다고 가뭄이 해결되었으므로 회개할 필요성도 없어진 것은 결코 아니었다. 한국의 경우도 이와 마찬가지일 것이다. IMF 사태를 비롯한 수많은 비극들의 하나님의 심판에 대한 경계경보로서의 의미는 회개하지 않는 한 계속되는 것이다. 이 같은 경고에도 불구하고 끝내 회개하지 않는다면 하나님은 더 큰 재앙들을 얼마든지 보내실 수 있는 분이시다.

이제 다시 본문으로 돌아가자. 이번에는 엘리야의 태도를 살펴보자. 자신의 죄의 문제를 생각한 이 여인에 대한 엘리야의 태도 또한 18장에 나오는 아합에 대한 태도와 다르다. 그는 죄를 지적하지 않고 그저 아들을 자신에게 맡겨달라고 한다. 그리고 다락에 올라가 자기 침상에 누이고, 하나님께

원망 반 간구 반 부르짖는다. "여호와여, 왜 이 과부에게 재앙을 내리셨나요? 이 아이를 살려 주세요!" 기도와 함께 그는 자신의 몸을 그 아이 위에 세 번이나 펴서 엎드렸다. 체온으로 따뜻하게 한다고 살아날 것도 아닐 테고, 하나님의 사람이라서 외계인 E. T.의 손가락 끝에서 나오는 특수 광선 같은 게 흐르는 것도 아닐 테고, 어떤 주술적인 처방도 아니었을 것이다. 어쩌면 시몬 드브리스의 말처럼 당시 선지자 세계에서 흔히 있었던 상징적인 행동이었을 가능성은 있겠다.[20] 하여튼 중요한 사실은 그가 기도했다는 것이다. 그는 기도했고, 야고보서 5:16의 말씀처럼 역사하는 힘이 많았던 의인의 기도는 하나님을 움직였다. 그리고 이 놀라운 사실을 본 여인의 입에서는 도마의 입에서 터져 나왔던 것(요한복음 20:30~31)과 다를 바가 없는 신앙고백이 터져 나왔다.

> 내가 이제야 당신은 하나님의 사람이시요 당신의 입에 있는 여호와의 말씀이 진실한 줄 아노라.(24절)

이방을 향한 엘리야의 선교활동이 결실을 맺은 것이다.

이 이야기는 또한 요한복음 9장의 소경 이야기를 생각나게 하는 면이 있다. 날 때부터 소경인 이 사람을 보고 제자들은 "왜 소경이 되었나요? 부모 죄 때문인가요, 자기 죄 때문인가요?" 이렇게 물었다. 예수님은 부모 죄도 자기 죄도 아니고, "하나님의 하시는 일을 나타내시려는 것"이라고 답하셨다.(요한복음 9:1~3) 예수님은 그의 눈을 뜨게 해 주셨고, 예수를 두 번째 만난 그의 입에서 "내가 믿나이다."(9:38) 라는 신앙고백이 터져 나왔다.

그런데 그 소경이 눈을 씻어 나음을 받았던 샘물 이름이 실로암이다. 요한은 '실로암'이란 "보내심을 받았다"는 뜻이라고 친절하게 주석을 달았

---

20) Simon J. DeVries, *1 Kings*, WBC 12 (Waco, Texas: Word, 1985) 222.

다.(7절) 의미심장하다. 예수님도 우리를 위해 '보내심'을 받으신 분이다. 엘리야도 사르밧 과부에게 '보내심'을 받았다. 누가복음의 말씀처럼 이스라엘 백성이 아닌 이방 여인에게 보내심을 받았고, 부여받은 선교사의 임무를 완수한 것이다.

선교국가의 자부심?

성경에 이른 대로 유대인들은 자신들이 "이방의 빛"이라고 자처했다. 그러나 불순종한 결과 그들은 오히려 이방의 빛이 아니라 이방에게 장자권을 빼앗긴 신세로 전락하고 말았다.

미국인들도 그들은 마지막 때에 세계 선교를 위해 '보내심'을 받은 나라라는 자부심을 가지고 있었다. 이스라엘의 사명을 대신 받았다는 생각이다. 모더니즘으로부터 포스트모더니즘에로의 전환기라고 불리는 1960년대가 지나고 세속화의 파고가 점점 높아가던 1970년대 피터 마샬과 데이빗 매뉴얼이 쓴 「The Light and the Glory」[21]를 보라. 그들은 신대륙을 발견한 크리스토퍼 칼럼버스로부터 독립전쟁의 위기를 헤쳐 나갔던 지도자들에 이르기까지 그 역사의 흐름이 하나님의 특별한 계획 속에서 진행되어 왔다는 자각이 있었다고 주장했다. 미국은 "약속의 땅" 혹은 "새 이스라엘"이었다고 그들은 믿었다. 이런 자각을 힘입어 그들은 세계 복음화에 많은 기여를 했다. 그러나 그들은 복음 전파와 함께 식민주의적 팽창도 이루었고, 그들이 기대했던 대로 19세기가 끝나기 전에 전 세계 복음화는 이루어지지 않았다. 지금도 미국의 보수적 교계 지도자들은 "네오콘" 즉 신 보수주의 경향을 조장하는 데 일조하고 있음을 볼 때, 미국 교회가 또다시 식민주의적 선교관으로 되돌아가는 게 아닐까 두렵다.

---

21) Peter Marshall and David Manuel, *The Light and the Glory: Did God have a plan for America?* (Fleming H. Rowell, 1977).

　　마지막 시대의 선교국가라는 자부심을 미국 교회로부터 이어받았다고 볼 수 있는 교회는 국내외 한인 교회들일 것이다. 한국 선교 초기 이미 평양은 "새 예루살렘"이란 별명이 붙었다. 또 지난 세기 후반에 이룩한 경제발전과 더불어 교회가 부흥하면서 교회들은 "마지막 시대의 선교국가"를 부르짖었다. 평화를 사랑하는 노란 얼굴들이 흑백간의 증오가 가득 찬 세상에 복음으로 평화를 이루어나갈 사명을 받았다는 자부심이었다. 이러한 자부심과 "주 안에서 능치 못함이 없다"는 믿음으로 한국교회는 많은 것을 이루었다. "미국 교회가 백 년 동안 이루지 못한 일을 우리는 십년에 이루었다."는 식의 선교보고들이 쏟아져 나왔다. 그러나 그 자부심에는 교만의 요소가 첨가되기 시작했다. 게다가 한국인의 고질병인 "빨리빨리" 주의와 전시효과 위주의 선교전략 등으로 인해 세계 곳곳에서 선교성과와 함께 많은 문제점도 양산해 냈다. 지나친 긍정적 사고방식 고취가 양적 팽창주의를 부추겼고, 그것이 IMF 시대를 연 중요한 한 원인을 제공한 셈이 됐다. 그뿐인가? 국내외에서 선교국가의 사명을 감당하기 위한 사역자들을 키운다는 미명 하에 제대로 갖추어지지 않은 신학교들이 우후죽순처럼 생기고, 제대로 훈련받지 못한 소위 "주의 종"들이 멋진 설교를 하기 위해 성경을 멋대로 해석하다 보니 각종 이단이 우후죽순처럼 일어나고, '능력'만 강조하다 윤리를 소홀히 해 국민들의 빈축을 사기도 하고……. 결국 20세기가 저물 때까지 한국의 복음화는 이루어지지 못했고, 국내외 한인 교회들은 한국인들의 마음을 얻는 데 성공하고 있는 것 같지 않다.

　　보헤미안 소설가 프란츠 카프카의 미완성 소설인 「성」(Das Schloß, 1926)에 나오는 K란 이름의 주인공은 측량기사이다. 그는 성주의 부름을 받았다는 신념으로 성을 향한다. 그런데, 그가 성 가까이의 마을에 도착하자 수많은 장애요소들을 만난다. 마을 사람들은 그가 묻는 말에 제대로 답을 못하고, 큰 길은 성으로 향하는 길이 아니었다. 이윽고 K는 모든 것에 대해 회의에 빠진다. 자신을 부른 성주의 성이 도대체 존재하기나 하는가? 과학과 산업, 그리고 교육이 발달하면 이상세계를 이루리라고 믿었던 19세기의 낙관론이 20세기로 넘어서면서 빛을 잃고 비관론이 힘을 얻어가던 시대의 사람들의 마음을 잘 반영한 작품 중 하나이다.

하나님의 부르심을 받았다고 믿었던 한국교회는 부흥기에 "주의 뜻대로" 그려졌던 청사진대로 한반도의 복음화조차 이루지 못하고 20세기는 지나갔다. 분명 하나님이 부르신 민족이라고 믿었는데, 아니던가? 우리를 부르신 하나님이 과연 살아 계신가? 우리는 이런 회의에 빠지기 쉬운 시대적 전환기에 서 있다.

그런데 이 전환기가 어떤 이들에게는 기회가 될 것이다. 사도행전을 보면 초창기 바나바와 선교 팀을 구성했던 바울이 처음 선교여행 시 밤빌리아란 도시에서 도중하차했던 마가를 다시 합류시키자고 주장하던 바나바와 갈라서면서까지 그를 배척했던 사건이 나온다.(사도행전 15:36~41) 그러나 세월이 흐른 후 바울은 마가가 자신의 사역에 유익하므로 데리고 오라고 디모데에게 요청했다.(디모데후서 4:11) 미국교회이든 한국교회이든 하나님 앞에서 자신들을 바로 돌아보고 겸허하고 순수한 열정을 되찾는다면, 바울보다 더 마음이 넓으신 주님께서 21세기에도 다시 한번 큰 사명을 주시지 않으리란 법은 없을 것이다. 그러나 이들 교회가 바로서지 않는다면, 엘리야를 사르밧 과부에게 보내신 여호와께서, 바울이 전하는 복음을 받아들이지 않던 디아스포라 유대인 대신 이방인에게로 바울을 보내셨던 주의 영께서, 이제 또다시 세상 어느 다른 민족에게로 축복의 손길을 옮겨 가실지 누가 알랴. 요한계시록 2:5의 말씀처럼 촛대를 옮기시기 전에 우리의 문제점들이 무엇인지 생각해 보아야 하지 않겠는가?

외나무다리에서 만난 원수

- 열왕기상 18:1~19 -

열왕기상 18장은 악한 왕의 대명사가 되어버린 아합과 홀로 맞서야만 하는 여호와의 신앙 용사 털보 엘리야의 이야기이다. 바알 종교와의 한판 승부가 그를 기다리고 있었던 것. 그러나 사실 이것은 엘리야와 아합의 결전이라기보다는 바알 종교와 여호와 종교의 결전이다. 우선 18장 전반부를 보면, 가뭄 속에서 가축을 살려낼 방도를 찾아 온 땅을 필사적으로 헤매고 다니는 아합과, 그가 외나무다리에서 만난 엘리야와, 그 사이에서 이중간첩같이 왔다 갔다 하는 오바댜의 모습이 볼만하다.

누가 비를 내리는가?

이 세 사람의 모습을 자세히 뜯어보는 일은 차차로 해나가기로 하고 여기서는 우선 18장 첫머리에 나오는 여호와의 말씀과 관련해 비를 내리는 신은 누구인지, 그리고 거기서 우리가 얻을 수 있는 교훈은 무엇인지 생각해 보기로 하자. 오랜 가뭄 끝에 여호와께서 엘리야에게 이렇게 말씀하셨다.

너는 아합에게 보이라. 내가 비를 지면에 내리리라.(1절)

이 말씀은 아합이 회개해야 비를 내리신다는 뜻이 아니다. 아직은 이스

라엘의 등불을 끄실 때가 아니기 때문에 은택을 베푸셔서 살려주시는 것이다.(참고, 열왕기하 8:19)

이처럼 이스라엘에게는 종교적인 차원에서뿐만 아니라 경제적인 차원에서도 하나님의 은혜가 결정적인 요인이 된다는 사실은 아래 인용한 신명기의 말씀에서 잘 나타난다.

네가 들어가 얻으려 하는 땅은 네가 나온 애굽 땅과 같지 아니하니, 거기서는 너희가 파종한 후에 발로 물대기를 채소밭에 댐과 같이 하였거니와, 너희가 건너가서 얻을 땅은 산과 골짜기가 있어서 하늘에서 내리는 비를 흡수하는 땅이요, 네 하나님 여호와께서 권고하시는 땅이라. 세초부터 세말까지 네 하나님 여호와의 눈이 항상 그 위에 있느니라.

내가 오늘날 너희에게 명하는 나의 명령을 너희가 만일 청종하고 너희의 하나님 여호와를 사랑하여 마음을 다하고 성품을 다하여 섬기면, 여호와께서 너희 땅에 이른 비, 늦은 비를 적당한 때에 내리시리니, 너희가 곡식과 포도주와 기름을 얻을 것이요, 또 육축을 위하여 들에 풀이 나게 하시리니, 네가 먹고 배부를 것이라.

너희는 스스로 삼가라. 두렵건대 마음에 미혹하여 돌이켜 다른 신들을 섬기며 그것에게 절하므로 여호와께서 너희에게 진노하사 하늘을 닫아 비를 내리지 아니하여 땅으로 소산을 내지 않게 하시므로 너희가 여호와의 주신 아름다운 땅에서 속히 멸망할까 하노라.(11:10~17)

이 말씀을 보다 잘 이해하기 위해 이집트와 팔레스타인의 지형과 농경술을 비교해 보는 것이 좋겠다. 우선 인용한 말씀에는 언급이 없지만, 지리적 조건과 안보의 관련성부터 알아보자.

우선 이집트의 지형을 잠깐 살펴보자. 이집트는 크게 두 부분으로 나눈다. 즉 '상 이집트'와 '하 이집트'이다. 하 이집트는 나일 강 삼각주를 중심으로 넓은 농토가 전개되는 곳으로서, 서쪽으로 사하라 사막과 동쪽으로 시나이 사막이, 그리고 북으로는 지중해가 가로놓여 있었다. 수송수단이 발달하기 전까지는 이민족의 침입을 막아주는 축복받은 지형이었다. 최소한 셈 족의 일파로 여겨지는 힉소스 족이 점령하기 전까지는. 반면 상 이집트는 나일 강 강줄기를 따라 매우 좁은 농지로 이루어져 있었다. 은혜로운 나일 강은 상류로 거슬러 올라가면서 다섯 개의 폭포로 남쪽의 이민족을 막아주고 있었다. 히브리인들이 내려가 살았던 기원전 2천년기 후반은 '병거' 혹은 '전차'(Chariot)를 이미 사용하고 있었던 힉소스 족이 쳐들어와 이집트인들이 그동안 경험하지 못했던 전쟁이란 것을 보여주고, 군대를 키우도록 만들어준 후였다.

반면 팔레스타인은 이집트처럼 고립된 땅이 아니라 열려있는 땅이었다. 지리적이 조건에 관한 한, 터키 지방의 히타이트 문명은 해운국 페니키아 혹은 두로를 거쳐 팔레스타인까지 세력을 확장하는 데 지리적인 어려움은 별로 없었다. 또 메소포타미아 문명권의 강대국들은 유프라테스 강줄기를 따라 올라와 팔레스타인 북부로부터 요단강 동편의 비옥한 땅과 남부의 광야지대까지 세력을 뻗치는 데 어려움이 없었다. 그뿐 아니다. 힉소스 족에게 시달리면서 군사력을 증강시킨 이집트도 지중해 연안을 따라 북상하면 '바다의 민족" 블레셋의 땅을 거쳐 금방 팔레스타인 중심부에 이른다. 즉 이집트 문명, 메소포타미아의 문명, 히타이트 문명, 그리고 약간 후대에 발달된 그레코 로망 문명들이 세력 확장을 위해 타 문명권으로 나아가려면 반드시 거쳐야 하는 곳이 바로 팔레스타인이었다. 지리적 조건이 나라를 지켜주던 이집트와는 정반대이다. 그야말로 "여호와께서 성을 지키지 아니하시면 파숫군의 경성함이 허사"(시편 127:1)일 수밖에 없는 조건이었다. 반면, 이를 뒤집어 생각해보면 나라가 강성하거나 문화가 꽃을 피운다면 그 세력이 사방으로 뻗어 나아가기 좋은 조건이라고 말할 수도 있다.

이번에는 위의 구절이 말하는 농경술을 비교해 보자.

우선 이집트. 나일 강은 해마다 주기적으로 범람하면서 강 상류 지역으로부터 운송해 온 물과 자양분을 주위 농지에 공급해 농사짓기 정말 좋은 환경을 만들어 주었고, 지리적 조건이 파수를 서 준 가운데 이집트인들은 오랜 세월동안 평화를 누리며 고대 문명을 꽃피울 수 있었던 것이다. 따라서 그들에게는 하늘에서 내리는 비가 그다지 중요한 것이 아니었다. 땅위를 흐르는 강물이 모든 것을 해결해 주었다. 그러므로 고대 이집트의 문명은 문자 그대로 "나일 강의 선물"이었던 것이다.

반면 팔레스타인에는 나일 강 같은 강이 없었다. 비가 와야만 농사를 지을 수 있는 땅이었다. 동쪽으로 갈릴리 호수와 사해, 그리고 요단강을 비롯한 몇몇 작은 강줄기들이 있긴 하지만, 대부분의 강들은 비가 오지 않으면 말라 버린다. 그래서 백성들은 웅덩이를 파놓고 비가 오기를 기다렸다. 비가 오면 웅덩이에 모아 두었다가 밭에 물을 댔다. 그러니 하늘이 비를 주시지 않으면 어쩔 수가 없었다. 즉 이스라엘이 강성해 진다면 그것은 "신의 선물"일 수밖에 없었던 것이다.

그러면, 비는 누가 내리는가, 즉 그 지방에 "신의 선물"을 갖다 주는 신은 과연 누구인가 하는 문제가 대두된다. 바알 종교에서는 비는 당연히 바알이 내리는 것이었다. 그런데 이 바알이란 존재는 죽음의 신인 '모트'(Mot)에게 패해 죽어 있을 동안에는 비를 내리지 못하다가 부활을 해야 비로소 다시 비를 내린다고 믿었던 것이다. 반면 여호와께는 다른 신에게 패해 죽으시는 일이란 있을 수 없다. 오랜 가뭄은 바알이 죽었기 때문이 아니라 여호와께서 하늘을 닫으신 때문이었다. 자기 백성이 여호와를 버리고 바알을 섬기며 거기에 절하였기 때문에 그러셨던 것이다.

그런데, 아합의 행보는 어떠하였는가? 그는 온 땅을 돌아다니며 필사적으로 물과 초장을 찾고 있었다. 열왕기상 18장에 아합이 여호와께 비를 구했다는 기록은 없다. 사실 구하지 않았다는 기록도 없긴 하지만, 왕후 이세벨이 여호와의 선지자들을 죽이는 걸 짐짓 저지하지 않았거나 최소한 어떤 이유로든 그렇게 못한 왕이라면, 게다가 극심한 가뭄으로 당한 괴로움의 책임을 여호와의 선지자인 엘리야에게 돌린 왕이라면, 엘리야의 하나님 여호와께 비를 달라고 구했을 것 같지는 않다. 온 땅을 두루 다니며 물 근원을 찾는 노력이야 잘못됐다고 말할 이유는 없을 것이다. 그러나 언약의 백성을 다스리는 왕으로서 여호와께 구하지는 않고 땅만 두루 헤매고 다닌 것이라면, 이는 이집트와는 전혀 다른 팔레스타인을 젖과 꿀이 흐르는 땅으로 주신 뜻을 알지 못한 불쌍한 죄인이라고 말할 수밖에.

땅만 보며 헤매려는가.

성도들의 삶이란 모든 면에서 주님과의 관계와 직결된다고 믿는 기독인이 얼마나 될까? 관념적으로가 아니라 실천적으로 말이다. 필자는 미국 애틀랜타에서 목회하는 동안 말씀대로 살아야 경제생활도 축복을 받는다고 가르치려고 무진 애를 썼었다. 주일 성수, 정직, 십일조, 책임감, 근면, 검소, 그리고 이웃사랑 등등. 그러나 사람들의 반응은 대체로 냉담했다. "목사님은 목사님이시니까 말씀대로 사시기 쉽죠. 우리는 그렇지 않아요. 말씀대로 살다가는 망해요." 그런가? 목회는 말씀대로 하면 잘되고, 세속 경제생활은 말씀대로 해서는 안 된다고? 경제논리가 아닌 신앙논리를 따라 하늘 향해 기도만 한다고 되는 게 아니라고? 때로는 눈 딱 감고 양심을 속이기도 하고, 때로는 잔머리 굴려 위기를 넘기기도 하며 살아갈 수밖에 없다고?

글쎄, 필자의 변을 얼마나 많은 이들이 공감할지 모르겠지만, 필자는 목회자들의 세계에서도 "말씀대로"만 해서는 안 된다는 실천적 고정관념들을 많이 접해 왔다. 한국교회 목회는 "줄을 잘 서야" 성공한다는 말도 있다. 제대로 훈련되지 않은 후보생이 "교회에서의 입장을 고려해서" 내린 "은혜로운" 합격 조치로 안수를 받는다. 요즘은 주보에 아예 싣지 않는 교회도 많지만, 주일마다 지난 주 출석인원 통계를 싣는데, "왜 그렇게 곧이곧대로 적느냐, 통계숫자 불려 적지 않는 교회가 어디 있느냐?" 이런 말을 자주 들었다. 혹은 소속 교단이 건전한 교단이란 이유 하나 만으로 강단에서 흘러나오는 이상야릇한 어떤 부흥강사들의 가르침들이 "할렐루야 아멘"으로 받아들여진다. 건축헌금이 모자라면 임직식을 행한다. 임직식과 함께 전자오르간이랑 멀티미디어 설비 등 교회 집기들이 늘어난다. 억지로가 아니라 기쁨으로 드리는 것이라지만 어딘지 모르게 찜찜하다.

기독교 가정에서 자란 앙드레 지드의 「전원 교향곡」(La Symphonie Pastorale, 1919)의 눈먼 소녀 제르뜨뤼드는 눈을 떠 아름다운 세상을 바라보는 것이 소원이었다. 그러나 목사의 도움으로 눈을 뜬 다음 그녀의 눈에 들어온 세상은 현실을 살아가는 인간들의 추한 모습들이었다. 그래서 그녀는 결국 자살을 하고 만다. 필자가 십여 년 직장생활을 하던 중 어쩌다가 신학공부를 하고 싶다는 생각을 가지면서, 그 세계를 향해 눈이 열리면 그곳은 세속 직장인이 겪는 신앙생활의 어려움은 없으리라는 기대를 가지게 되었다. 최소한 당직 서느라고 주일예배를 빠지지 않아도 될 것이며, 비합리가 횡행하는 세계에서 겪던 말 못할 번민은 없을 것이라고 기대했었다. 그러나 신학과 목회의 세계에서 눈을 떴을 때, 필자의 눈에 들어온 것은 세속인들의 사회에서 보아온 것들에 못잖은 추한 면들이었다. 교회의 평안을 위해서, 혹은 하나님 나라의 확장을 위해서라는 멋진 명분 하에. 차라리 눈을 뜨지 말았더라면……. 그러나 이미 열려버린 눈은 어쩔 수 없었다.

그러나 한 가지 얻은 것은, 세속에 부딪히면서 "목사님은 목사님이시니까"라고 반박하는 성도들에게 이 말을 해줄 수 있다는 것이다. "아니요, 목사들도 목회에 성공하기 위해서는 '말씀대로' 해서는 안 된다는 유혹을 받을 때가 비일비재합니다. 저는 세속 직업과 성직을 다 경험했습니다. 목회자들의 세계도 마찬가지입니다. 그런 가운데 바른 목회를 하려고 애쓰는 분들의 처절한 투쟁은 정말 눈물겹답니다."

어두운 세상, 모든 사람들이 여호와를 버리고 바알을 섬기던 시절, 여호와를 떠난 사람들과 함께 살면서 여호와를 경외하는 삶을 살아가려는 성도의 모습은 눈물겹도록 아름답다. 바로 열왕기상 18장에서 우리는 그런 사람을 한 사람 만날 수 있다. 누구인가?

나도 뜨고 싶은데 ……

- 열왕기상 18:3~15 -

꽃띠 소녀가수 보아, 청춘 탤런트 장나라, 파란 눈의 축구 감독 히딩크, 77세에 딱 한번의 영화출연으로 유명세를 타셨던 김을분 할머니, 그리고 핑클 해체 후 솔로로 일약 스타덤에 오른 섹시스타 이효리. 이들은 근자에 한국에서 소위 "뜬다"는 말을 듣던 사람들 중에 드는 몇 명이다.

많은 사람들이 '뜨기'를 원한다. 그러나 정작 뜨는 사람은 극소수이다. 지난 2002년 텍사스의 시골소녀 켈리 클락슨을, 2003년에는 앨라배마의 뚱보 루벤 스터다드를, 그리고 2004년에는 북 캐롤라이나의 미혼모 팬타지아 베리노를 뜨는 사람으로 만들어준 팍스 방송사의 〈아메리칸 아이돌즈〉(American Idols)라는 프로그램이 있다. 세 명의 인기 음악가들이 진행하는 예비심사에 참가하기 위해 전날 밤부터 심사장 주위에서 아예 잠을 자면서 기다리는 수많은 청소년들을 TV를 통해 보았다. 자신의 공연을 보기 위해 사람들이 이처럼 장사진을 이룰 날을 꿈꾸며 뜨기를 원하던 사람들 중 대부분이 눈물을 흘리며 발길을 돌리는 모습도 보았다.

그런데, 한 가지 의문이 생긴다. 소위 "뜨는 사람"과 "뜨지 못하는 사람"의 차이는 얼마나 될까? 가령 미국 야구에서 메이저 리그 선수와 트리플A 선수가 거두어들이는 돈과 명성은 천지 차이이지만, 기량의 차이는 얼마 안

될 것 같다. 다만 기회가 없어서 메이저 리그에 들지 못하는 선수들도 많다는 말은 사실일 것이다.

목회자나 "경건한" 평신도들 중에도 뜨기를 원하는 사람들이 많다. 말로는 "이름 없이 빛도 없이 감사하며 섬기겠다."고 하지만. 그러나 정작 뜨는 사람은 몇 안 된다. 그래서 유명세를 타게 된 사람들의 이름으로 발간된 책들을 보면, 뜨지 못하는 목회자나 평신도들은 자기 방식대로 하지 않았기 때문에 뜨지 못한 것처럼 느껴 주눅이 들도록 만드는 경우도 많다. 억울하다는 생각이 들 때가 있다. 어떤 목회자들의 과거는 화려했다. 좋은 의미로 각광을 받았던 이들도 있었지만, 어두움의 대명사처럼 살았던 이들도 있다. 볼 재미 다 보고, 어느 날 갑자기 예수 믿고, 신학교에 입학하고, 목사가 됐다. 그때부터는 화려했던 과거의 경험담들을 멋들어지 게 늘어놓아 인기 끌며, 내용 보다는 수사를 좋아하는 한민족의 카타르시스에의 욕구를 충족시켜 주면서 명성을 얻고, 성공적인 부흥사요 목회자로 인정받았다. 그런데, 어떤 목회자는 어린 시절부터 모범적으로 자랐다. 세상의 좋은 것 다 포기하고 신학교에 입학했다. 그리고 목사가 됐고, 나름대로 착실히 목회생활을 계속했지만, 뭔가 특별한 게 없다는 이유로 교인들에게 어필을 못했다. 그저 그렇게 평범한 목회자로 충분하지 못한 사례비 받아 겨우겨우 살다가 은퇴하게 되었다. 억울하다는 생각이 들 만하지 않는가?

오바댜도 전사인가?

열왕기상 18장에만 잠깐 등장하는 오바댜에게는 특별한 데가 있었다. 성경 속의 수많은 경건한 성도들이 여호와를 "경외한다"고 묘사되었지만, "크게 경외하는 자"(열왕기하 18:3)라고 묘사된 사람은 오바댜 한 사람 뿐이다. 느헤미야 7:2에 나오는 하나냐는 경외함이 다른 사람보다 "뛰어나다"고 묘사되었지만, 이는 다른 사람들의 신앙심과 비교해서 그렇다는 말이었다.

오바댜의 경우는 비교 대상이 없이 "크게 경외하는 자"였다. 아합의 비서실장이었던 그는 이세벨이 선지자들을 죽이는 것을 그냥 두고 볼 수 없었다. 일백 명을 굴에 숨기고 음식을 제공했다. 푼돈으로는 감당 못했을 것이다. 게다가 들키면 목이 날아갈 일이 아닌가. 그런데, 이렇게 특별난 캐릭터라면 좀 더 자주 등장시켜 주시지. 심지어 그 수많은 주석가들조차 오바댜에 대해서는 그다지 많은 말을 하지 않는다. 다만 엘리야 스토리에 등장하는 하나의 조연에 불과한 것으로 취급을 당한다. 어째 좀 억울할 것 같지 않은가?

그러나 억울하든 안하든 그것은 하나님의 정하신 것이다. 마태복음 20:1~15에 포도원의 비유는 이 문제에 대해 명쾌한 해답을 준다. 포도원 주인이 일군을 찾아 나섰다. 아침에 나가 사람들을 불러들였다. 품삯은 한 데나리온으로 고용계약을 맺었다. 한낮에도 나가서 똑같은 조건으로, 저녁나절에 나가서 또 똑같은 조건으로, 일군들을 불러들였다. 하루가 끝나고, 품삯을 줄 시간이다. 늦게 온 일군부터 한 데나리온이다. 아침 일찍 온 사람들은 더 받을 것을 기대했지만 ……. 하루 종일 일했는데도 한 시간 일한 사람과 똑같이 주시다니. 억울하다는 생각이 들었을 것이다. 그러나 주인은, "약속대로 주는 건데 무슨 잔소리. 누구에게 얼마 주느냐는 내가 알아서 할 일이야." 어떤 설교가들의 말처럼 나중 온 사람들이 특별히 일을 더 열심히 했다는 증거는 없다. 주인이 그렇게 주기로 정했기 때문에 그렇게 준 것일 뿐이다.

오바댜의 경우도 마찬가지이다. 열왕기상 18장에 딱 한번 등장하는 게 그의 배역이었다. 별다른 이유는 없다. 하나님이 그렇게 정하셨기 때문이다. 사실상 이 배역도 위험이 따르는 역할이었다. 자기 앞에 바람처럼 나타난 엘리야가 아합을 모시고 현장에 도착했을 때 바람과 함께 사라져버렸다면, 막가는 아합에게 허위보고를 한 대가는 목숨일 것이 불 보듯 뻔한 일. 그러나 그는 엘리야의 맹세를 믿고 아합에게 고했다. 그것으로 성경 상에 나타난 그의 역할은 끝났다.

세상에는 소위 뜨는 인물들도 많지만, 이름도 없고 명성도 얻지 못하면서도 하나님 나라에 자기 몫을 충실히 해내는 사람들이 얼마든지 있다. 뜨지 못했다고 억울해 할 것도 없다. 괴로워할 것도 없다. 진정 주님을 사랑한다면, 그분의 이름이 뜨는 것만으로 기뻐할 수 있지 않을까? 그리고 모든 것은 하나님의 정하신 대로인즉, 각자의 위치와 상황에서 주를 위해 최선 다하는 것으로 보람을 찾고 감사하는 것이 옳지 않겠는가? 세례요한의 명성이 예수로 말미암아 빛을 잃는 것을 안타까워하던 제자들에게 그가 한 아래 말은 이 같은 맥락에서 우리에게 큰 도전을 주는 말씀이다. 이 말씀에서 '신랑'은 누구이며 '신부'는 누구이고 또 '친구'는 누구인지 굳이 주석을 달 필요는 없을 것으로 본다.

> 신부를 취하는 자는 신랑이나 서서 신랑의 음성을 듣는 친구가 크게 기뻐하나니, 나는 이러한 기쁨이 충만하였노라. 그는 흥하여야 하겠고 나는 쇠하여야 하리라.(요한복음 3:29~30)

모두 특전사일 수는 없다

지난 9.11 테러 사건은 미국의 문제점도 드러내고 미국인들의 신앙생활을 돌아보게 하는 계기가 되기도 했지만, 미국이 얼마나 무서운 나라인가를 보여주는 계기도 되었다. 미국의 진정한 힘은 군사력이나 경제력 보다는 헌혈을 위해 5시간을 기다릴 수 있는 미국인들의 시민의식이라는 점이 명백히 드러났다. 다음 말들을 가만히 생각해 보라.

> 나는 가장 절친한 친구의 결혼식에 참석함으로써 테러와 싸우겠다. …… 나는 나 자신에 충실함으로써 테러와 싸우겠다.(으길리 매터 월드

와이드 사장 셸리 라자러스. 데브 아놀드가 인용)22)

나는 나의 욕구 충족을 위해 돈을 써서 경제 활성화를 도움으로써 테러와 싸우겠다. 나는 방문하시는 장모님을 거리낌 없이 맞아들임으로써 테러와 싸우겠다. 나는 차에다가 국기를 달고 다님으로써 테러와 싸우겠다. 나는 기회가 있을 때마다 잔 워커 린드(미국 시민 탈레반 병사)를 비난하는 말을 함으로써 테러와 싸우겠다. 나는 피스타치오 땅콩을 더 많이 먹음으로써 테러와 싸우겠다.(2002년 2월 14일자 복스 캐롤라이나)23)

나는 지방 및 연방 선거에 투표하며 다른 사람들에게도 권장함으로써 테러와 싸우겠다. 또 손주들에게 위대한 우리나라에 관해 더 많은 이야기를 들려줌으로써 테러와 싸우겠다. 나는 또 대통령이 그가 설정한 목표를 이룰 수 있도록 지지함으로써 테러와 싸우겠다. 나는 또 하나님께 미국을 보호해 주시고 미국인들의 마음이 감사의 마음으로 돌아서게 해 달라고 기도함으로써 테러와 싸우겠다.(2002년 2월 16일자 복스 캐롤라이나)24)

---

22) 영어 원문은 다음과 같다: "I will fight terrorism by going to my best friend's wedding ……. I will fight terrorism by just being myself." (quoted by Deb Arnold, interview with Shelly Lazarus, CEO and President of Ogilvy & Mather Worldwide)

23) 영어 원문은 다음과 같다: "I will fight terrorism by spending more on gratifying my selfish wants, thereby helping the economy. I will fight terrorism by not being afraid when my mother-in-law comes to visit. I will fight terrorism by flying a flag on my car. I will fight terrorism by saying vicious things whenever possible about John Walker Lindh. I will fight terrorism by eating more pistachio nuts." (Vox Carolina. 2/14/02)

24) 영어 원문은 다음과 같다: "I will fight terrorism by voting in local and general elections and encouraging others to do the same and I will fight terrorism by telling my grandchildren more stories about the history of our great nation. And I will fight terrorism by supporting the president in his goals. And I will fight terrorism by praying to God that he will protect America and turn the hearts of its people back to gratitude to him."(Vox Carolina. 2/16/02)

나는 사람의 얼굴이 아니라 영혼을 주목함으로써 테러와 싸우겠다. 나는 출신 국가를 따지지 않고 누구나 악수를 함으로써 테러와 싸우겠다. 나는 옛 노래들 속에 담긴 진실한 말들을 들음으로써 테러와 싸우겠다. 나는 사랑과 기사도 정신으로써 테러와 싸우겠다. 나는 "네 이웃을 사랑하라"는 보편률에 따라 일생을 살아가겠다. 나는 모든 사람들의 마음속에 생명의 리듬이 울리고 있다는 사실을 기억할 것이다. 나는 미국인이 아니라 한 인간으로서, 사람의 정신을 판단하기 위해 그 사람의 출신국가를 물을 필요가 없는 세상이 열리는 날을 기다리겠다.(MYST 커뮤니티 닷컴)25)

이 인용문들의 내용에 대해 시시비비를 하고 싶은 생각은 없다. 다만, 각자 자기 위치에서, 자기 소신대로, 미국의 건국이념 중 하나인 자유로운 삶을 충실히 살아감으로써 테러와 싸우겠다는 결의는 영적인 싸움을 싸워나가야 할 기독인들에게 좋은 본보기가 되고 있다는 점만 강조하고 싶다. 예수께서 다시 오실 그날까지 계속될 어두움과의 싸움을 위해 모두가 다 제다이가 될 수는 없다. 아합의 비서실장으로서 힘겨운 중에서도 자신의 위치에서 할 수 있는 일을 감행했던 오바댜처럼, 작은 교회 목회 현장에서, 작은 사업체 사무실에서, 생산라인의 한 구석에서, 컴퓨터 앞에 앉은 상담자로서, 작은 땅을 가는 농부로서, 어부는 어부로서, 목자는 목자로서 선한 싸움을 싸워 가야 할 것이다.

---

25) 영어 원문은 다음과 같다: "I will fight terrorism by looking at a face and seeing the soul. I will fight terrorism by shaking a man's hand, regardless of the country he is from. I will fight terrorism by hearing the true words in the songs of the old days. I will fight terrorism with love and chivalry. I will live my life in the words of the universal law, 'Love thy neighbor.' I will remember that in every heart, there beats the rhythm of life. I will stand tall, not as an American, but as a human being, awaiting the day that the world does not need to know the country you come from to judge your soul."(MYSTcommunity.com)

침묵은 누런색

- 열왕기상 18:19~24 -

주 안에서 하나 되어

여호와 종교와 바알 종교 중 어느 쪽이 옳으냐를 판가름할 결전장은 갈멜 산으로 정해졌다. 왜 갈멜 산을 택했을까? 동양에선 예로부터 명산(名山)들에는 '산신령님'이 계신다든가, 약간 탈종교화된 표현으로 "정기(精氣)가 흐른다."든가 하는 얘기들이 많이 전해져 내려오고 있지만, 지중해 연안에서 매우 가까운 갈멜 산은 중동지방의 명산 중 하나로서, 신께 제사 드리던 장소가 있었을 것이라는 생각이 지배적이다. 가령 프랑스의 구약학자 쟈끄 브리앙에 의하면 특히 기원전 4세기부터 기원후 3세기경 까지 그곳에 그리스의 주신인 제우스를 섬기던 제단이 있었던 증거가 나타나며, 그렇다면 엘리야 시대에 바알 혹은 여호와를 섬기던 제단도 있었을 가능성이 높다.26) 그럼에도 불구하고 "헬몬 산, 호렙 산, 시온 산 다 놔두고 왜 하필 갈멜 산이냐?" 하는 의문이 여전히 남는 데는 신학적으로 중요한 이유가 하나 있다. 전문성이 조금은 있지만, 어느 정도의 성경 지식을 가진 독자가 약간만 주의를 집중해 읽는다면 그 요지를 이해하는 데 큰 어려움은 없을 것이다.

---

26) Jacgues Brient, "Le Carmel, Montagne Sacreé," *Monde de la Bible* 58
   (1989) 12~13.

구약학자들이 만들어낸 용어들 중 '신명기적 역사'(Deuteronomistic History)라는 것이 있다. 이 용어에 대해 약간의 설명이 필요하겠지만, 신명기가 어떤 책인지 아는 분이라면 필자의 설명이 하나도 어려울 게 없을 것이다. 대부분의 구약학자들은 소위 역사서라고 불리는 부분 중 역대기와 룻기를 제외하고 여호수아로부터 열왕기하 까지를 그렇게 부르는데, 그 이유는 이 역사서가 이스라엘의 역사를 신명기를 통해 주신 신앙원칙에 비추어 평가하고 있기 때문이라는 것이다. 그런데, 많은 원칙 중에 중요한 한가지로 "바른 예배장소는 오직 한 곳"이란 원칙이 있다. 신명기 12장의 가르침이 그 근거가 된다.

너희가 너희 하나님 여호와의 주시는 안식과 기업에 아직은 이르지 못하였거니와, 너희가 요단을 건너 너희 하나님 여호와께서 너희에게 기업으로 주시는 땅에 거하게 될 때, 또는 여호와께서 너희로 너희 사방의 모든 대적을 이기게 하시고 너희에게 안식을 주사 너희로 평안히 거하게 하실 때에, 너희는 너희 하나님 여호와께서 자기 이름을 두시려고 한 곳을 택하실 그 곳으로 나의 명하는 것을 모두 가지고 갈지니, 곧 너희 번제와 너희 희생과 너희 십일조와 너희 손의 거제와 너희가 여호와께 서원하는 모든 아름다운 서원물을 가져가고, 너희와 너희 자녀와 노비와 함께 너희 하나님 여호와 앞에서 즐거워할 것이요, 네 성중에 거하는 레위인과도 그리할지니, 레위인은 너희 중에 분깃이나 기업이 없음이니라. 너는 삼가서 네게 보이는 아무 곳에서든지 번제를 드리지 말고, 오직 너희의 한 지파 중에 여호와의 택하실 그 곳에서 너는 번제를 드리고 또 내가 네게 명하는 모든 것을 거기서 행할지니라.(9~14)

그런데, 11절에 언급된 하나님이 택하실 '한 곳'은 구체적으로 어디이며, 14절의 '한 지파'는 어느 지파인가에 대한 논란은 나라가 두 조각 난 다음부터 예수님이 오셨을 때까지 계속되었다. 솔로몬 성전을 중심한 남쪽 나라 유다로서는 당연히 유다가 그 '한 지파'이며, 예루살렘. 혹은 범위를 더욱 좁혀 시온 산이 그 '한 곳'이었다. 그리고 이것은 지금까지 정설로 인정되고 있다. 그런데, 엘리야가 아합과 바알의 선지자들, 그리고 바알의 짝인 여신 아세라의 선지자들과 홀로 맞서 최후의 결전을 벌인 곳은 시온 산이 아니라 갈멜 산이다.

그런데, 비평적 구약학자들 중에는 이스라엘에는 크게 보아 서로 상반된 두 가지 신학이 있었다고 보기도 한다. 그 하나는 고대로부터 내려오는 전통인데, 모세가 만든 성막은 어디든지 옮겨 다닐 수 있었던 것과 같이 예배 장소는 어느 한 곳으로 정할 필요가 없다고 주장하는 신학이었고, 따라서 그들은 실로, 벧엘, 갈멜 산 할 것 없이 유서 깊은 곳은 어디나 제단을 쌓았다고 본다. 또 다른 하나는 좀더 후대 즉 다윗 왕국 건설과 함께 형성된 신학으로서, 바른 예배장소는 단 한 장소, 즉 예루살렘뿐이라는 신학이란 것이다. 이렇게 주장하는 비평적 학자들의 관점에서 보면, 갈멜 산 결전 이야기는 아마도 장소에 얽매이지 않는다는 신학이 저변에 깔린 부분으로 볼 수 있을 것이다.27)

그런데 신구약 중간사, 즉 구약도 신약도 다루지 않은 그 중간 시대의 역사를 보면, 북쪽 나라 이스라엘이 망한 후는 "어느 한 곳이냐, 혹은 장소에 얽매이지 않는가?" 라는 문제 보다는 "어디가 과연 바로 그 '한 곳'이냐?" 하는 신학적 논쟁이 강하게 대두되었다. 유대인들은 여전히 예루살렘이 '한 곳'이라고 고집한 반면, 이스라엘의 반쪽 후예가 되는 사마리아인들이 시온

---

27) 참고. Jeffery Niehaus, "The Central Sanctuary: Where and When?," *Tyndale Bulletin* 43 (1992) 3~30. 니하우스의 견해는 특이하다. 그는 신명기적 역사가, 즉 여호수아에서 열왕기까지의 최종 편집자는 예루살렘을 '한 곳'으로 생각하지 않았고, 예레미야 7:12~15에 언급된 대로 실로를 '한 곳'으로 생각했으며, 바벨론에 포로로 끌려가기 전까지는 예루살렘에서 주로 제사를 드리되 다른 곳에서도 제사드릴 수 있도록 허용하는 자세를 보였다고 주장한다. 따라서 그는 갈멜 산에서의 제사도 장소에 관한 한 문제가 될 수가 없었다고 말한다.(p. 12)

산 대신 내세운 대안은 그리심 산이었다.(요한복음 4:20) 그러므로 그들은 예루살렘 중심 신학을 주장하는 것으로 보이는 역사서를 진정한 하나님의 말씀으로 받지 않았던 것이다.

필자는 구약성경이 이루어져 온 과정 속에 서로 상반되는 두 가지 신학 사상의 갈등의 흔적이 보인다는 비평적 신학자들의 주장을 좋아하지 않는다. 상반된 두 신학사상의 갈등이라기보다는 오히려 구약성경이 가진 양면 성이 서로 보완하며 조화를 이룬다고 보고 싶다.

그 한쪽 면은 '구별' 혹은 '성별'(聖別. set apart)이다. 구별이라는 원리가 역사서의 배경의 일부를 이루고 있으며, 예배장소의 구별도 그 일환인 것이다. 왜냐하면, 수많은 우상을 위한 제단들이 아무 산이나 가릴 것 없이 세워져 있는 상황에서 여호와 종교가 이방 종교와 분명 다르다는 것을 나타 내기 위해서는 역시 '한 곳'을 지정하는 것이 절실히 필요했던 것이다.

또 다른 한 면은 '포용'이다. 시온 산이 특별히 구별된 예배 장소의 역할을 담당하긴 했지만, 하나님의 크신 구원 계획에 비추어 볼 때 이 같은 조치는 구약 시대라는 한정된 시기 동안 시대적 필요에 따라 그랬던 것이다. 궁극적으로 모든 인류에게 회개의 복음을 전파하실 하나님의 구원 계획은 예루살렘에만 머물지 않을 것이므로, 심지어 구약 내에서도 이미 넓은 의미 에서는 지구 전체 혹은 우주 전체가 하나님의 거룩한 장소라는 사상이 없지 않았던 것이다.(참고. 역대하 6:18)

예루살렘이라는 도시나 시온 산 자체가 거룩한 장소가 될만한 자격을 갖추었던 것은 아니었다. 그것은 성도가 무슨 특별한 자격을 갖추었기 때문에 하나님의 사랑을 받는 것이 아닌 것과 같은 이치이다. 예수 안에서 모든 장 벽이 허물어지는 신약 시대는 특정한 장소에 얽매일 필요가 없게 되었다. 신령한 의미에서 요한복음이 말하는 "신령과 진리"(요한복음 4:23~24)[28]가

곧 '한 곳'이며, 사도 바울의 용어로는 "그리스도 안"이 바로 그곳이다.

결국 "성막이냐, 성전이냐?" 혹은 "시온 산이냐, 그리심 산이냐?" 하는 질문은 신약시대를 사는 우리들에게는 별 의미가 없어진 것이다. 요한복음 4장에서 사마리아 여인이 참 예배 장소가 어디냐 하는 문제를 들고 나왔을 때, 예수님의 대답은 이곳도 저곳도 아니고, "신령과 진리" 안에서 예배드리는 때가 왔다고 선언하셨다. "신령과 진리," 즉 바로 예수 그리스도를 왕으로 모신 천국의 새 질서가 우리들의 유일한 예배장소란 것이다. 이와 같은 맥락에서 어린 시절부터 불러왔던 찬송가 하나가 생각난다.

> 높은 산이 거친 들이 초막이나 궁궐이나 구주 예수 모신 곳이 그 어디나 하늘나라

뚜렷한 구별을 가르치셨던 구약 성경 속에서도 신약 시대의 그림자가 보인다. 뿐만 아니라 뚜렷한 구별을 위한 확실한 제도적인 장치들을 주셨음에도 불구하고 더욱 강조하신 것은 마음이었다. 사회악이 만연한 가운데 형식적으로만 드리던 제사는 거부하셨고(예. 이사야 1:11~13) 비록 예법에는 틀렸더라도 회개하는 마음으로 드리던 제사는 받으셨다(예. 역대하 30:17~20)는 사실들은 그 좋은 예들이 될 것이다. 이 구절들에서 문제가 된 것은 예배 장소에 관한 문제가 아니라 성결케 하는 의식에 관한 문제였지만, 그 원리는 장소에 관한 문제에도 적용 가능하다고 본다. 이런 맥락에서 볼 때, 상징적인 데 그치긴 했지만, 온 이스라엘이 함께 모여 엘리야의 주도 하에 "무너진 단"을 수축하는 장면은 예수 안에서 모든 장벽이 허물어지는 신약 시대의 그림자를 보는 듯하다. 그렇다면 갈멜 산은 장소에 얽매이지 않는 신약 시대의 모습이 아스라이 비쳤던 것이라고 볼 수 있을 것이다.

---

28) 개역 한글판의 "신령과 진정"이란 번역은 부적절하다는 것이 일반적인 견해이다.

침묵은 누런색

미식축구 시즌 피날레를 장식하는 슈퍼볼 경기의 하프타임에 펼쳐지는 화려한 쇼는 해마다 미국인들을 열광시킨다. 그런데 2004년 1월의 쇼에서는 마이클 잭슨의 누이 쟈넷 잭슨이 공연 끝에 오른쪽 젖가슴을 노출한 소위 '니플게이트'를 비롯해 보수적인 미국인들을 크게 실망시킨 여러 가지 해프닝들이 벌어졌다. 그렇잖아도 사회윤리적인 이슈들이 미국인들을 갈라놓고 있었던 상황에서 벌어진 이 장면과 성조기에 대한 모독 등을 비롯한 여러 가지 낯 뜨거웠던 장면들에 실망한 전 조지아 주지사이자 당시 민주당 상원의원인 젤 밀러는 이날 쇼를 주관했던 비아콤 그룹을 망조가 들었던 바벨론의 우상숭배에 비교하기도 했다. 그는 같은 해 2월 14일 미 의회에서 행한 다수의 윤리관련 헌법개정안 지지 발언을 통해 이 같은 "품위의 결핍"(Deficit of Decency)에 대한 침묵은 "금빛이 아니라 누런색"일 따름이라는 명언을 남겼다.29)

물론 사사건건 반대발언만 일삼고 시시콜콜한 일들에까지 목소리를 높이는 것은 자제해야 하겠지만, 이미 지적한 대로 진리가 아닌 것들이 진리 행세를 하며 세상과 성도들의 삶을 헷갈리게 하는 상황에서 교회가 외치는 자의 사명을 다하기를 주저한다면, 그 침묵은 결코 금빛이라고 할 수 없을 것이다.

이런 맥락에서 갈멜 산에서 엘리야가 보여준 외치는 자의 모습은 그 때처럼 헷갈리는 세상을 살아가는 오늘날의 성도들과 교회들에게 좋은 모범이 된다. 갈멜 산의 결전은 장소가 아니라 마음이 문제였다. 백성들의 마음이 여호와를 향하느냐 바알을 향하느냐 하는 문제였다. 털보 제다이 엘리야

---

29) "For I truly believe that at times like this, silence is not golden. It is yellow." http://miller.senate.gov/press/2004/02-12-04decency.html.

는 아합과 바알과 아세라의 선지자들에게 도전을 선언했다. 그리고 백성들을 다 불러 모으라고 했다. 모여든 백성들에게 그는 강력한 도전을 주었다. 줏대 없이 왔다 갔다 하지 말고, 여호와와 바알 중 한 신을 분명하게 택하라고.

그러나 엘리야는 확신을 가지고 있었다. 여호와가 참신이신지 바알이 참신이신지 헷갈리는 시대에, 여호와만이 참 신이시란 확신을 가진 엘리야는 외쳤다.

> 너희가 어느 때까지 두 사이에서 머뭇머뭇 하려느냐? 여호와가 만일 하나님이면 그를 좇고 바알이 만일 하나님이면 그를 좇을지니라. (21절)

이와 관련해 미국 교회의 외치는 자의 사명을 위한 노력의 예를 하나 들어보자. 빌 클린턴 전 대통령이 재집권에 성공한 이듬해인 1997년 여름이었다. 당시는 동성애자에게도 군 입대를 허용하겠다는 선거공약을 실천하기 위해 온갖 노력을 다 기울이던 클린턴 대통령이 미국의 보수적 교회들의 극렬한 반대에 부딪히고 있었다. 이런 상황 속에서 필자는 로키 산맥 속의 콜로라도스프링스라는 아름다운 도시에서 열린 미국장로교회(Presbyterian Church in America) 총회에 참석하게 되었다.

의사일정에 따라 동성애자의 군 입대를 반대한다는 교단의 입장을 정리한 서신을 대통령과 관련 지도자들에게 보내자는 안을 심의하게 되었다. 안이 상정되자 세계적인 신약 신학자인 레어드 해리스 박사가 마이크 앞에 섰다. 그는 "가이사의 것은 가이사에게, 하나님의 것은 하나님에게"라는 예수의 말씀과 미 헌법의 소위 "정교분리의 원칙"에 비추어 볼 때 교회가 이 같은 일에 나서는 것은 옳지 않다고 주장했다. 그의 발언이 끝나자마자 곧이어 '전도폭발'로 유명한 플로리다 코럴릿지 장로교회의 제임스 케네디 목사가 마이크 앞에 섰다. 그는 "가이사의 것을 가이사에게, 하나님의 것은 하나님에게"라고 말씀하신 바로 그 예수께서 한번은 헤롯 왕을 지칭해 "여우'라고 불렀다는 사실을 상기시키면서, 클린턴 행정부가 하나님께서 죄라고 규정하신 길을 간다면 그것은 잘못이라고 분명하게 경고하는 것이 교회의 사명이라고 주장했다.

누구의 말이 옳은가? 물론 정부가 하는 일마다 사사건건 물고 늘어지는 것은 잘못일 것이다. 그러나 정부건 민간이건 하나님의 뜻에 분명히 배치되는 방향으로 나가는 모습을 보인다면 교회는 엘리야처럼 과감하게 하나님의 뜻을 외쳐야 할 사명이 있는 것이다.

결국 경고 서신을 보내자는 안은 가결되었고, 문구를 심사하는 과정에서 "우리의 견해로는 동성애는 죄라고 성경은 가르치고 있습니다."라는 식의 부드러운 어조로 제안된 원안이 "하나님은 동성애가 죄악이라고 말씀하셨습니다."라는 식의 단호한 어조로 수정. 채택되었다.

외치는 자의 사명을 감당하려는 미국 교계의 노력은 어떤 의미에서 2004년 대선에서도 잘 드러났다고 볼 수 있겠다. 물론 이 선거는 도무지 과오를 인정하지 않고 있는 부시 대통령과 신 보수주의자들이 득세함으로써 "오만한 미국"의 이미지를 고칠 계기를 마련하지 못했다는 문제점도 야기했다고 볼 수 있을 것이다. 그러나 최소한 사회윤리적인 면에서 만큼은 교회들의 노력이 상당한 성과를 거두었음을 부인할 수 없다. 사실 사회윤리를 바로잡는 일이 정책 수정보다 훨씬 어렵지만 긴 안목으로 볼 때는 더욱 절실한 일이며, 교회에게는 그것이 더 중요한 사명이 아닐까. 미국이 선열들의 신앙과 성경을 바탕으로 한 사회윤리를 회복하지 못하면 하나님의 심판을 자초하게 될 것이라는 신념을 가진 설교자들은 성도들이 단순한 미국 시민으로서가 아니라 기독인 미국인으로서 투표에 참여하는 것이 의무라는 점을 줄곧 강조해 왔고, 기독인들은 선거에 적극 참여했다. 그 결과 보수적

성향의 정치가들이 대거 승리하였고, 특히 조지아 주에서는 동성결혼 금지를 위한 주 헌법 수정안이 무려 76 퍼센트의 지지를 얻어 확정되었다.

미국 교회 뿐 아니라 한국 교회도 이와 같은 자각이 가시화되고 있다는 점은 고무적이라 하겠다. 그러나 반성해 보아야 할 점도 보이는 듯하다. 그것은 한국 교회의 "외치는 자의 사명"에 대한 이해가 왠지 윤리 쪽 보다는 정치 쪽으로 무게중심이 쏠리는 듯하다는 점이다. 그 대표적인 예들을 들자면 뒤에 또 언급하게 될 전두환 국보위 상임위원장을 위한 조찬기도회라든가 2004년 대선을 앞두고 창설되었던 한국기독당이 기독인들의 지지조차 받지 못하고 대선 직후 곧바로 해체된 일 등을 들 수 있겠다. 한국 교회는 오히려 원칙 보다는 편법을 따르고 대의 보다는 사리사욕을 추구하는 수많은 지도자들의 각성을 촉구하고, 그들에 못지않게 자신들의 이익만을 추구하기를 좋아하는 수많은 서민들과 함께 살아가는 기독인들이 이웃에게 그리스도의 빛들이 되도록 이끌어주는 일에 더욱 노력을 기울여야 하지 않겠는가.

그러나 오늘날의 교회와 주의 사람들 중에는 엘리야처럼 바른 말 하기를 회피하는 이들도 많다. 그들은 죄를 죄라고 지적하는 일은 가급적 회피하면서 듣기 좋은 말만 하기를 좋아한다. 왜 그렇게 하는지, 그리고 그건 옳은 일인지 따져보자.

혹자들은 이렇게 말한다. 구약시대는 율법시대이고 신약시대는 은혜시대인즉, 부정적이고 파괴적인 말보다는 건설적인 말을 해야 한다는 것이다. 전혀 틀린 말은 아니다. 그러나 구약시대는 전적으로 율법시대며, 신약시대는 전적으로 은혜시대였던 것은 아니다. 가령 시편 등을 읽어보라. 시편 기자들이 바라본 여호와는 은혜로우신 신이셨다. 정도의 차이가 있을 뿐이다. 반면 신약시대는 은혜가 풍성한 시대이긴 하지만 구약시대 못지않게 심판도 시행되는 시대이다. 역사를 돌이켜보라. 예수를 배반한 유대인들은 기원 후 70년 로마에게 망한 이후 2천년 가까이 멸시와 천대와 죽임을 당하면서 세상을 방황했다. 구약 성경 어디에 이 같은 엄청난 징계 기록이 있는가? 한국교회를 핍박하고 태양신 숭배를 강요하던 일본의 두 도시 히로시마와 나까사끼는 순식간에 잿더미가 되었고, 수십만 명의 목숨이 일순간에 사라졌다. 바벨론이나 아시리아에게 죽은 하나님의 백성의 수가 그만 했을까? 잘못을 지적하기만 하면 부정적이라고 낙인찍는 아이러니는 사라져야 한다.

혹자들은 이렇게 말한다. 공격적인 말은 요즘 세상에서는 효과적이 아니라는 것이다. 지혜롭게 말해 상대방의 마음을 열게 하는 것은 좋은 일이다. 그러나 이 논리에 찬동하는 이들은 예수님의 말씀들이 어떠하였는지 살펴보기 바란다. 예수님만큼 효과적이고 지혜로운 말씀으로 복음을 전하신 분이 없었지만, 교권자들의 잘못을 공격하는 용어를 선택하실 때 그들의 기분을 고려하신 것 같지 않다. 십자가의 죽음으로 그 대가를 치르시면서까지.

혹자들은 이렇게 말한다. 사람의 마음은 당신의 말로 바꿀 수 없으니 성령에게 맡기라는 것이다. 당신이 할 일은 도와주고 치료해 주고 편하게 해 주는 것이라고 말한다. 이 또한 맞는 말이다. 그러나 심령을 바꾸실 능력을 가지신 성령은 교회에 외치는 자의 사명을 주셨고, 이를 통해 역사하신다는 것도 또한 진리이다.

아마도 용감하지 못해서일 것이다. 목숨이 아깝고, 지금까지 유지해온 인간관계가 아깝고, 괜히 적을 만들어 골치 아파지는 것이 싫어서일 것이다. 혹은 바른 말을 내뱉은 대가로 겪어야 할 고생이 싫어서일 지도 모른다. 한국교회가 그렇게 머뭇거리다가 통일교를 키워주었고, 나라와 경제를 경영하는 이들에게는 공손하기만 해, 결국 국민들의 불신을 받는 정계와 경제계가 되도록 방치한 책임을 면하기 어려울 것이다. 물론 참된 양심의 소리가 들리지 않는 것은 아니다. 그러나 그 소리는 너무나 가느다란 귀뚜라미 소리 같다. 나무 인형 피노키오의 귀에 제대로 들리기엔 너무 가늘었던 그 귀뚜라미 소리처럼 말이다. 이스라엘의 파수꾼으로 에스겔을 세우시고 경고하지 않으면 그 책임을 묻겠다고 하시던 하나님이(에스겔 33:7~9) 국내외 한인교회와 성도들과 지도자들에게 한민족과 세계에 대한 책임을 묻지 않으시겠는가?

여호와 그는 참 하나님이시로다!

- 열왕기상 18:254~0 -

연극은 그것으로 충분했다. 황개(黃蓋)가 주유(周瑜)에게서 곤장을 50대나 맞아 피투성이가 되는 모습을 본 첩자들의 보고를 접한 조조(曹操)는 황개의 투항 결심이 속임수라는 사실을 꿈에라도 생각지 못했을 것이다. 이를 가리켜 제갈 공명은 "고육지계"(苦肉之計)라 하였다. 그런데, 양자강 중류의 북편 붉은 언덕 즉 적벽(赤壁) 쪽에 하나로 묶여 있는 조조의 함대까지 황개의 배들이 접근해 불을 붙이려면 동남풍이 불어 주어야 되는데, 이것만은 사람의 뜻대로 되지 않아, 절망에 빠진 주유는 그만 앓아누워 버렸다. 이 소식을 들은 촉의 제갈 공명이 하늘에 기도해 바람의 방향을 바꾸어 주었다. 전혀 경계태세를 갖추지 않고 있던 조조의 함대는 불길에 휩싸이고, 멀리서 이 상황을 바라보고 있던 주유가 총공격을 명했다. 극도의 혼란에 빠진 조조의 대군은 제대로 대항도 못하고 흩어지고, 조조는 부하 몇 명과 함께 간신히 달아났다.

이것은 중국 후한 말기 조조의 천하통일의 꿈을 사실상 물거품이 되게 하고 위(魏)·촉(蜀)·오(吳)의 삼국시대가 굳혀지게 만든 기원 208년 12월의 적벽대전(赤壁大戰)에 관한 「삼국지연의」(三國志演義)의 기록의 일부를 필자의 말로 요약한 것이다. 그러나 다른 역사책들은 그 공을 제갈 공명에게 돌리지 않는다. 그냥 때맞춰 동남풍이 불어준 것이라고 한다.

자 그럼, 갈멜 산의 제단에 하늘에서 불이 내렸다는 것은 어떻게 해석해야 할까? 열왕기의 기록대로 엘리야의 기도를 들으신 여호와께서 내리신 불이었을까, 아니면 하늘에서 번개가 떨어져 불이 붙은 것인데 열왕기 기자가 그럴듯하게 기록해 엘리야를 신화적인 존재로 만든 것일까? 어디 한번 과학적으로 그럴듯한 해석을 시도해 보자.

가뭄이 무려 3년 반이나 계속되었으니 이제 비가 올 만도 했을 것이다. 그날은 습도가 평소보다 높았는데, 게다가 엘리야가 제단에 부었던 물이 증발해서 습도가 더욱 높아진 상태가 되었다. 저녁이 되자 골짜기보다 훨씬 기온이 낮은 산꼭대기에서 습기가 엉겨 구름이 생기고, 구름과 산꼭대기의 제단 사이에서 번개가 발생해 제단에 불을 떨어뜨렸다. 그런데 열왕기 기자가 엘리야의 기도를 들으신 여호와께서 내리신 불이라고 기록함으로써 엘리야를 신화적인 존재로 높여 놓았다. 혹은 열왕기 기자가 그렇게 기록했을 뿐 아니라 엘리야 자신도 제갈 공명처럼 천기를 읽는 능력이 있어서 그날 저녁 그렇게 될 줄 알고 바알 선지자들에게 먼저 기회를 줌으로써 자신의 제사 시간을 절묘하게 맞추었다.

독자들의 생각에는 어떤가? 그럴듯하지 않는가? 그러나 이런 의구심을 나타낸 현대 주석가를 필자는 아직 찾아내지 못했다. 역사성을 따지는 문제는 가급적 회피하는 게 요즈음의 경향이라서 그런가보다. 다만 필자는 초자연적인 사건 기록은 무조건 지어낸 것일 거라고 믿기를 좋아하는 어떤 사람들과는 견해를 달리한다는 점만 밝혀두고 싶다.[30] 대학에서 물리학을 전공하고 십년 동안 국방과학연구소에서 연구원으로 근무했던 필자가 믿는 하나님은 자연과학의 원리까지 창조하신 분이시며, 그가 원하시면 언제라도 필요에 따라 그 원리들의 효력을 정지시키실 수 있는 권한과 능력을 가지신 분이시기 때문이다.

---

[30] 참고. DeVries, *1 Kings*, 226. 드브리스는 갈멜산의 결전은 하나의 전설로 간주한다.

불러도 대답 없는 이름이여

여호와와 바알 중 참 신 하나만 좇으라는 도전에 꿀 먹은 벙어리들이 돼버린 백성들에게 엘리야는 두 마리의 송아지를 가져오게 했다. "누가 참 신이냐?"에 대한 판정은 고 박정희 대통령에 대한 신임을 물었던 국민투표나 김동성 선수에게 금메달을 주는 것이 옳으냐를 물었던 2002년 동계올림픽의 온라인 여론조사와는 다른 방법으로 정하기로 했다. 제단에 제물을 올려놓고 불을 지피지 않기로 하고, 하늘에서 불로 응답하는 신이 참 신인 것으로 정하기로 했다. 열왕기상 18:20부터 전개되는 갈멜 산의 결전의 시작이다. 기원후 3천년기를 사는 사람들에게는 말도 안 되는 소리일지 모르지만, 시리아 지방의 '라스 샴라'라는 곳에서 출토된, '우가릿어'라고 불리는 고대 중동지방의 언어로 기록된 한 문서에 나오는 다음 글을 보면 이 방법이 수긍이 갈 것이다.

> 바알은 그의 비를 풍성히 내리시겠고, 눈으로 풍족히 땅을 적시시리라. 그는 구름 속에서 소리를 발하시겠고, 번개로 당위에 불을 내리시리라.[31]

확신 있는 바알 신앙인들이건 아니건, 어쩔 수 없다. "말도 안 된다."고 하면 바알 신앙이 엉터리란 걸 스스로 입증하는 자충수가 될 것인즉 이 제안을 받아들일 수밖에. 전반전은 바알 선지자들의 차례이다. 아침부터 시작이다. 단 주위에서 춤을 추고, 자기 몸을 상하고, 아무리 열심히 기도해도 불이 떨어져야 말이지. 그렇다고 "바알 신학을 재해석하자." 혹은 "비신화화하자."고 할 수도 없는 노릇이고. 게다가 엘리야의 야유가 불난 집에 부채

---

31) Moreover Baal will send abundance of his rain, Abundance of moisture with snow; He will utter his voice in the clouds, (He will send) his flashing to the earth with lightening.- *UT* 51, V. 66ff John Gray, *I & II Kings: A Commentary*, 2nd Rev., OTL (London: SCM, 1970 〔1964〕) 402 에서 인용, 필자번역 -

질이다. 떨어지라는 불은 안 떨어지고, 속 불만 지옥 불처럼 활활 탔을 것이다.

그런데, 엘리야의 야유가 재밌다. 이집트의 피라미드 문서에는 이집트의 제사장들이 아침마다 신들에게 "안녕히 주무셨습니까?" 하고 인사를 드렸다고 전해지고 있다. 또 메소포타미아의 「아타하시스」(Athahasis)라는 문헌을 보면, 엔릴(Enlil)이란 신이 있었는데, 사람들의 떠드는 소리가 하도 시끄러 잠을 못 주무셨다고 한다. 그래서 결국은 홍수를 일으켜 사람들을 싹쓸이 하셨다는데⋯⋯. 구약학자 하워드 제콥슨은 열왕기하 18장의 갈멜 산의 대결에서 엘리야가 바알과 아세라 선지자들의 약을 올린 말들이 바로 이 두 이야기를 배경으로 깔고 그랬던 것이라고 말한다.[32]

엘리야가 약을 올린 말은 이것 말고도 세 가지나 더 있다. "묵상하고 있는지, 잠간 나갔는지, 혹 길을 행하는지⋯⋯."(27절) 어쨌든 그중 한 가지라도, 2002년 월드컵 한·미전에서 '테리우스' 안정환 선수의 '오노 세리모니'처럼, 당시 사람들이 잘 아는 걸 빗대었다면 관객들은 더욱 흥미 있어 했을 것이다. 제콥슨의 견해는 그렇다 치고, 바알이란 신은 구름도 비도 번개도 다스리지 못하는 허수아비임이 증명된 것이었다. "불러도 주인 없는 이름"이며 "부르다가 내가 죽을 이름"이었다.

무너진 여호와의 단을 수축하다

후반전이다. 그런데 이건 출전 선수만 바뀐 단순한 마술 경연 제2회전이 아니었다. 그 이상으로, 일시적이긴 했지만, 흐트러진 민심을 모아 여호와 하나님과의 관계를 다시 한 번 바로잡는 종교개혁의 장이었다.

바알 선지자들의 시도는 실패로 돌아가고 이제 엘리야의 차례이다. 여호

---

32) Howard Jacobson, "Elijah's Sleeping Baal," *Biblica* 79 (1998) 413.

와께 제물을 드리기 위해 엘리야는 "무너진 여호와의 단을 수축"했다.(열왕기상 18:30) 여기서 한 가지 짚고 넘어갈 것이 있다. "무너진 여호와의 단"이라고 했으니까, 과거에 여호와의 단이 거기 있었다는 뜻인가 하는 의문이 생긴다. 카일 같은 학자는 그렇다고 주장한다.[33] 그러나, 드브리스 등 많은 현대 주석가들은 이 말의 상징성에 초점을 맞춘다.[34]

어느 쪽이 옳을까? 이 질문에 대한 답을 얻기 위해 제단 수축작업과정을 살펴보자. 엘리야의 제단 수축작업은 이스라엘 백성이 요단강을 건널 때 돌 12개를 주워와 세웠던 기념비를 생각나게 하는 작업이었다.(여호수아 4:4~9) 야곱의 아들들의 숫자를 따라 12개의 돌을 가져다가 단을 쌓았다. 그러니까 보수공사라기보다는 새로운 자재로 쌓은 단이었을 것이다. 그렇다면, 원래 여호와의 단이 있었든 없었든, 상징성을 강조하는 견해는 충분히 근거가 있어 보인다.

또한 열왕기 기자가 '이스라엘'이란 이름을 강조하고 있다는 점도 이를 뒷받침한다. 엘리야는 "아브라함과 이삭과 이스라엘의 하나님 여호와"의 이름을 불렀다(36절). 구약에서 "아브라함과 이삭과 야곱의 하나님 여호와"라는 표현은 자주 나타나는 반면, "아브라함과 이삭과 이스라엘의 하나님 여호와"란 표현은 이곳 외에는 역대기에 두 번 더 나오는 게 전부이다. 한번은 다윗 시대의 백성들이 성전건축헌금을 마친 후 감사기도의 내용 중에 나타나는데,(역대상 29:18) "하나님의 백성 전체"가 헌금에 참여하였다는 사실을 부각시키는 것이다. 또 한번은 히스기야의 종교개혁사건 보도(역대하 30:6)에 나온다. 역대기의 전체적인 분위기와 히스기야가 사마리아

---

33) C. F. Keil, "The First Book of Kings," in *I & II Kings, I & II Chronicles, Ezra, Nehemia, Esther, Keil & Delitzsch*, Commentary on OT, 3, tr. by. Sophia Taylor, (Grand Rapids: Eerdmans, reprinted 1978) 247.

34) DeVries, *1 Kings*, 227.

가 아시리아 군대에게 함락당하기 불과 수 년 전 북쪽 이스라엘의 주민들까지 초청한 사실(역대하 30:1, 10~12) 등에 비추어 볼 때, 이 표현 또한 "하나님의 백성 전체의 참여"라는 의미가 강하게 깔린 문구임을 알 수 있다. 열왕기와 역대기는 저자나 편집자가 다르고 시대적인 배경과 삶의 정황도 서로 다르다. 그러나 이 표현의 뉘앙스는 서로 통한다는 것이 필자의 소신이다. 다시 말해서, 엘리야의 기도에도 마찬가지 의미가 깔려있으며, 그의 제단 수축 작업 역시 여호와 신앙은 12지파, 즉 모든 이스라엘이 함께 모여 다시 세워 나가야 할 참 종교란 점을 강하게 상징하는 특별한 건설작업이었다고 볼 수 있겠다.

그러므로 엘리야의 제단 수축작업은 단순한 마술 경연이 아닌, 그 이상의 것이었다고 보는 것이 옳겠다. 만연된 바알 종교에 젖었던 백성들이 마음을 한데 모아 살아계신 여호와께 다시 나아오는 회개의 사건이었고, 여호와께서 그들과 영원한 언약을 맺으신 하나님이심을 재확인하는, 하나의 종교개혁 사건이었던 것이다.

이 같은 갈멜 산의 광경을 염두에 두고 오늘날의 세계를 돌아보자. 일례로 알게 모르게 신약 판 '선민의식'을 가지고 있는 미국 교계를 돌아보자. 뜻있는 지도자들은 포스트모던 시대 이후의 미국인들의 해이해 진 신앙을 안타까워하고 있다. 국민적인 회개가 필요할 때란 점을 그들은 강조하고 있다. 그래서 언제부턴가 이들은 역대상 7:14의 말씀에 주목하고 널리 전하기 시작했다.

> 내 이름으로 일컫는 내 백성이 그 악한 길에서 떠나 스스로 겸비하고 기도하여 내 얼굴을 구하면, 내가 하늘에서 듣고 그 죄를 사하고 그 땅을 고칠지라.

2001년 9월 13일 부시 대통령은 9.11 테러사건을 계기로 9월 14일을

'전국 기도 및 추모의 날'로 선포했다. 그는 헌법 제일 수정조항의 근본정신이 "종교와 정치의 절대적 분리"에 있다고 주장하는 이들을 의식하지 않았다. 어떤 의미에서는 그가 이라크와의 전쟁을 포함한 정치. 외교적 행보에서 드러낸 "뻔뻔스러움"(?)이 여기서 이미 드러났던 것 같다. 그러나 때가 때인지라 그의 기도의 날 선포에 반대하는 국민은 거의 없었다. 그는 선언문을 통해 다음과 같이 말했다.

> 성경은 "애통하는 자는 복이 있나니, 저희가 위로를 받을 것"이라고 말합니다. 나는 미국의 개개 가족들과 한 가족으로서의 미국이 전국 기도 및 추모의 날을 지켜, 이 야만적 공격행위의 희생자 수천 명을 추모하며 사랑하는 이들을 잃은 사람들을 위로하자고 호소하는 바입니다. 우리는 이 국가적 비극과 개인의 손실을 극복할 것입니다. 머지않아 우리는 치유와 회복의 길을 찾을 것입니다. 이 모든 악행을 직면한 우리는 여전히 "하나님 아래 한 나라"로 강한 결속을 유지하고 있습니다.[35]

그의 선언문에는 진정한 국민적 회개가 치유와 회복의 길이란 뚜렷한 말은 없다. 그러나 사상 유래 없는 비극 앞에서 애통하는 마음으로 국민 전체가 하나가 되어 하나님께 부르짖자는 그의 호소는 미국인들과 교회들이 다시 한 번 자신들을 돌아보고 하나님을 생각하는 계기를 만드는 데 기여했다. "무너진 여호와의 단" 수축을 위한 노력의 일환인 것이다.

이보다 앞서 1952년 미 의회는 해마다 '전국 기도의 날'을 가지기로 결의했고, 1988년 레이건 대통령은 매년 5월 첫 목요일을 기도의 날로 지정했다.

---

35) 영어 원문: Scripture says: "Blessed are those who mourn for they shall be comforted." I call on every American family and the family of America to observe a National Day of Prayer and Remembrance, honoring the memory of the thousands of victims of these brutal attacks and comforting those who lost loved ones. We will persevere through this national tragedy and personal loss. In time, we will find healing and recovery; and, in the face of all this evil, we remain strong and united, "one Nation under God." (http://www.whitehouse.gov/news/releases/2001/09/20010913-7.html)

2002년 5월 2일 기도의 날, 백악관 이스트 룸에서 열린 리셉션에서 부시는 미국이 과거 국가적 위기를 겪었을 때마다 대통령들이 기도를 호소하고 기도의 날을 가졌던 역사를 상기시키면서, 기도는 미국인들의 생활 중심에 자리 잡고 있으며, 수백만 미국인들의 기도보다 더 큰 기부금은 없다고 말했다.36)

미국의 "무너진 여호와의 단" 수축 완성은 아직 요원하나, 그 작업은 진행되고 있다. 비록 피노키오의 귀에 잘 들리지 않는 귀뚜라미 소리 같을지라도, 참 신앙양심의 소리는 계속 들리고 있다.

한국도 미국 못지않게 기독교문화가 막강한 영향력을 발휘해 왔다. 조선 말기부터 수많은 민중 지도자들이 예수의 도리가 나라를 살릴 종교라고 믿고 받아들였다. 일제 하에 신음하던 민족의 고난을 앞장서서 지고나가며 순교의 피를 흘렸고, 민족을 계몽하는 데도 앞장을 섰다. 광복 후 열린 첫 국회는 이승만 의장의 기도로 시작됐다. 건국 초기 각계 지도자들 중 수많은 이들이 기독교인이었다. 그러나 독립정부 수립 후 교회는 민족의 등불이 되지 못했다. 짧은 50여년 헌정사는 권력다툼과 부정부패로 얼룩졌고, 성장을 멈춘 교회는 여러 면에서 각종 부조리에 거룩한 옷을 입혔다.

정계가 혼란할 때마다 개헌론이 대두됐고, 그래서 현대 문명국가 중 가장 짧은 민주 헌정사를 통해 현재까지 인류역사상 나타났던 민주국가의 제도 중 시행해 보지 않은 것이 없을 정도이다. 대통령 직접선거, 간접선거, 의회의 단원제, 양원제, 지방자치제, 지방단체장 중앙임명제, 대통령 중심제, 내각책임제, 그리고 유신체제까지…… 어느 제도가 한국인의 속을 시원케 해 주었는가? 오히려 한국인들의 응어리를 다소나마 풀어준 것은 황영조, 박세리, 박찬호, 김미현, 김병현, 히딩크 들이 아닌가? 지난 1997년

---

36) http://www.gospelcom.net/npc/050202pres.html.

대선 이후 수년간 입씨름만 하다만 내각제나 지난 2002년 대선에서 대두되었던 소위 "분권형 대통령제," 이런 것들이 진정 한민족을 살릴 방책이 될 수 없다.

한민족의 살 길은 제도를 바꾸는 데 있는 것이 아니다. 제도란 제도는 거의 다 시도해봤다. 제도가 아니라 마음을 바꾸어야 한다. "내 이름으로 일컫는 내 백성이 그 악한 길에서 떠나 스스로 겸비하고 기도하여 내 얼굴을 구하면, 내가 하늘에서 듣고 그 죄를 사하고 그 땅을 고칠지라." 교회가 앞장서서 "무너진 여호와의 단"을 수축해야 한다. 예수를 생활 중심에 모시고, 정직과 성실과 이웃 사랑을 실천하며, "예배당에 가는 아이들은 마음씨가 모두 착했던" 시절로 돌아가야 한다. "마음을 돌이키게 하시는"(열왕기하 18:37) 주님께 겸비한 마음으로 나아와야 한다. 한국교회가 "무너진 여호와의 단"을 수축해 가는 모습을 모든 민족이 지켜보게 된다면, 그리고 그들 중 많은 이들이 감화를 받아 하나님께로 돌아오고 그들의 삶의 모습들이 변해 간다면, 한민족의 살 길은 활짝 열릴 것이다.

불로 증거되신 여호와

미국에서는 신분을 증명하려면 운전면허증을 보여주면 된다. 여호와가 하나님이심을 증명하려면 엘리야의 제안대로 제단에 불을 내리셔야 했다. 죽음을 불사하고 아합을 만나 이 결전을 신청했던 엘리야는 확신이 넘쳤다. 제단 주위에 도랑을 파고 제단이며 도랑이며 물을 쏟아 부었다. 그리고 기도했다.

아브라함과 이삭과 이스라엘의 하나님 여호와여. 주께서 이스라엘 중에서 하나님이 되심과 내가 주의 종이 됨과 내가 주의 말씀대로 이 모든 일을 행하는 것을 오늘날 알게 하옵소서. 여호와여 내게 응답하옵소서, 내게 응답하옵소서. 이 백성으로 주 여호와는 하나님이신 것과 주는

저희의 마음으로 돌이키게 하시는 것을 알게 하옵소서.(18:36~37)

여호와는 불을 내려 싹 다 태우셨다. 제물, 제단, 도랑의 물까지 남김없이 처리하셨다. 이로써 그가 참 하나님이심이란 사실을 증명하셨다. 백성들은 그 앞에 엎드려 "여호와 그는 하나님이시로다! 여호와 그는 하나님이시로다!"(39) 고백했다. 그리고 바알 선지자들을 기손 시내로 끌고 가 죽였다. 여호와를 버리고 다른 신들을 섬기자고 유혹하는 선지자들을 죽이라는 명령(신명기 13:1~11)을 그대로 실행에 옮긴 것이다.

갈멜 산에서 나타난 참 하나님의 모습과 관련해 또 하나 생각해 볼만한 점은, 예수 그리스도가 하나님의 아들이심이 어떻게 증명되었나 하는 문제이다. 결론부터 우선 말하자면, 그것은 십자가의 죽으심을 통해서였다. 예수의 십자가와 갈멜 산의 불이 어떤 관련성이 있는가를 살펴보면 이 명제가 매우 적절함이 드러나게 된다.

구약 시대 짐승을 잡아 드리던 제사는 예수 그리스도의 피 흘리시는 제사, 즉 십자가의 죽으심을 내다보게 하는 그림자였다는 점은 히브리서가 잘 설명하고 있다.(9~10장) 그런데, 구약 시대 제사 중 사람이 옮겨 붙인 불이 아니라 하나님이 직접 내리신 불로 제물을 태우셨던 사건은 갈멜 산 결전을 포함해 딱 세 번이었다.

첫 번째. 광야생활 중 모세가 성막을 만들고 아론의 대제사장 임직식을 가지던 날, "불이 여호와 앞에서 나와" 단 위의 번제물과 기름을 살랐다.(레위기 9:24) 그 불씨는 계속 보존되었고, 제물을 드릴 때마다 제사장들은 바로 그 불을 붙여 제물을 태웠다. 제사장 나답과 아비후는 다른 불로 분향하다가 죽기도 했다.(레위기 10:1~2)

두 번째. 솔로몬이 성전을 완공하고 봉헌식을 가질 때, 솔로몬이 기도를 마치자 여호와의 불이 내려와 제물을 살랐다.(역대하 7:1) 모세가 지은 성막에 계시던 여호와께서 솔로몬이 지은 성전으로 이사를 하셔서 새 거처로 삼으시고, 제물을 직접 받으신 것이다.

갈멜 산의 불은 역사적으로 세 번째이다. 성막과 성전에서의 여호와의 불과는 달리 그 불씨가 계속 살아있지는 않았지만, '온 이스라엘'을 대표하는 제단에 내린 불이란 점에서 상징적인 의미가 크다.

제단에 내리신 여호와의 불은 성전 되신 주님께 내리신 성령을 생각하게 한다. 공관복음의 "불과 성령 세례"에 관한 가르침을 잘 뜯어보면 이점이 이해가 될 것이다. 제물 위에 여호와의 불이 내렸듯, 예수에게 성령이 임하셨고, 성령을 받으신 주님은 "성령과 불로 세례를"(누가복음 3:16) 주시는 분이 되셨다. 즉 부활하신 후 제자들에게 문자 그대로 불같은 성령 세례를 제자들에게 베푸셨던 것이다.(사도행전 2:1~4)

여기까지는 성경을 어느 정도 읽은 독자라면 쉽게 이해가 되었을 것이다. 그런데 여기서 핵심 사항은 불과 십자가가 어떻게 연결되는가 하는 것이 문제인데, 이 문제는 누가복음 12:49~50을 보면 해답을 찾을 수 있다.

> 내가 불을 땅에 던지러 왔노니 이 불이 이미 붙었으면 내가 무엇을 원하리요? 나는 받을 세례가 있으니 그 이루기까지 나의 답답함이 어떠하겠느냐?

이 구절에서 주님이 땅에 던지실 불과 그가 받으실 세례가 밀접한 관련이 있음이 독자들의 눈에 쉽게 보일 것이다. 그렇다면 여기서 주님이 받으신 세례란 무엇이겠는가? 왜 그 세례가 이루기까지 그는 답답한 마음을 가지시게 된 것일까? 이는 분명 요단강에서 요한에게 받으신 세례는 아닐 것이고, 그렇다면 십자가의 죽으심이 곧 여기서 말씀하시는 세례라고 생각할 수 있다. 그것 말고 연결시킬 수 있는 게 없지 않은가?37) 즉 갈멜 산 제단

위의 제물이 우리를 위한 화목제물이신 주님의 그림자가 된다면, 거기에 떨어진 여호와의 불은 주님의 십자가 위에서의 고난의 그림자가 되는 것이다.

그렇다. 갈멜 산 제단의 불을 통해 참 하나님이심을 증명하신 여호와는 십자가의 죽으심을 통해 예수가 하나님의 아들이심을 증명하신 것이다. 그가 죽으실 때 이루어진 모든 일을 본 이방인인 백부장과 함께 예수를 지키던 자들의 입을 통해 "진실로 하나님의 아들"이심이 증거된 것이다.(마태복음 27:54)

바알과 여호와 사이에서 헷갈리던 이스라엘처럼 진리와 비진리가 혼동되는 오늘날도 예수는 하나님의 아들이시며 전환기인 이 시점에서 찾을 수 있는 참 소망이신가? 그렇다면 어떻게 증거되어야 하는가? 십자가의 고난을 통해서이다. 그러나 우리는 다른 방식으로 증거하라는 사탄의 속임수에 넘어가기 쉽다. 요한에게 세례 받으신 후 광야에서 금식하시던 예수께 찾아온 사탄은 "네가 만일 하나님의 아들이어든" 돌이 떡덩이가 되게 하고 성전 꼭대기에서 뛰어내리는 등 술법(?)을 통해 하나님의 아들이심을 증거하라고 도전했으나, 예수님을 그렇게 증거하기를 거부하셨다.(마태복음 4:3~7)

첫 도전에 실패하고 물러갔던 사탄은 타조를 기어코 잡으려는 코요테처럼 실패를 거듭하면서도 또 찾아왔다. 십자가에 달리신 예수님을 쳐다보던 사람들의 입을 통해 "네가 만일 하나님의 아들이어든" 극한 고통의 십자가에서 내려오는 술법(?)을 통해 하나님의 아들이심을 증거하면 믿어 주겠다고 도전했다. 그러나 예수는 그 방식을 거부하셨다. 같이 죽어가는 강도들로부터도 모욕을 당하시면서 까지.(마태복음 27:39~44) 산 제물을 태운

---

37) 이 대목은 웨스트민스터 신학교 신약 및 조직신학 교수인 리처드 개핀 박사의 논지를 그대로 빌려 와 필자의 말로 표현한 것이다. 참고: Richard B. Gaffin, Jr., *Perspectives on Pentecost* (Phillipsburg, NJ: Presbyterian & Reformed, 1979) 15p.

여호와의 불같은 심판을 우리 대신 온전히 받으시고 죽으심으로써 하나님의 아들이심을 증거하셨다. 그러므로 예수께서 하나님의 아들이심이 증거된 불같은 십자가의 고난은 그를 믿는 자들에게는 회개를 통한 구원의 선물이며, 그를 거부하는 이들에게는 갈멜 산에서 바알 선지자들이 당했던 것 같은 불같은 심판인 것이다.

그 후 불같은 성령 세례를 받은 사도들과 초대교회 성도들도 불같은 죽음을 통해 예수를 증거했다. 당시 증거자는 곧 순교자였다. 그렇다면, 예수가 진정으로 필요한 이 시대에 교회는 무엇을 통해 예수가 참 하나님의 아들이시며 "마음을 돌이키게 하시는" 분이심을 증거할 것인가 하는 질문에 대한 답은 명백해 진다. 예수 잘 믿어 부자 됐고 예배당 크게 지었다는 세속적인 자랑으로, 혹은 교회가 기도를 했고 선수들 중 크리스천이 10명이나 있었기 때문에 2002년 '월드컵 4강'을 이루었다는 궤변을 통해서 증거되기를 예수는 거부하실 것이다. 오직 불같은 성령의 역사로 죄악을 다 태워버리는 진정한 회개와 고난의 길인 경건생활을 통해서 증거되기를 바라고 계실 것이다.

털보, 주 앞에 서다

- 열왕기상 18:411~9:14 -

주를 앙모하는 자 달려가 달려가　피곤치 않네　천성 문을 향하여
면류관을 얻도록　달려가 달려가　피곤치 않네

이 찬송가는 이사야 40:31을 기초로 작사되었으나, 3절은 열왕기상
18:46에 나오는 엘리야의 모습도 생각나게 한다. 그가 기도의 사람이라고
해서 특별난 사람은 아니었다고 야고보는 말한다.(야고보서 5:17~18) 그
러나 그에게는 확신이 있었다. 여호와께서 이미 비를 주시기로 약속하셨
다.(열왕기상 18:1) 홀홀 단신 목숨 걸고 결전을 벌여 여호와께서 참 하나
님이심을 증거한 우리의 털보 특전사는 아합에게 담대히 말했다. 비가 올
테니까 올라가 먹고 마시라고. 그런데 엘리야는 확신만 있는 것이 아니었
다. 확신 때문에 기도의 필요성을 잊지 않았다. 건성으로 기도하지도 않았
다. "간절히"(야고보서 5:17) 기도했다. 결국 하나님은 비를 주셨다. 패역
하고 거스르는 자기 백성을 오래 참으심으로 기다리시는 하나님이 주신 은
혜였다. 그리고 엘리야에게는 초능력적인 힘을 주셔서, 아합의 병거보다 더
빨리 달려가게 하셨다.

한 가지 코멘트. 수많은 설교를 통해 우리는 엘리야가 "일곱 번이나 기도
했다."고 들어왔다. 그러나 본문에는 딱 부러지게 "일곱 번 기도했다."는 말

씀은 없고, 사환에게 "일곱 번까지 다시 가라."고 했다고 기록되어 있다.(18:43) 야고보서에도 "일곱 번 기도했다"는 해설은 없다. 그저 "간절히" 기도했다고 했을 뿐이다. 야고보는 엘리야도 우리와 같은 보통사람이었다고 한다. 그의 기도를 본받아 우리도 기도하면 하나님이 응답하신다는 확신을 심어주려는 것이 그의 의도이다.

털보, 겁쟁이로 변신?

그런데……. 이처럼 담대하고 확신에 넘쳤던 우리의 용사가 순식간에 이토록 무기력해 질 줄이야. 능력을 보고도 회개치 않은 이세벨이 엘리야를 죽여 복수하겠다고 협박하자 그는 황급히 달아나 호렙을 향했다. 그 모습은 갈멜 산 결전 승리 후 아합의 병거에 앞서 달리던 모습과는 천지 차이였다.

이 모습과 관련해 구약학자 러셀 그레고리는 엘리야의 바알 종교에 대항한 투쟁 과정에서 느껴지는 그의 심리 분석을 통해 그가 진정으로 구한 것은 혼자만 참 선지자의 자리를 지키겠다는 것이었다는 결론을 끄집어낸다.38) 글쎄, 영웅들에게는 혼자 힘들다고 불평하면서도 자신만이 영웅이기를 바라며, 그걸 과시하기 위해 악역을 담당하는 상대가 항상 있어 주기를, 그리고 다른 사람들은 다 실패해 주기를 기대하는 묘한 심리가 마음 한구석에 있는 게 아닌가 하는 의구심이 생기기는 한다. 다른 사람들이 자신과 같지 않다고 불평할 수 있는 상황이 늘 주어져야 자신이 돋보일 테니까. 우리의 전사 엘리야도 그랬을까 하는 심리학적인 의문들이 필자의 마음속에서도 끊임없이 일어나고 있다. 그러나 이 문제는 그냥 이 정도에서 접어두는 게 좋겠다. 의문들에 답을 찾으려는 노력이 지나치다 보면 성경 속에 심리학을 "집어넣는" 결과가 될지도 모르니까. 다만 우리가 신앙생활 중 이런

---

38) Alan J Hauser & Russell Gregory, *From Carmel to Horeb*, JSOT Sup. 85 (Sheffield, England: Almond Press, 1990) 150.

미묘한 교만에 빠지지 않도록 조심하자고 필자는 권고하고 싶을 따름이다. 그보다 더 중요한 문제는 이세벨을 피해 달아난 엘리야가 호렙 산으로 간 뜻과 거기서 여호와와 대면하여 재발견하게 되는 자기 자신에 관한 이야기일 것이다.

하여튼 우선 엘리야가 이토록 약해진 원인을 살펴보기 위해 이세벨이 끝내 회개하지 않았다는 사실과 성경에 나타나는 몇 가지 예들을 비교해 보자. 지옥불 속에서 고생하고 있던 부자는 이승에서 거지였던 나사로가 아브라함의 품에 안긴 것을 보았다. 그가 아브라함에게 요청하기를, 나사로를 이승에 다시 보내어 자신의 형제들이 지옥에 오지 않도록 전하도록 해 달라고 했다. 그러나 아브라함은 이를 거절했다. 이승에 있는 "모세와 선지자" 즉 성경 말씀을 듣고 믿지 않는 자는 죽은 자가 살아 찾아가도 회개치 않을 것이라고.(누가복음 16:19~31) 예수님의 부활 사건 후 유대의 교권자들은 돈을 써서 군인들의 입을 막았으나 회개는 하지 않았다.(마태복음 28:11~15) 요한계시록을 보니, 주를 믿지 않는 자들이 하나님의 진노를 당하면서도 회개치 않았다.(16:9, 11) 이세벨도 마찬가지였다. 하늘에서 불을 내리기까지 해서 여호와만이 참 신임을 보여주어도 이세벨은 회개치 않을 뿐만 아니라 한술 더 떠서 사람을 보내 엘리야를 협박했다. "너 죽었어!" 이세벨의 이 말이 정말 죽이겠다는 선언이라기보다는 공갈협박이었을 가능성이 크다고 보는 드브리스의 견해는 일리가 있는 것 같다. 진짜 죽이려고 했다면 죽이겠다는 말을 전할 전령이 아니라 칼을 찬 병정들을 보내어 실제로 죽이고 오게 했었을 것이란 주장이다.[39] 어쨌거나 공갈이든 진짜이든 엘리야는 살아남기 위해 달아났다.(19:3)

주여, 이젠 지쳤습니다. 모든 걸 포기했습니다. 차라리 나를 데려가

---

39) DeVries, *1 Kings*, 235.

주세요. 나도 남들처럼 평범한 행복 속에서 살고 싶었습니다. 그러나 주님은 나를 힘든 길로만 이끌어 오셨고, 이젠 더 이상 헤쳐 나갈 힘이 없습니다. 내가 모세입니까? 여호수아입니까? 다윗입니까? 사무엘입니까? 바울, 어거스틴, 루터, 캘빈, 존 웨슬리, 조나단 에드워드, 조지 화이트필드, 드와이트 무디, 길선주 목사, 주기철 목사, 손양원 목사, 리빙스턴, 빌리 그래함…… 이런 기라성 같은 주의 종들이 있지 않습니까? 왜 나 같은 못난이가 이 헷갈리는 세상에서 이토록 처절하게 고독한 싸움을 싸워야 하나요? 이젠 이 일 그만 쉬고 싶습니다. 조용히 데려가 주세요.

참 사랑과 정열을 가진 목회자가 수십 년을 하루같이 눈물로 기도하며 진리를 전했으나 교인들의 모습은 여전히 그대로일 때, 호주머니는 두둑해지고 예배당 아니라도 갈 만한 곳이 많아 진 세상에서, 예수 아니라도 의지할 것 많아 진 세상에서, 성경이 아니라도 읽을거리 볼거리가 많아 진 세상에서 더욱 무디어진 심령들이 "하늘의 불"을 보아도 회개하지 않을 때, 죄를 감추기 위해 오히려 죄를 더 키워가는 모습을 볼 때, 그나마 교회 출석 꽤 하는 편인 어떤 사람들은 교회를 어지럽히고 목회자들과 형제자매들의 마음을 아프게 할 때, 엘리야처럼 주를 위한 열심을 가진 성도가 낙담과 절망의 나락으로 떨어져 버리기는 쉬운 일이 아닐까.

자아를 찾기 위해

그러나 이럴 때일수록 먼저 찾아야 할 것은 자기 자신일 것이다. 돈 벌랴 자식 키우랴 정신없이 살다가 어느 날 문득, "내가 과연 누구인가?" 하는 질문이 뇌리에 떠오르고, 그때부터 자기 본연의 모습을 되찾아보려는 생각을 갖게 되는 시기를 가리켜 '40대의 위기' 혹은 '중년의 위기'라고 한단다. 정도의 차이는 있겠지만, 사람이라면 누구나 겪게 된단다. 그런데, 엘리야의 위기는 40대의 위기와는 비교될 수 없는 것이다. 그는 가장 절망적인 상황 속에서 자신이 누구이며, 주님이 원하시는 것이 무엇인지 찾기 위해 고난의 광야 길을 가야만 했다.

여기서 잠시, 일제 말기 고국 땅을 떠나 만주에서 방랑생활을 하던 젊은 시인 유치환의 시, "생명의 서"를 한번 음미해 보자.

생명의 서(書) - 유치환

나의 지식이 독한 회의(懷疑)를 구하지 못하고 내 또한 삶의 애증(愛憎)을 다 짐 지지 못하여 병든 나무처럼 생명이 부대낄 때 저 머나먼 아라비아의 사막으로 나는 가자.

거기는 한 번 뜬 백일(百日)이 불사신 같이 작열하고 일체가 모래 속에 사멸한 영겁의 허적(虛寂)에 오직 알라의 신만이 밤마다 고민하고 방황하는 열사(熱沙)의 끝.

그 열렬한 고독(孤獨) 가운데 옷자락을 나부끼고 호올로 서면 운명처럼 반드시 '나'와 대면(對面)케 될지니

하여 '나'란 나의 생명이란 그 원시의 본연한 자태를 다시 배우지 못하거든 차라리 나는 어느 사구(沙丘)에 회한 없는 백골을 쪼이리라.

동시대적 방법론(synchronic approach)에 익숙해져 버린 요즈음 문학 비평의 풍토에는 어울리지 않는 발상이라고 비평할 독자가 있을지 모르지만, 이것은 잃어버린 조국과 조국을 떠난 자신에 대한 절망감으로 고통스러워하면서, 그러나 그 속에 처한 자신의 본연의 모습을 찾기 위해, 아라비아의 사막 같이 아무 것도 없는 고독을 염원하는 그의 심경이 강렬하고 난해한 듯 하면서도 심오한 언어로 표현된 시라고 평하고 싶다.

유치환의 시의 분위기와 천사가 갖다 준 떡과 물로 힘을 얻어 사십 주 사십 야를 광야 길을 걸어 호렙 산을 향하는 엘리야의 심경이 서로 통하는 바가 없지 않을 것이다. "나는 과연 누구인가? 내가 뭐기에 이 헷갈리는 시대

에 가장 무거운 특전사의 짐을 져야만 하는가? 나는 왜 사람들이 결국 따라주지 않는 길을 혼자 걸어와야만 했는가? 타협하지 않으려면 죽음을 택해야 하는 이 혼란기에 나는 과연 존재가치가 있는가?" 성경은 아무 말도 없는데 필자가 공연히 너무 많은 의미를 집어넣는 건지도 모르겠지만, 어쩌면 이런 복잡한 생각들이 그를 번뇌케 하는 가운데 그의 걸음은 사막을 지나 옛적에 모세가 여호와 앞에 섰던 호렙을 향했다. 그가 원하던 원치 않던 하나님 앞에 섰을 때 자신의 본연의 모습을 발견하고, 선한 싸움 싸우다 지친 자신을 다시 추슬러 바야흐로 엄청난 역사적 전환을 예고하는 새 인물을 세우는 사명을 받게 되는 것이다.

그런데 "생명의 서"와 엘리야의 자아 재발견에는 근본적인 차이점이 하나 있다. 그것은 자아 재발견을 위해 찾아가는 대상이다. "생명의 서"에서는 절대적인 고독 가운데서 자신을 찾으려는 절망적인 시도가 나타나며, 이는 스스로 내린 결정이며, 스스로 찾아가는 고독의 들판이며, 찾아낼 수 있다는 보장이 없는 것이다. 그러나 엘리야는 그의 하나님이신 여호와와 대면하여 자신을 찾는 것이다. 이세벨을 피해 달아난 것은 백보 양보해 러셀의 주장대로 하나님의 인도가 아니라 스스로의 결정이었다 하더라도, 그를 호렙으로 인도하신 것은 하나님이시며, 그 길을 갈 수 있도록 천사를 시켜 신비의 떡과 물을 주신 것도 하나님이시다.

갈멜에서 호렙으로

이제 호렙으로 가는 엘리야를 우리도 따라가 보자. 호렙 산은 어떤 곳인가? 옛적에 압박 받던 하나님의 백성을 위한 의협심으로 이집트의 관원을 죽인 모세가 바로의 낯을 피해 광야로 도망간 지 40년 후 이스라엘의 하나님 여호와와 단독으로 만났던 "하나님의 산"이다. 거기서 그는 자기 백성을 이집트로부터 가나안 복지로 인도하라는 사명을 받았다. 그런데 가나안 복지로 인도하는 과정에서 나타나는 또 하나의 중요한 사명은 바로 "이 산" 즉 호렙에서 여호와를 섬기게 된다는 것이었다.(출애굽기 3:12) 즉 여호와는 모세를 통해 이스라엘을 건설하시기 위해 먼저 그를 부르셨던 것이다. 이에 반해 엘리야의 경우는 모세의 40년이 불과 40일로 단축되긴 했지만, 갈멜에서 이스라엘의 "무너진 여호와의 단"을 수축했던 그가 이세벨의 낯을 피해 호렙으로 가서 홀로 여호와를 대면한 것은 그 상징성이 매우 깊다고 봐야겠다. 참 이스라엘의 재건을 위해 털보 특전사 엘리야부터 다시 일으키시기 위한 하나님의 인도였다. 그는 모세가 대면했던 여호와를 대면했다. 그리하여 어떤 의미에서 그는 제2의 모세가 된 것이다.

하나님의 형상대로 지음 받은 존재인 사람이란 하나님과의 관계에서만 진정한 자아를 깨달을 수 있다. 요한 캘빈은 하나님의 형상으로 지음 받은 인간은 참 하나님을 바로 알 때 자신을 바로 알게 된다고 했다.[40] 우리는 성경에서 많은 예를 찾을 수 있다. 메소포타미아 남부에서부터 강 상류 쪽으로 서서히 세력을 확장해 가고 있는 신바빌로니아의 침략을 앞두고, 약한 유다에게 그나마 한 가닥 등불이었던 웃시야 왕이 죽던 해, 여호와에 대한 참 신앙을 버린 나라의 모습을 안타까워하던 이사야는 환상 중에 성전에 계시는 여호와의 모습 앞에서 자신의 모습을 보았다.(이사야 6장) 예수님의 분부대로 깊은 곳에 그물을 내렸던 베드로는 그가 하나님의 아들이심을 알았을 때 자신의 참 모습을 발견했다.(누가복음 5:8) 예수쟁이들을 핍박하던 사울은 예수쟁이 체포영장을 가지고 다마스쿠스로 가던 도중 예수의 빛을 만났고, 그래서 자신의 참 사명을 찾았다.(사도행전 9장)

또 이러한 경험은 성경 외에 우리 자신과 우리 주변에서도 발견할 수 있다. 필자가 존경하는 뉴욕의 한 선배 목사는 한때 몇몇 장로들을 비롯한 성

---

40) 요한 칼빈, 「기독교 강요」, 김문제 역 (서울: 혜문사, 1974) 제1권 85~7.

도들과의 갈등으로 괴로운 시기를 보냈다. 혹자가 그에게 그 시기를 어떻게 이겨내셨냐고 물은즉, "잘 모르겠다. 한 가지 생각나는 것은 그저 많이 울었다는 것"이라고 답했다고 전해진다. 쑥쑥 자라가는 교회를 섬기느라 자신을 돌볼 겨를을 찾지 못하다가 벽에 부딪히면서 홀로 주님과 대면하고, 한 세월 눈물을 흘리면서 자신의 본연의 모습을 찾았을 것이다. 다만 그것을 말로 표현하기가 어려웠을 것이다.

절망과 고통의 때는 주님과 대면하기 좋은 때이며, 이를 통해 자신을 되찾기 적합한 때이다. 주님과 나와의 관계, 그리고 주님이 주시는 사명에 대한 자각이 흐려질 때, 때로는 주님께서 짐짓 고통을 주시기도 한다. 그러나 사람은 깨닫지 못할 때가 많다. 그저 고통스럽다고 울부짖기만 한다. 흑인 로드니 킹을 구타한 백인 경찰관들이 무죄 평결을 받자마자 "천사의 도시"라는 로스앤젤레스의 한인들의 삶의 터전들이 폭동으로 잿더미가 됐을 때 한인들은 교회를 향했고, 외환위기를 직면했던 한국은 교회출석이 늘어났었고, 9.11 테러를 당했던 미국도 한동안 교회 출석이 늘어났었다. 그러나 아쉽게도 하나님 앞에 바로 서야 하는 자신들을 제대로 발견한 것 같지는 않다. 그러나 어떤 마음, 어떤 모습이라도 좋다. 자신을 되찾기 위해 고상하고 난해한 철학적 추구를 하지 않아도 된다. 보리스 아래 몇 달 몇 년을 앉아있지 않아도 좋다. 우리를 기다리고 계시는 주님께 아프다고 소리 지르기만 하면 된다. 엘리야처럼 지리적인 사막을 찾아가지 않아도 된다. 다만 절망과 고통을 안은 채 세상의 모든 것 다 제쳐두고 주님 앞에 홀로 설 수 있는 마음의 사막을 찾아가면 되는 것이다.

엘리야의 경우는 특별했다. 그는 실제로 사막 길을 걸어 호렙으로 갔다. 그러나 그에게 있어서도 역시 눈에 보이는 지리적 사막보다 그 사막이 상징이 더욱 중요했다. 겁쟁이가 돼 버린 털보 엘리야를 호렙까지 가게 하신 여호와는 거기서 그를 기다리고 계셨다. 그가 엘리야에게 물으셨다. "엘리야야, 네가 어찌 여기 있느냐?"(열왕기상 19:9) 엘리야의 답을 가만히 뜯어보라. 정말 우리와 다를 바가 없다.

> 내가 만군의 하나님 여호와를 위하여 열심이 특심하오니, 이는 이스라엘 자손이 주의 언약을 버리고 주의 단을 헐며 칼로 주의 선지자들을 죽였음이오며, 오직 나만 남았거늘, 저희가 내 생명을 찾아 취하려 하나이다.(열왕기상 19:10)

어째 좀 겸손하지 못한 표현 같기도 하다. 자기만 대단한 충신이며 특전사란 말인지, 하나님의 보호를 믿지 못한단 말인지. 그러나 제삼자의 귀에는 어떻게 들리든 상관없이 엘리야는 하고픈 말을 그냥 그대로 토해냈다.

성경에 나타나는 위대한 신앙투사들도 때로는 이와 같이 믿음 없는 사람처럼, 하나님 앞에 조심성도 없이 아무렇게나 내뱉는 듯 기도했던 흔적들을 찾아볼 수 있다. 그러나 좋으신 하나님은 이 모든 기도를 다 들어주시고, 절망에 빠진 투사들의 천진난만한 기도에 응답하셨다. 리처드 포스터는 「기도」라는 책을 통해, 오늘날 교회들이 성경에 나타나는 가장 단순한 기도와 하나님께 불평을 털어놓는 기도 등을 피하려는 경향을 아쉬워하면서, 이와 같은 순진한 기도의 모습을 통해 모세나 엘리야와 같을 수 없는 우리들도 하나님 앞에 두려움 없이 나아가라고 권고한다.41) 왜냐하면 해답은 사람에게서나 세상에서 나오는 것이 아니라 주님이 주시는 것이기 때문에.

기대를 깨뜨리시는 하나님

엘리야의 기도를 들으신 여호와는 산에 섰으라 명하신다. 동굴 밖으로 나온 엘리야는 크고 강한 바람 속에, 지진 가운데, 혹은 불 가운데 여호와

---

41) Richard J. Foster, *Prayer: Finding the Heart's True Home* (San Francisco: Harper, 1992) 7~25.

가 계시지 않음을 보았다. 그런데, 사실 구약 전체를 살펴보면 불, 바람, 그리고 지진 등은 바로 여호와의 임재를 상징했을 때가 많다. 불같은 성격의 털보 특전사에게 여호와께서는 불로 응답하셨다. 옛적에 모세와 대면하실 때에는 우뢰와 번개와 빽빽한 구름과 불 가운데 나타나셨고, 온 산이 진동하기도 했다.(출애굽기 19:16~18) 구약 성경에 이 같은 예는 얼마든지 있다. 그렇다면 강한 바람과 지진과 불 가운데 하나님이 계실 것을 기대하는 건 당연했을 터. 그러나 하나님은 엘리야의 기대를 깨뜨리셨다.

더러는 하나님이 꼭 계셔야 되고 또 계실 것처럼 보이는 그곳에 실상은 계시지 않을 때가 있는지도 모르겠다. 대단한 은사집회에 하나님이 계실 것 같은데, 수백만이 모인 대형 집회에, 수십 명의 지도자들이 회장 혹은 고문이란 감투를 쓰고 벌이는 행사 속에 계실 것 같은데……. 지나고 보면 하나님의 음성이 들렸던 것 같지 않을 때가 있다. 강한 바람과 불과 지진 속에 하나님이 왜 계시지 않았을까? 필자가 대학시절 출석하던 한 교회의 목사님은 우락부락하다 못해 불같은 교만한 성질 좀 죽이라는 메시지였다고 설교했다. 일리가 없지 않지만, 그보다 더 큰 뜻은 그 뒤에 들리던 세미한 음성과의 극명한 대조 속에 숨어있는 게 아닐까?

여호와께서 세미한 음성으로 물으셨다. 똑같은 질문이었고, 똑같은 답이었다. 그 답에 대한 해설은 기록되지 않았다. 그러나 여호와는 굉장한 불 가운데서 뿐만 아니라 지극히 조용한 가운데서도 계신다는 사실이 엘리야에게 증명되었고, 엘리야의 성격과는 도무지 어울리지 않는 모습을 보이신 하나님은 불로 상징되는 극한투쟁이 아닌, 무언가 조용하고 차분한 가운데 전개되어 나갈 바알신앙과의 투쟁의 제 2라운드를 암시해 주시는 것이 아닐는지.

우리의 만남은 숙명적이었다

- 열왕기상 19:15 ~ 21 -

　　트라이스타 사의 1993년 작품인 〈시애틀의 잠 못 이루는 밤〉(Sleepless in Seattle)은 부인을 사별한 시애틀의 샘(탐 행크스)이 아들 조나(로스 맬링거)의 끈질긴 노력으로 우여곡절 끝에 볼티모어의 애니(맥 라이언)를 만나게 된다는 스토리이다. 한국의 영화평론 사이트인 〈씨네서울〉은 샘과 애니의 만남을 "운명적인 만남"(혹은 숙명적인 만남)이라고 묘사한다.42) 〈무비 매거진〉은 근자에 한국서 제작된 무술영화 〈비천무〉에 대해 이렇게 평하고 있다. "몽골이 지배하던 중국 원나라 말엽을 배경으로 몽골인, 한족, 고려인의 숙명적 만남과 갈등 속에서 펼쳐지는 두 남녀의 애절한 러브스토리를 담고 있다."43) 김천에서 활동하는 성악가 서수용 씨는 55년을 하루같이 서로 사랑했던 오페라 작곡가 베르디와 주세피나의 관계를 가리켜, "두 사람의 만남은 숙명적이었다는 인상을 받게 된다."고 말한다.44) 지난 1997년 대선 시 동아일보의 박제균 기자는 한 기사를 통해 한나라당 이회창 후보와 김영삼 당시 대통령의 만남을 가리켜 "숙명적 만남"이었다고 묘사했

---

42) http://www.cineseoul.com/movies/theater/cinedata.html?cinema_id=758.

43) http://www.movieland.co.kr/dacusketch/theme_one/movietoday_view.asp?no=865&part=01.

44) http://www.taegucyberart.co.kr/art_street/091.htm.

다.

숙명적인 만남…… 그것은 만남이 이루어진 시점 보다는 만남이 이루어진 후에 내려지는 평가일 경우가 더 많은 것 같다. 만나는 과정이 유별난 경우도 있지만, 그보다는 만남이 이루어진 후의 관계 진행이 유별난 경우를 가리켜 "숙명적인 만남"이라고들 말한다. 그러니까 유별난 관계의 진행을 관망하면서 사람들의 마음에는 이런 생각이 들게 되는 것이란 말이겠다. "만남 자체가 숙명적이었기 때문에 그들의 관계가 그럴 수밖에 없었다."고.

털보 엘리야와 대머리 엘리사의 만남은, 세속인들의 안목으로 보더라도, 만남이 이루어진 후 두 특전사의 인생이 완전히 달라졌기 때문에 그 만남 자체가 숙명적이었다고 말할 수 있겠다. 한걸음 더 나아가서 신앙인의 안목으로 보더라도, 털보와 대머리의 만남은 하나님이 정하신 것이기 때문에 숙명적이었다고 표현할 수 있을 것이다. 아니, 용어를 바꾸고 싶어진다. "숙명적"이라는 말보다는 "하나님의 특별하신 뜻"이란 말로 바꾸면 좋겠다. 이들의 만남은 바로 호렙 산에서 여호와께서 말씀하신 대로였다. 세미한 음성으로 말씀하시는 여호와를 만났을 때 엘리야는 이사야처럼 "화로다 나여, 망하게 되었도다."라고 외치지 않았다. 주님을 만난 베드로처럼 "주여, 나를 떠나소서. 나는 죄인이로소이다."라고 고백하지도 않았다. 그는 여전히 똑같은 불평을 반복했다. 모세처럼 얼굴에서 광채가 발했다고 기록되지도 않았다. 다만, 여호와께서 마지막 임무를 부여하는 것으로 열왕기의 기록이 이어진다. 그 속에서 털보와 대머리의 하나님의 뜻 가운데서의 만남이 예고되었다.

내 손 안에 있소이다

수년 전 조선 초기 세조대왕 시대를 그린 SBS의 〈한명회〉(韓明澮)란 사극이 인기를 끌었었다. 수양대군과 함께한 자리에서 수양의 책사 한명회의 유명한 대사가 나온다. "나라가 내 손 안에 있소이다." 자신이 나라를 좌우할 수 있다는 뜻이라기보다는 "펴 보이기도 하고 감추기도 하는" 전략적 의미였던 것인데, 어찌 된 일인지 이 말이 "내가 모든 것을 좌지우지할 수 있다." 혹은 "모든 노하우를 내가 가지고 있다."는 뜻으로 사용되는 유행어가 되어 버렸다. "해외정보 내 손 안에 있소이다," "세계가 내 손 안에 있소이다: 전사상거래," "러시아! 내 손 안에 있소이다!" 등등 그 예는 얼마든지 찾을 수 있다.

신앙인들도 가끔은 모든 세계가 "내 손 안에" 있는 듯한 착각에 빠질 때가 있다. 기도하는 대로 척척 들어 주시고 지팡이를 휘두르는 대로 역사가 일어나기를 계속하니, 백성들의 원망과 불평에 넌더리가 난 모세도 잠시 착각을 했었나 보다. "패역한 너희여 들으라. 우리가 너희를 위하여 이 반석에서 물을 내랴?"(민수기 20:10) 너무 화가 난 나머지 물을 내시는 이는 자신들이 아니라 하나님이심을 깜빡 잊었었나보다. 해도 해도 너무하는 백성들에게 쏘아붙인 이 한마디 때문에 모세는 젖과 꿀이 흐르는 땅에 결국 들어가지 못했다. 하나님의 영광을 나타내지 않았기 때문이라고 성경은 말한다.(민수기 20:12) 역사가 그의 손 안에 있는 것으로 잠시 착각했었기 때문이었다고 봐도 지나치지 않을 것이다. 구약 시대 온유의 표본이었던 모세가 이러했다면, 하물며 범상한 신앙인들이야 말해 무엇 하리.

엘리야도 어쩌면 이런 착각에 빠져 있었을까? "목숨을 건 결전으로 여호와만이 참 신이심을 보여주었으면 회개해야지, 도대체 왜 그러는 거야? 이건 도저히 납득이 가지 않아. 세상에, 오히려 날 죽이려 하다니. 이게 하나님의 능력이고 역사인가?" 불평만 늘어놓은 엘리야의 심정이 어쩌면 이랬을 것 같다. 그 심정이야 충분히 이해가 가지만, 어쨌거나 사람의 판단력의 범주 안에 하나님을 가두어 버리려고 해서는 안 된다.

젊은 시절 비교적 원칙주의자에 가까웠던 필자도 이와 같은 갈등에 빠질 때가 허다했다. "세상에, 성경을 보면 분명 이건 옳고 저건 틀렸는데, 잘 모르는 것 같아서 알아듣도록 설명해 주었으면 그런 줄 알고 옳은 길을 택해야지, 도대체 납득이 가지 않아. 목사님 장로님들은 뭐하시는 거야. 왜 알아듣도록 말씀하시고 말 안 들으면 벌이라도 주셔야지, 그냥 두실까? 왜 하나님은 가만히 계실까?" 좌절을 맛보며 우여곡절을 겪으며 나이가 들었고, 이제 어렴풋이나마 사람의 마음은 내가 어찌할 수 없다는 것을 느끼게 되었다. 결국 하나님께 맡긴다는 게 무슨 뜻인지 이제야 조금 알 것 같다. 사사건건 일일이 설명하고 가르치려고 하지 않으셨던 어른들의 지혜를 어렴풋이나마 느끼게 되었다. 그 사람의 심령 속에 계시는 성령이 깨닫게 해 주시도록 기다려 드리는 지혜를 이제야 조금씩 배우고 있다.

세상 역사가 엘리야의 손 안에 있는 것도 아니요, 특출한 신앙인들의 뜻대로 좌지우지되는 것이 아님을 하나님은 분명히 보이신다. 여호와께서 엘리야에게 하신 이 말씀을 자세히 뜯어보자.

> 너는 네 길을 돌이켜 광야로 말미암아 다메섹에 가서 이르거든 하사엘에게 기름을 부어 아람 왕이 되게 하고, 너는 또 님시의 아들 예후에게 기름을 부어 이스라엘 왕이 되게 하고, 또 아벨므홀라 사밧의 아들 엘리사에게 기름을 부어 너를 대신하여 선지자가 되게 하라.(열왕기상 19:15~16)

그런데, 여기에 약간의 문제점이 있다. 열왕기하를 보면, 실제로 다메섹 혹은 다마스쿠스에 가서 하사엘이 왕이 될 것을 말해준 이는 엘리사였으며,(열왕기하 8:13) 예후에게 기름을 부은 이는 엘리사의 생도 중 한 사람이었던 것으로 보도되었다.(열왕기하 9:1~10) 또 엘리사에게 기름 부은 사건은 기록되지 않았다. 실행은 했겠지만, 기록은 하지 않았다는 말이다. 그렇다면, 기름 붓는 의식 자체 보다는 이 말씀의 예언적 상징성이 더 중요하다는 뜻이 아닐까 싶다. 즉, 기름을 붓는 행위를 통해 역사를 만들어 가시는 분은 하나님이심을, 다시 말해서 역사가 "하나님의 손 안에" 있음을 분명히 선언하시는 것이다. 엘리사가 엘리야를 대신하는 선지자가 된다는 말은 엘리야는 물러난다는 뜻임이 분명하다. 우락부락한 털보의 시대는 마감하시고 차분한 대머리의 시대를 여시는 것이다.

그런데, 차분한 대머리를 선지자로 세우시면서 기름 부어 세우시는 또 다른 두 인물들과 관련해 한 가지 의문점이 머리에 떠오른다. 이스라엘 왕이 될 예후에게 기름을 붓는 것 까지도 이해가 가지만, 아니, 이방 나라에서 쿠데타를 일으켜 정권을 잡을 자에게 기름을 붓다니, 아람이 여호와와 무슨 관계가 있기에? 그러나 이것은 이스라엘은 물론 이방 모든 나라들의 역사도 하나님의 손 안에 있음을 분명히 선언하시는 것이다. 그리고 앞으로 피비린내 나는 전쟁의 시기가 닥쳐올 것이라는 뜻이 담겨있는 말씀이 이어진다.

> 하사엘의 칼을 피하는 자를 예후가 죽일 것이요, 예후의 칼을 피하는 자를 엘리사가 죽이리라.(열왕기상 19:17)

이 말씀도 굳이 문자적으로 해석할 필요는 없을 것이다. 거듭되는 전란 속에서 수많은 사람들이 피를 흘릴 것을 예고한 이 말씀은 단순한 미래 예측 이상의 것이다. 하나님이 그렇게 만들어 가시겠다는 뜻이다. 그런데, 이 구절에서 선지자 엘리사가 가장 뒤에 열거되어 있으니까 엘리사가 제일 무서운 존재가 된다는 뜻인지 의아한 생각이 들 수도 있겠다. 사실 다음 단원에서 살펴볼 엘리사의 시대를 보면 엘리사가 누굴 죽였다는 기록은 전혀 없다. 그럼에도 불구하고 당시는 전쟁이 곧 종교생활의 일부였다는 점을 감안하면 그 상징적인 의미가 이해될 수 있을 것이다. 당시에는 전투에 임하기 전에 선지자가 예언을 하고 의식을 행하기도 했다. 그것은 오늘의 군종 제도와는 성격이 근본적으로 다르다. 군종제도란 군인들의 종교생활의 자유를 보장하고 지도해 주며, 간혹 전투에 임하기 전에 병사들의 심리적 및 영적 요구를 위해 예배, 미사, 혹은 예불을 드리지만, 전쟁의 승패를 신에게 묻는 의식은 아니다. 그러나 고대의 소위 "거룩한 전쟁"이라고 불렸던 전투에 나아가기 전의 의식은 바로 신의 뜻을 묻는 의식이었다. 이처럼 선지자까지 동원된 피비린내 나는 역사를 통해 하나님은 도대체 어쩌시려는 것인가?

분요 속의 고요의 시대

　러시아의 시인 보리스 파스테르나크가 1945년 쓴 소설 「의사 지바고」(Doctor Zhivago)는 1957년 이탈리아에서 출판되었고, 1958년 그에게 노벨문학상을 안겨주었으며, 1965년 MGM 사에 의해 영화로 제작되었다. 볼셰비키 혁명이 진행되던 격동기를 배경으로 의사이자 시인인 유리 지바고가 걸었던 지극히 인간적인 사랑의 삶의 여정이 현대인들에게 큰 감동을 준다. 모더니즘 시대에서 포스트모더니즘 시대로의 전환기라고 일컫는 1960~70년대, 혼란스럽다 못해 난잡해져 가는 퇴폐주의적 풍토 속에서, "사랑은 미안하다고 말하지 않는 것"이란 대사로 유명한 〈러브 스토리〉(Love Story. 1970)는 대학 도서관에서 처음 만난 부자 청년과 가난한 이민자 처녀의 순수하고 슬픈 사랑을 그려 혼탁해 져 가던 시대의 사람들의 마음을 사로잡았다. 베트남계 프랑스인 트란 안 홍이 감독한 칸 영화제 수상작 〈그린 파파야 향기〉(Mui du du xanh. 1993)는 영화평론가 장원수 씨의 말대로 "정물화 같은 화면서 잔잔한 감동"[45]이 전달되는 영화이다. 세계열강들의 틈바구니에서 한국군이 파병되었던 북베트남과의 전쟁을 비롯한 지긋지긋한 전란들이 계속되던 베트남의 1950~60년대 한 가정부의 삶을 그린 이 영화는

---

45) http://www.khan.co.kr/movie_video/mov_jang/99071251.htm.

전쟁, 폭력, 섹스 등 흔해빠진 흥행거리 하나 없다. 또한 주인집 식구들의
침울한 분위기와 애증의 갈등과는 대조적으로 가정부의 눈에 비치는 모든
것이 다 아름답다. 이처럼 조국을 떠난 베트남인들이 그려낸 아름다운 조국
속에서 조용히 펼쳐지는 한 가정부의 평범하고 애틋한 삶을 그려감으로써
오히려 잔잔한 감동을 주었다. 이 영화들은 시대적 상황과 주인공들의 삶의
모습이 극명한 대조를 이루고 있어 오히려 감동을 주었던 불후의 명작들이
다.

우락부락한 털보의 시대, 바람과 지진과 불같은 신앙투쟁의 시대보다 차
분한 대머리의 시대가 오히려 더욱 처참한 전쟁의 시기였다는 역사적 사실
은 매우 아이러니컬하다는 생각이 들 수도 있을 것이다. 그러나 격동기의
역사를 배경으로 진행되는 하나님의 투쟁사 제2막이 격동적일 것 같지 않
기 때문에 오히려 더욱 지켜보는 이들의 마음에 깊은 인상을 심어준다. 죽
이고 파괴하고 탈취하는 혼란 속에서 묵묵히 신앙을 지켜갈 사람들의 차분
한 투쟁의 삶은 하나님의 손 안에 있는 역사를 통해 진리를 찾으려는 사람
들에게 큰 감동과 깨달음을 준다. 바알에게 무릎을 꿇지 않은 자 칠천 인을
남기시겠다는 여호와의 말씀(열왕기상 19:18)은 바로 앞 절이 그리는 아
비규환을 연상케 하는 혼란 속에 선명하게 비치는 밝은 빛줄기를 연상케 하
고, 하나님이 계시지 않던 바람과 불과 지진과 하나님이 계시던 세미한 음
성의 극명한 대조의 의미를 해설해 주는 것이 아닐는지.

이와 같은 새로운 역사의 장을 여실 하나님은 이제 신인 특전사 대머리
엘리사를 부르신다. 호렙 산을 떠난 엘리야는 열두 겨리의 소를 몰아 밭을
갈고 있던 엘리사를 만나 겉옷을 그 위에 던졌다. 그가 던진 겉옷 자체에
무슨 마력이 있는 것은 아니겠지만, 그것은 엘리야에게 주셨던 선지자의 권
위가 엘리사에게로 인계된다는 뜻이 담겨있음이리라. 그는 "소를 버리

고"(20절) 엘리야에게 달려왔다. 부모님에게 작별인사를 하도록 허락해 달라고 했다. 엘리야는 대답했다. "돌아가라. 내가 네게 어떻게 행하였느냐?"(20절) 이 말은 하나님의 소명을 받아들일 것이냐 아니냐는 스스로 결단하라는 뜻이 아닐는지. 물론 엘리사를 엘리야의 후계자로 택하신 이는 여호와이시고 그는 계획을 반드시 이루시는 분이시지만, 그는 또한 택함을 받은 사람이 스스로 결단하도록 촉구하시는 분이시다.

그러나 사람들의 마음이란 천차만별이다. 기다렸다는 듯이 부르심에 응하던 이사야 같은 사람이 있는가 하면,(이사야 6:8) 어떻게 해서든 빠져나가려다가 결국은 결단하고야 말았던 모세 같은 사람도 있다.(출애굽기 3~4) 사람의 입장에서 생각해 보라. 모두 이사야 같았으면 얼마나 좋을까? 모세 같이 빠질 궁리만 하는 사람을 설득하려면 얼마나 속이 터질까? 그러나 여호와께서는 온갖 핑계를 대는 모세에게 "무슨 이유가 그리도 많아? 하라면 해!"라고 하시지 않았다. 혹은 "그래? 좋게 말할 때 들을래, 한번 혼쭐이 난 다음에 들을래?"라고 하시지도 않았다. 화는 내셨을지언정 윽박지르시지도 협박하시지도 않았다. 그가 대는 모든 핑계거리에 대해 일일이 해결책을 제시하시고, 결국은 그로 하여금 결단하고 임무를 맡도록 하신 것이다. 엘리사의 경우는 모세와 같지는 않았다. 비교적 쉽게 결단을 내렸다. 그는 엘리야의 허락을 받고 뒷정리를 위해 돌아갔다. 그런데, 엘리사가 막상 돌아가서 한 일은 무엇인가? 부모에게 작별 인사는 한다고 했으니까 했을 것이다. 그런데 열왕기 기자가 기록한 것은 밭을 갈던 소를 잡고 기구를 불살라 그 고기를 백성들에게 먹이고 엘리야를 따른 것이다.(21절) 그것은 바로 그의 생계수단이었으며, 그렇다면 소를 잡고 기구를 불사르는 것은 그의 결단을 확실하게 증명하는 행동이었다.

모든 것을 버리고

엘리야의 부름을 받고 그를 따라나서는 엘리사의 모습에서 우리는 예수님을 따르던 제자들의 모습을 연상케 된다. 엘리사처럼 베드로와 동료들도 생계수단이었던 배와 함께 모든 것을 버려두고 예수를 따랐다고 누가는 기록했다.(누가복음 5:11) 또 누가복음 다른 곳에서 예수를 따르고자 하는 어떤 사람들의 말을 이렇게 전하고 있다.

> 길 가실 때에 혹이 여짜오되, "어디로 가시든지 저는 좇으리이다." 예수께서 가라사대, "여우도 굴이 있고 공중의 새도 집이 있으되 인자는 머리 둘 곳이 없도다." 하시고, 또 다른 사람에게, "나를 좇으라" 하시니, 그가 가로되, "나로 먼저 가서 내 부친을 장사하게 허락하옵소서." 가라사대, "죽은 자들로 자기의 죽은 자들을 장사하게 하고 너는 가서 하나님의 나라를 전파하라." 하시고, 또 다른 사람이 가로되, "주여 내가 주를 좇겠나이다마는 나로 먼저 내 가족을 작별케 허락하소서." 예수께서 이르시되, "손에 쟁기를 잡고 뒤를 돌아보는 자는 하나님의 나라에 합당치 아니하니라." 하시니라.(누가복음 9:57~62)

이 구절에서 예수를 좇으려던 사람이 누구였는지는 밝혀지지 않았다. 중요한 것은 예수를 좇는 사람의 각오에 대한 예수님의 말씀이다. 머리 둘 곳이 없으신 주님을 따르려면 고생은 각오해야 한다. 이러한 주님의 길을 따라가려면 세상적으로 정리해야 할 것이 있을 수도 있지만, 그런 것은 다 그대로 내팽개치고 예수를 따르라고 하신다. 특히 마지막 대화는 엘리야와 엘리사의 첫 만남을 너무도 생생하게 생각나게 한다. 예수께서 "손에 쟁기를 잡고 뒤를 돌아보지 말라."는 말씀을 하실 때는 바로 엘리사의 소명 사건을 염두에 두고 하신 말씀일 것이다. 세상의 쟁기를 버리고 하나님 나라 밭을 갈 쟁기를 잡았으면 다시는 뒤돌아보지 말아야 할 것이다. 파나가는 쟁기 골들이 엉망이 될 테니까. 그래, 모든 것을 버리고 예수를 따른다는 것이 얼마나 어려운 일인가? 그러나, 하나님의 특전사가 되려면 모든 것을 버려야 한다. 바울이 디모데에게 "군사로 다니는 자는 자기 생활에 얽매이는 자가 하나도 없다."고 하지 않았는가?(디모데후서 2:4)

　　주님 나는 오늘부터　모든 것을 버리고　일편단심 주님만을　사랑하겠습니다.

　　주를 위해 나는 살고　주를 위해 일하며　주를 위해 고생하고　주를 위해 죽겠네.

누가 지었는지, 누가 가사를 붙였는지 잊혀진 한 복음성가이다. 모든 것을 버리지 않으면 주님을 따를 수 없다.

그러나 우리 삶엔 주를 따르기 위해 버리기가 너무나 아까운 것들이 많다. 돈도 아깝다. 명예도 아깝다. 지식도 아깝고, 모든 것이 아깝다. 정직하게 살기 위해 세금을 곧이곧대로 다 내면 좋은 집도 좋은 차도 살 수가 없다. 주를 위해 시간을 드리려면 축구 구경도 금강산 구경도 포기해야 할지 모른다. 주를 위해 정도(正道)를 걸어가자니 줄을 잘못 서 출세 길이 막힐 것 같다. 영생을 얻고 싶어 예수께 나아왔다가 재물이 많기 때문에 근심하며 돌아가 버린 부자 청년처럼,(마가복음 10:22) 우리도 가진 것 버리기 아까워 주님이 부르심에 합당한 생활을 하지 못할 때가 있지 않은가?

하늘나라를 위해 주를 따르는 자에 관한 진리가 이렇다 보니 역시 가진 것이 없는 자들이 버리기도 쉬웠던 모양이다. 다윗이 사울 왕에게 쫓겨 다닐 때 그를 따라나섰던 사람들은 어떤 자들이었나? "환난당한 모든 자와 빚진 자와 마음이 원통한 자"들이 다 그에게로 모였다고 기록되었다.(사무엘상 22:2) 예수를 따르던 무리들은 어떤 자들이었나? 니고데모나 부자 청년 같은 이들은 예수에게 마음은 끌렸을지 모르나, 가진 것이 많았기 때문에 포기하고 따르기가 힘들었을 것이다. 그러나 세리와 죄인들은 예수의 친구가 되었다.

　그렇다고 부자는 결코 못해낸다는 말은 아니다. 바울은 그의 모든 학문을 배설물로 여겼다. 부잣집 아들이었던 성 프랜시스는 그의 모든 부를 버렸다. 아인슈타인 박사는 유럽에서의 편하고 풍요로운 삶을 버렸다. 주의 나라를 위해 모든 것을 버리고 주를 따른 사람들의 예는 이외에도 얼마든지 있다. 나는 그 중의 한 사람이 되겠는가? 아니면 이들이 열어가는 새 역사의 구경꾼 노릇만 하려는가? 인간의 모든 역사를 손 안에 가지고 계신 하나님은 또한 각자가 결단하기를 기다리고 계신다. "돌아가라. 내가 네게 어떻게 행하였느냐?"(열왕기상 19:20)

겸비하고 기도하여 내 얼굴을 구하면

- 열왕기상 20:1~21:29 -

입학식 날부터 삼층은 가지 말라, 큰일 난다는 경고를 받은 해리 포터와 친구들. 그러나 용감한 해리는 척척박사 헤르미온과 체스 도사 론과 함께 삼두견(三頭犬)이 지키고 있는 그곳에 잠입하는 데 성공해, 영생을 준다는 '마법사의 돌'을 훔치려던 볼드몰트를 죽이고 마술학교를 지킨다. 그런데, 삼층에 들어가지 말라던 교수들은 오히려 이들에게 후한 점수를 준다. 그거 참 알다가도 모르겠다. 규율을 어겼으면 벌을 주어야지. 인기가 절정에 오름과 동시에 기독교계에서 숱한 논란을 불러일으킨 J. K. 로울링의 「해리 포터와 마법사의 돌」(Harry Potter and the Sorcerer's Stone, 1998) 이야기이다.

성경 속에도 "저 구절 뒤에 있는 진짜 역사는?" 이런 호기심 혹은 의문을 유발하는 구절들이 많다. 특히 고등비평학과 고고학이 발달하면서 "진짜 역사는 그게 아니야, 어떤 편집자가 살짝 바꾸어 놓은 거야." 이런 의혹을 제기하게 만드는 구절들이 더욱 늘어나고 있다. 열왕기하 20장이 그중 하나이다. 거기 등장하는 '이스라엘 왕'은 과연 아합인지 아닌지, 그리고 '벤하닷'은 어느 벤하닷인지, 논란이 되고 있다. 어떤 이는 이스라엘 왕은 아합이 아니라 열왕기하 8장에 나오는, 오므리 왕조의 마지막 왕인 요람이라고 주장한다.46) 어떤 이는 그보다 훨씬 뒤로 잡아, 열왕기하 13장에 등장하는 예후 왕조의 요아스라고 주장한다.47) 그러니까 한참 후대의 역사를 어떤 편집자가 아합의 시대로 옮겨놓고, 또 군데군데 '아합'이란 이름까지 집어넣었다는 것이 그들의 견해이다. 말하자면 "역사 왜곡"인 셈이다. 그러나 열왕기상 20장의 '이스라엘 왕'은 아합이고, '벤하닷'은 벤하닷 2세라고 주장하는 학자들도 있다.48) 글쎄, "역사 왜곡" 배후에 감추어진 "진짜 역사"가 보존된 "삼층"(?)에 잠입해 "진실"(?)을 파헤쳐 본들, 호그와트 교수들처럼 추가점수를 주시지 않는 것이 하나님의 정책일 것이다. 태초에 뱀이 하와를 그렇게 유혹했었다. 선악과를 먹지 못하도록 금지하신 하나님의 진짜 숨은 의도(?)를 그럴듯하게 말해 주니, 용감한 해리와 친구들처럼 금지된 모험을 감행해, 뱀의 말대로 눈은 밝아졌지만……. 아뿔싸,…… 그 뒤는 굳이 말할 필요가 없겠다. 열왕기에는 "삼층에는 가지 말라."는 식의 노골적인 말씀은 없다. 그러나 신명기의 한 구절을 주목하자.

> 오묘한 일은 우리 하나님 여호와께 속하였거니와 나타난 일은 영구히 우리와 우리 자손에게 속하였나니 이는 우리로 이 율법의 모든 말씀을 행하게 하심이니라.(29:29)

하나님의 원하시는 것은, 원저자이건 편집자이건, 그들을 통해 우리에게 주신 말씀을 그대로 믿고 그대로 행하라는 것이다. 하나님께서 어떻게 다루셔야 할지 몰라서 "출입금지" 시킨 "삼층" 같은 것은 없다. 열왕기의 편집자가 '이스라엘 왕'을 아합이라고 생각하도록 썼다면, 그리고 그 편집자가 그렇게 쓰도록 하신 하나님의 진실성을 믿는다면, 그런 줄 알고 성경을 읽어

---

46) DeVries, *1 Kings*, 248.

47) A. Lemaire, "Joas de Samarie, Barhadad de Damas, Zakkur de Hamat: La Syria Palestin vers 800 av. J. C.," *Eretz Israel* 24 (1993) 148~157.

48) 참고. John Bright, *The History of Israel*, 242~3.

가는 것이 제일 속편하고 안전한 방법일 게다.

전쟁과 포도원

성경의 흐름으로 보아 20장의 전쟁들이 18장의 갈멜 산의 결전 사건 이후에 일어났다고 굳이 고집할 필요는 없겠다. 성경이 연대표가 아닌 이상 하나님과 성경 기자의 편집계획에 따라 시간 순서는 바뀔 수도 있는 것이다. 그런데, 앞서 밝혔듯이 아합 시대의 전쟁이라면 작은 나라들이 동맹을 맺어 아시리아에게 큰 타격을 입혔던 길갈 전투가 가장 스릴이 넘칠 텐데, 그 전투는 놔두고 하필 아람, 즉 시리아와의 지엽적인 전쟁만 기록한 데는 분명 어떤 이유가 있을 것이다. 또, 20장과 22장의 두 장에 걸친 전쟁 이야기 중간에 나봇의 포도원을 둘러싼 살인사건 기록이 삽입된 데는 또 어떤 특별한 이유가 있을 것 같다. 22장은 다음 장에서 다루기로 하고, 이번 글에서는 20장의 전쟁 이야기와 21장의 나봇의 포도원을 둘러싼 사건을 연이어 기록해 놓은 열왕기 기자의 의도를 생각해 보자.

"전쟁과 평화"가 아니라 "전쟁과 포도원"이라니, 얼핏 보면 전혀 연결될 것 같지 않다. 그러나 이 두 장을 읽는 가운데 필자의 눈길을 끈 것이 하나 있다. 그것은 두 사건에 공통적으로 나오는 독특한 어구이다. 다음 두 절을 살펴보자.

> 이스라엘 왕이 근심하고 답답하여 그 궁으로 돌아가려고 사마리아에 이르니라.(20:43)

> 이스르엘 사람 나봇이 아합에게 대답하여 이르기를 내 조상의 유업을 왕께 줄 수 없다 함을 인하여 아합이 근심하고 답답하여 궁으로 돌아와서 침상에 누워 얼굴을 돌이키고 식사를 아니하니.(21:4)

이 두 구절에 공통적으로 나타나는 "근심하고 답답하여"(사르-우-자에프) 라는 표현에 주목하기 바란다. 이처럼 비슷한 뜻의 두 단어를 묶어 결국 하나의 뜻을 전달하는 기교를 수사학에서는 '이사일의'(二詞一意. hendiadys)라고 부른다. 그런데 이 이사일의의 번역이 구구각색이다. 영어 번역본들 몇 가지를 살펴보면, "sullen and angry"(언짢고 화가 나서. NIV), "sullen and vexed"(언짢고 짜증스런 기분으로. NASB), "heavy and displeased"(무겁고 불편한 마음으로. KJV), "sullen and displeased"(언짢고 불만족스런 마음으로. NKJV) 등등이며, 한글 번역들을 보면, "근심하고 답답하여"(개역한글판), "침울한 심정이 되어"(공동번역), "마음이 상하여 화를 내면서"(표준새번역) 등등으로 번역되었다. 그런데, 이처럼 구구각색으로 번역이 된 이면에는 열왕기의 기자가 아합의 심중을 어떻게 헤아렸는가 하는 문제에 대해 의견 일치가 어려웠다는 사실이 깔려있다고 볼 수 있다.

이 문제에 대해 주석가들도 다양한 견해를 보이고 있다. 그 한쪽 극단은 아합이 모든 문제를 인간적인 차원에서만 판단했다고 보는 견해이다. 즉 20장의 선지자의 말에 대해서는 "내가 왕인데 무슨 잔소리!" 그리고 21장에서는 "나봇 이 녀석, 감히 왕의 뜻을 가로막다니!" 이런 마음이었다는 것이다.49) 반면 아합은 여호와의 신앙을 조금이나마 가지고 있었으며, 그래서 선지자들의 예언은 여호와의 말씀이란 사실을 인정했기 때문에, 또 나봇이 여호와의 이름으로, 또 율법의 가르침에 따라 포도원 소유권 양도를 거부했기 때문에, 이러지도 저러지도 못하고 속 불만 탔다고 보는 견해가 있다. 여호와와 그 율법이 두렵긴 했다는 애기다.50)

---

49) Jerome T. Walsh, *1 Kings*, Berit Olam (Collegeville, MN: Liturgical Press, 1996) 313.

50) G. H. Jones, *1 and 2 Kings*, vol. II, NCBC (Hants, England: Marshall Morgan & Scott, 1984) 353. 그리고 Gene Rice, *1 Kings*, Nations Under God, International Theological Commentary (Grand Rapids: Eerdmans, 1990) 171. 라이스는 "Ahab sullenly accepts the judgments against him and returns to Samaria."라고 기술하고 있다.

　양쪽 견해가 다 나름대로 근거를 가지고 있겠지만, 필자의 마음은 아합에게 여호와와 그의 율법을 두려워하는 마음이 다소나마 있었다고 보는 견해 쪽으로 끌린다.

　필자는 무엇보다도 히브리어 이사일의 '사르 우 자에프'라는 표현을 사용한 문학적 기교에서 그 이유를 찾고 싶다. 구약의 다른 곳에서는 찾기 힘든 이 이사일의가 유독 아합과 관련해서 나타나고, 그것도 무드가 전혀 다르면서도 바로 이어진 20장과 21장의 두 스토리에서 발견된다는 사실이 열쇠가 아닐까 싶다. 즉 이 표현은 두 장을 하나로 묶는 일종의 고리 역할을 하고 있는 게 아닐까 싶다. 그리고 이렇게 이어진 두 장의 마지막 부분에서 아합이 본의 아닌 범죄 사실을 듣고 괴로워하며 회개하는 모습을 보였다는 사실을 감안할 때, 아합이 여호와와 그의 율법을 두려워하는 마음을 전혀 잃지는 않았다는 주장에 힘이 실린다.

　뿐만 아니라 히브리인들의 문학적 기교 중 이점을 뒷받침할 만한 중요한 게 또 한 가지 있다. 히브리인들의 문학에는 두 부분으로 나뉘는 글의 형식을 통해 말하고자 하는 바를 강조하기를 좋아하는 경향이 있다. 시의 댓귀 법에서 가장 잘 나타나는 이 기교는 산문에도 적용된다. 즉 글을 전반부와 후반부로 나누어 일반적인 서술에서 구체적인 서술로, 개념적인 설명에서 실제적인 묘사로, 보편적인 원리 제시에서 구체화된 적용으로, 혹은 암시적인 표현에서 명백한 표현으로 발전시켜 나간다. 열왕기상 20장과 21장도 이 같은 기교가 활용되었다고 보지 말라는 법이 없을 것 같다. 즉 20장의 전쟁 이야기에서는 아합의 신앙이 넌지시 엿보이고, 21장의 포도원 이야기에서는 아합의 회개의 심정이 명백히 드러난다.

신앙인으로서의 아합

이 같은 아합의 심경을 전제로 두 장을 처음부터 대략 훑어보자.

우선 전쟁 이야기인 20장을 보자.

한 가지 염두에 둘 점은, 히브리인들의 '모두' 혹은 '다' 라는 표현은 영어로 'all' 혹은 'everything' 등으로 번역되지만, 뉘앙스가 다를 수 있다는 점이다. 일례로, 열왕기상 18:21을 보면 엘리야가 "모든 백성에게" 가까이 나아갔다고 기록되었는데, 문자 그대로 이스라엘의 온 국민이 다 갈멜 산에 모였을 것이라고 상상하기는 어렵다. 우리말에도 2002년 월드컵 경기 때 길거리가 "온통 붉은 색"이었다고 해서 다른 색깔은 전혀 없었다는 뜻은 아니었던 것과 마찬가지이다. 그렇다면, "모두 바알에게 무릎을 꿇었다."고 해서 여호와의 신앙이 완전히 죽어버린 것은 아니었을 수도 있다고 생각할 수 있다. 전쟁을 앞두고 선지자가 부름을 받아 예언을 하고, 제사 등 종교의식을 행한 후 전장에 나아간다. 때로는 여호와의 작전지시나 전후 처리 지침이 분명하게 전달되기도 한다. 열왕기상 20장의 전쟁이 정확하게 언제 있었는지는 모르지만, 이 같은 '성전'(聖戰)의 패턴이 그대로 나타난다. 여호와의 신앙이 완전히 죽지는 않았다는 또 하나의 증거이다.

이제 그 전쟁 이야기를 요약해 보자. 영원한 이웃이자 영원한 앙숙인 아람과의 두 차례의 전쟁이 기록되어 있다. 처음은 아람 왕 벤하닷의 요구가 지나쳤다. 그냥 조공을 바치라는 게 아니라, 자기네 사람들을 보내서 몰수이 걸어 가겠다는 것이었다. 도저히 받아들일 수 없다고 판단한 아합의 군대는 선지자를 통한 여호와의 작전지시 대로 맞서 싸워 승리했다. 선지자의 예언대로 일년 후 다시 전쟁이 발발했다. 두 번째 전쟁 기록에서는 당시의 신학을 엿볼 수 있다. 즉 아람 군대가 여호와는 "산지의 신"이고 아람의 신은 "평지의 신"이라고 생각했다는 점이다.(22절) 그러나 이번에도 이스라엘이 승리했다.

그런데 이로써 이야기가 끝났다면 어쩌면 열왕기 기자가 기록하지 않았을지도 모른다. 길갈 전투보다는 소규모였던 이 전쟁의 이야기를 기록에 남긴 이유는 승리한 후의 문제였던 것이다. 하나님의 뜻은 벤하닷을 죽이시는 것이었다. 그러나 아합은 그를 살렸을 뿐만 아니라 "저는 나의 형제니라."(32절) 라는 말로 대등한 관계에서 화친할 뜻을 나타냈다. 적국과 언약을 맺지 말라는 신명기의 말씀(7:2)을 어긴 것이다. 만일 이 전투가 길갈 전투 전이었다면, 전략적으로는 훌륭했다고 볼 수도 있다. 그러나 여호와의 뜻은 아니었다. 여호와께서는 선지자들을 보내셔서 심판의 말씀을 전하셨다. 동료 선지자에게 해를 가하는 배역을 담당하기를 꺼렸던 선지자를 죽이시면서까지. 고대 형 멀티미디어를 통한 분명한 전달이었다. 여호와께서 멸하기로 정하신 자를 살렸으니, 그 대신 멸망당할 것이라고 (42절). 이 말을 들은 아합은 "근심하고 답답하여" 겨울 궁이 있던 사마리아로 갔다. 그의 심경은 넌지시 노출되기는 했으나 확실한 가닥은 잡히지 않는다.

이제 포도원을 둘러싼 에피소드를 보자.

이번에는 여름 궁이다. 이스르엘 가까이 나봇이란 사람의 포도원이 있었다. 우리 옛말에 "견물생심"(見物生心)이라고 했다. 욕심이 생겼다. 그래서 나봇을 불러다가 흥정을 시도했다. 돈을 달라면 돈을 주고 다른 포도원을 달라면 다른 포도원을 주겠노라고 했다. 그러나 나봇은 이를 거절했다. 그 이유는 3절에 분명히 나타난다. "내 열조의 유업을 왕에게 주기를 여호와께서 금하실지로다." 이 말을 들은 아합은 "근심하고 답답하여" 식사를 하지 않았다. 자 4절을 자세히 들여다보자. "근심하고 답답해 진" 이유에 대해 열왕기 기자는 "조상의 유업을 왕께 줄 수 없다 함을 인하여" 그랬다고 기록했다. "토지는 영영히 팔지 말라."(레위기 25:23)는 율법의 말씀 때문에 그의 계획이 좌절된 것이다. 왕이라고 모든 걸 마음대로 할 수 있는 것이 아니었다.

그러나 이세벨은 달랐다. 왕의 뜻이면 무엇이든 다 되던 페니키아 출신인 그녀가 보기엔 아합의 태도는 도대체 납득이 될 수 없었다. 왕이란 자라 이렇게도 약해서야 원. 그까짓 쬐끄만 포도원 하나 자기 마음대로 못하는 게 무슨 왕이냐고? 그래서 여장부답게 자신이 해결해 줄 터이니 걱정 말고 "일어나 식사를 하시고 마음을 즐겁게 하소서."(7절)라고 말했다. 갈멜 산 결전 직후 엘리야가 아합에게 한 "올라가서 먹고 마시소서. 큰 비의 소리가 있나이다."(열왕기상 18:41)라는 말과 흡사한 것이 재미있다. 이세벨은 거짓 증인을 세워 "하나님 및 국왕 모독죄"를 뒤집어씌워 나봇을 죽였다. "바알과 국왕 모독죄"가 아닌 것이 또한 흥미롭다. '하나님' 혹은 '신들'(엘로힘)이란 용어는 여호와도 될 수 있고 바알도 될 수 있으며, '모든 신'도 될 수 있으니까. 천하의 악녀의 교활성이 잘 드러나는 대목이다. 또 10절과 13절에 사용된 '저주했다'에 해당하는 히브리어가 일반적으로 사용되는 '아라르'가 아니라 '축복했다'(바라크)와 같은 단어란 점도 흥미롭다. 무슨 뜻으로 이런 완곡한 표현을 썼을까? 거짓증인들은 감히 단어 발음조차 하기 어려운 '저주,' 그래서 대신 '축복'이란 단어로 간접적으로 밖에는 표현을 못할 정도인데, 나봇은 '저주'를 했으니 죽어 마땅한 죄인이 아니냐는 뜻을 시사함이 아닐까 싶기도 하다. 이세벨은 정말 대단한 여걸이었나 보다.

이렇게 해서 아합이 나봇의 포도원을 얻은 후 하나님의 심판의 메시지가 전달된다. 그런데, 20장에서는 익명의 선지자들의 연극을 통해 메시지가 전달되었지만, 이번에는 다름 아닌 엘리야를 통해서이다. 심판의 내용도 20장에서 보다 더욱 자세히 알려진다. 이에 대한 아합의 반응도 넌지시 드러나는 차원을 넘어선다. 회개의 모습이 명백하게 나타난다. "옷을 찢고, 굵은 베로 몸을 동이고, 금식하고, 굵은 베에 누우며, 행보도 천천히" 했다.(27절) 여호와와 그 율법에 대한 경외심이 완전히 죽은 것은 아니었으며, 그래서 그도 회개하는 모습을 보일 때가 있었다는 사실을 열왕기 기자는 분명하게 드러낸 것이다.

겸비하고 기도하여 내 얼굴을 구하면

이제 이 두 장을 하나로 연결해 기록한 열왕기 기자의 의도가 분명히 드러난다. 그것은 회개에의 촉구이다. 그리고 이 말씀은 아합의 시대 사람들뿐만 아니라 오늘날의 세계를 향해서도 회개를 촉구하시는 하나님의 음성인 것이다.

> 내 이름으로 일컫는 내 백성이 그 악한 길에서 떠나 스스로 겸비하고 기도하여 내 얼굴을 구하면 내가 하늘에서 듣고 그 죄를 사하고 그 땅을 고칠지라.(역대하 7:14)

앞서도 잠시 언급했거니와, 이 말씀은 오래 전부터 미국 내 기독교 지도자들과 단체들이 즐겨 인용하는 구절이 되었다. 포스트모더니즘 시대 이후 미국이 타락하고 세속화해 가며 개척자들의 신앙과 삶의 모습에서 점점 멀어만 가는 현실을 안타까워하던 이들은 이 구절을 표제로 하여 전국적인 회개운동을 촉구하고 있는 것이다. 아직도 그 목소리는 피노키오에게 귀뚜라미 소리처럼 너무나 약하게만 들린다. 그러나 약한 소리일망정 계속 울어대는 제리미의 소리를 통해 하나님의 회개의 메시지는 계속 들리고 있다. 흥미롭지 않은가, 그 귀뚜라미의 이름이 눈물의 선지자 예레미야의 이름이란 사실이. 지난 18세기 미국이 타락의 길을 걷고 있었을 때 수많은 신앙인들이 미국을 위해 눈물을 흘렸다. 약 60년간 눈물로 회개를 촉구해 온 이들을 가리켜 역사가들은 '예레미야들'(Jeremiads)이라고 불렀다. 그들의 소리도 처음엔 귀뚜라미 소리 같았으나, 끝내는 미국의 대 각성운동의 밑거름이 되었다.

회개하는 아합을 보신 여호와께서 엘리야에게 하신 말씀을 읽어보라.

아합이 내 앞에서 겸비함을 네가 보느냐? 저가 내 앞에서 겸비함을 인하여 내가 재앙을 저의 시대에 내리지 아니하고 그 아들의 시대에야 그 집에 재앙을 내리리라.(29절)

이 말씀은 왜 하셨을까? 물론 아합에게 전달되기를 바라셨을 것이다. 그러나 그보다 더 열왕기가 완성되던 시절이라고 말하는 바벨론 포로시대 백성들에게 하나님의 뜻이 전달되기를 더욱 바라셨을 것이며, 참 신앙과 세속주의 사이를 왔다 갔다 하는 오늘의 기독인들에게도 그 뜻이 전달되기 원하실 것이다. 아합 같은 악한 왕도 회개한즉 은혜를 베푸셨다면, 우리도 겸비한 마음과 회개하는 심령으로 주께 기도하면 어찌 들어주시지 않겠는가?

오랜 세월 강도짓만 일삼다가 십자가에 달린 한 사형수는 바로 거기서 예수를 만나 회개했고, 그 날로 낙원에 이르렀다. 우리도 회개하면 하나님이 이 땅을 치료해 주시지 않겠는가? 단순한 희망이 아니다. 신실하신 하나님의 확실한 약속이다. 아직은 정치인들에 대한 신뢰 보다는 불신이 높고, 교회들은 사회의 빛이 되지 못하는 면이 많은 게 현실이지만, 그래도 첫 국회를 기도로 시작했던 대한민국이 아닌가?

비록 한탕주의, 적당주의, 무슨 일이든지 "안 되면 되게 하라."는, 정도를 무시한 성과제일주의가 여전히 성행하고 있지만, 그래도 바르고 험한 길을 걸었던 순교자들의 피가 우리 가슴 속에서 신앙의 밑거름이 되지 않았는가?

아합도 강도도 은총을 받았다면, 오점 속에라도 빛나는 역사를 가진 우리가 겸비하여 주께 구하면 은혜의 주님이 그 얼굴을 우리에게로 돌이키지 않으시겠는가? 우리의 모든 죄를 기억조차 않으시고, 구원을 베푸시고, 우리로 인하여 기쁨을 이기지 못하여 하실 것이다.(스바냐 3:17) 단순한 희망이 아니다. 하나님의 파기할 수 없는 약속이다.

오늘만 살고 내일 죽자는 것이냐

- 열왕기상 22:1~40 -

필자가 국방과학연구소 연구원이었던 1980년 8월 어느 날이었다. 처가 댁에 들어서자 눈에 들어온 것은 당시 용어로 "광주사태" 직후 한국교회가 마련한 국보위(국가보위비상대책위원회) 위원장 전두환 장군을 위한 조찬기도회가 방영되고 있는 모습이었다. 모 목사의 기도를 통해 전 장군은 위기에 처한 나라를 구할 영웅으로 부각되고, 고 한경직 목사의 설교를 통해 공의와 사랑이란 수레의 두 바퀴를 굴려 나라를 이끌어갈 사명을 받은, 택함 받은 지도자로 부각되었다. 이를 보는 순간 당시 20대 후반이었던 필자의 가슴속에 무언가 말로 표현할 수 없는 비애 같은 것이 느껴졌다.

필자는 민주화운동 같은 데 가담한 일은 없었다. 대학 시절 데모에 참가해 본 적도 없었다. 소심하기도 했지만 쓸데없는 짓이라는 생각이었다. 혼란 속에서도 무덤덤하기만 했었다. 그러나 이날만은 달랐다. 나라가 이토록 어려울 때 최규하 대통령을 위한 조찬기도회는 한번도 TV에 방영된 적이 없었는데, 지금은 '광주민주화운동'으로 개명된 그 사건의 피비린내가 채 가시기도 전에 그 장본인인 전 장군을 위한 조찬기도회라니. 이건 정치적으로 지혜로운 처사가 아니라 "약삭빠르다"는 말이 어울린다고 생각되었다. 얼마 후 헌법개정을 위한 국민투표가 있었다. 박 대통령의 유신체제 하에서 나이는 됐으나 한번도 투표할 기회가 없었던 필자에게 주어진 첫 기회가 하필이면 전 장군을 위한 헌법개정 국민투표라니. 투표를 하지 않았다. 그날 저녁, 한국교회의 소위 큰 별 중 한분이셨던 장인어른이 필자에게 야단을 치셨다. 옹졸한 놈이라고. 필자의 마음을 조금이나마 위로하시려는 듯, 장모님은 "정서방이 직장에서 어떻게 될까봐 걱정돼서 하시는 말씀"이라고 궁색하게 둘러대셨다.

얼마 후, 전 장군이 대통령이 되자 장인어른은 설교를 통해 새 정권을 위해 기도하고 협조해야 한다고 말씀하셨다. 이유는, "모든 권세는 하나님이 정하신바"(로마서 13:1)이기 때문이란 것이었다. 일리 있는 말씀이라 생각되었다. 그리고 다니엘을 생각했다. 자신을 잡아간 나라와 왕을 위해 충성을 다하면서도 신앙과 하나님 나라 재건의 꿈을 버리지 않았던 다니엘이었다. 그래, 누가 정권을 잡던 내게 무슨 상관이야? 내 인생에 충실히 사는 게 나를 위하고 나라를 위한 길일 거야. 이런 생각으로 수년을 지나다 미국에 왔고, 목사가 됐고, 목회를 그만두게 되었고, 이 글을 쓰면서 그 때 일을 다시 생각하게 되었다. 아직도 여전히 두 가지 문제어 대한 안타까움이 필자를 괴롭힌다. 첫째는 왜 최규하 대통령을 위한 것이 아니라 전두환 장군을 위한 조찬기도회였는가 하는 점이다. 둘째는 전 장군을 위한 기도회였다면, 왜 엄청난 숫자의 나붓들의 피를 흘렸던 그를 질책하지 못했는가 하는 점이다.

다스리는 자들을 위해 기도하고 제도에 순복하라는 신약의 말씀이 지나치게 확대 해석되어 온 것은 아닐는지. 그들이 옳든 그르든 상관없이 그들을 옹호해 주고, 긍정적인 말로 북돋워 주고, 나아가서는 설교나 행사 등을 통해 정부의 입장을 민간에 대변해 주는 역할을 담당하는 것이 교회의 사명은 아닐 텐데. 열왕기상 22장은 이와 같은 극단적인 사고방식에 의문을 제기하게 한다.

미가야의 카메오 출연

미가야는 선지자였다. 엘리야보다 더 훌륭했는지 덜 훌륭했는지, 엘리야
보다 더 많은 활동을 했는지 적은 활동을 했는지는 동시대 사람들 외에는
아무도 모른다. 확실한 사실은 그가 아합에게 "흉한 예언만"(8절) 일삼았던
선지자였다는 점이며, 구약 성경에는 열왕기상 22장에 딱 한 번 깜짝 출연,
혹은 요즘 말로 '카메오 출연'을 했다는 점이다. 윌슨의 용어를 빌리자면 그
도 엘리야처럼 야당 혹은 비주류 성향의 선지자였다.51) 엘리야가 갈멜 산에
서 사백오십 명의 바알 선지자들과 결전을 벌였던 것처럼, 미가야도 사백
명 정도의 선지자들(6절)과 결전을 벌였다. 그런데 이번에는 바알의 선지자
들이 아니라 여호와의 선지자들이었다. 이들과의 결전은 '불'의 결전은 아니
었다. "누구의 예언대로 되느냐?" 하는 게 관건이었다.

결전의 무대는 아합의 궁전이었다. 열왕기상 22장의 '이스라엘 왕'은 아
합이 아니라는 주장도 있지만, 필자는 이를 아합이라고 받아들이는 것이 원
저자이신 성령의 의도라고 믿는다. 그는 동맹국 유다의 왕 여호사밧과 함께
길르앗 라못의 영유권 문제로 아람을 치고자 모의 중이었다. 역사란 반복된
다는 사실이 재밌다. 한국에서는 박인호 작사·작곡 정광태 노래, "하와이는
미국 땅, 대마도는 일본 땅, 독도는 우리 땅"이란 노래가 지난 세기 말 유행
했고, 영국과 아르헨티나는 포클랜드의 영유권 문제로 1982년 전쟁을 치
루기도 했었다. 고대 이스라엘의 수도에서도 "길르앗 라못은 이스라엘 땅"
이란 뚜렷한 명분이 있는 전쟁을 위한 정상회담이 진행되고 있었던 것이다.
그런데, 하나님의 계획 속에는 바로 이 전쟁이 그동안 죄악을 쌓아왔던 아
합을 심판하시는 전쟁이었던 것이다.

---

51) *Prophecy and Society in Ancient Israel*, 208ff.

　그런데, 하나님은 왜 이라크전보다 훨씬 더 명분이 뚜렷한 이 전쟁을 굳이 심판의 도구로 사용하시려는가 하는 의문이 생길지도 모르겠다. 그러니까 정당한 전쟁에서 패하게 하시는 하나님이 과연 정의로우신 하나님이신지 의혹이 생길 수도 있지 않겠는가 하는 말이다. 의혹을 제기하는 것은 좋다. 그러나 그 의혹 때문에 신앙이 흔들리지는 않아야 하겠다. 독자들이 이 의혹을 제기하기 전에 이미 하나님께 같은 의혹은 제기했던 선지자가 있었다. 그가 바로 하박국이다. 남쪽나라 유다의 죄가 극에 달함으로 하나님께서는 유다보다 더 악한 바벨론을 들어 유다를 치시겠다고 하자, 그는 강력히 항의했다. 왜 더 악한 나라를 들어 그보다는 나은 하나님의 백성을 치시는가 하는 점이었다.(1장) 그러나 하나님 보시기에 중요한 것은 유다의 죄악이지 바벨론의 문제가 아니었다. 바벨론은 은혜를 받을 대상이 아니라 징계를 위한 도구에 불과하며, 사용가치가 없어지는 대로 폐기처분될 것이란 게 하나님의 답이었다.(2장) 이로써 하나님의 진정한 사랑을 깨달은 하박국은 징계 받는 백성 중에 있으면서도 구원의 하나님을 인하여 즐거워할 수 있는 비결을 배우게 된 것이다.(3장)

　같은 맥락에 놓인 또 하나의 역사적 사건이 여호수아에서 발견된다. 천하무적 여호수아의 군대가 작은 성 아이에게 패한 것이다. 어안이 벙벙해져 기도조차 나오지 않은 채 여호수아와 장로들은 망연자실 주저앉아만 있다가 저녁때가 돼서야 겨우 말문이 열렸다. 여호와께 항변했다, 왜 패하게 하셨냐고. 그의 대답인즉, 아간이란 자가 여리고를 칠 때에 옷가지 하나 손대지 말고 다 불태우라는 명령을 어기고 탐나는 물건들을 일부 자기 막사에 숨겼다는 것이었다. 전쟁 명분이 없었던 것도 아니요, 여호수아의 군대가 약했던 것도 아니었다. 하나님께서 아이를 하나님의 백성에 대한 징계의 도구로 사용하셨던 것이다.(여호수아 7:1~8:29)

또 성경 외에서도 그 예가 발견된다. 미국이 독립하기 직전인 17세기, 원주민들의 무차별 공격으로 청교도들의 삶의 터전이었던 뉴잉글랜드가 폐허가 되었을 때, 당시 신앙적 해이와 도덕적 타락을 안타까워하던 지도자들은 인디언들을 하나님의 징계의 도구로 여겼다.52)

명분 있는 전쟁을 도구로 아합을 죽이시려는 여호와의 계획도 같은 맥락에서 이해가 된다. 명분 있는 전쟁이라는 생각에서였는지 아합은 여호와의 뜻을 물을 생각을 하지 않았나보다. 그런데, 역시 여호사밧은 달랐다. 그는 신앙인이었다. 이스라엘과의 동맹관계를 확인하면서도 여호와의 뜻을 물어야 한다고 주장했다. 그래서 아합은 선지자들을 불러 모았다. 바알의 선지자가 아니라 여호와의 선지자들이었다. 이세벨이 선지자들을 죽일 때도 살아남아 왕궁에서 활동했을 정도라면 아마도 이들은 철저히 "긍정적인 발언"만 해왔을 것이다. 고대 중동 판 포클랜드 전쟁은 뚜렷한 명분이 있는 만큼 여호와께서 함께하시지 않을 이유가 없을 것으로 판단되었을 것이다. 시드기야는 고대 판 멀티미디어인 "철로 만든 뿔"을 가지고 리얼하게 예언했다. 하지만, 여호사밧은 아마도 이 예스-맨들의 태도에서 무언가 찜찜한 것을 느꼈나 보다. 그래서 다른 선지자가 또 없느냐고 물었다. 그리하여 아합이 할 수 없이 불러들인 것이 바로 미가야였다.

미가야가 도착하자마자 회유작전이 시작됐다. 다른 선지자들이 이구동성으로 "긍정적인 예언"을 했으니, 그도 그리해 달라는 것이었다. 그러나 그는 단호했다. 여호와께서 말씀하신 대로만 말하겠다고 했다. 전쟁을 일으킬 것인지 말 것인지, 전쟁을 하면 승리할 것인지 패할 것인지 묻는 아합에게 그는 사백여 선지자들의 말을 그대로 되풀이했다. "올라가서 승리를 얻으소서. 여호와께서 그 성을 왕의 손에 붙이시리이다."(15절) 이 말을 뒤집어본

---

52) *The Light and the Glory*, 223~239.

다면, "왕께서 듣고 싶으신 말이 뭔지 알고 있나이다. 여호와께서 승리하게 해 주신다는 말이 아닐는지요?" 이런 말일 듯하다. 그런데, 이 대목에서 필자에게 재밌는 생각이 떠오른다. 만약 아합이 술수가 뛰어난 왕이었다면 이 말이 떨어지지가 무섭게, "알았으니 물러가시오!" 라고 명해 미가야에게 진실을 말할 기회를 주지 않음으로써 여호사밧의 염려도 불식시키고 군사들의 사기도 올려놓을 수 있었을 텐데. 그러나 이게 아합이었나 보다. 여호와에 대한 두려움이 약간은 있었는지, 아니면 사람이 단순해서 그랬는지, 하여간 그는 미가야의 이 말에 만족할 수가 없었던 것이다. 한두 번 들은 게 아니다. 하도 바른 소리만 해서 그를 싫어한다는 아합이 그 속을 왜 모르랴. 속 보이는 소리 하지 말고 바로 고하라고 으름장으르 놓았다. 미가야는 그가 보고 들은 대로 전했다. 아합을 죽이기 위해 거짓말 하는 영이 선지자들의 입에 역사한 것이라고. 시드기야에게 뺨을 맞았다. 그리고 감금되었다. 그러나 그는 굴하지 않았고, 여호와의 메시지를 분명히 전하고 이렇게 외쳤다. "너희 백성들아 다 들을지어다."(28절)

한국의 미가야들

미가야의 감금 사건은 일제 시대 신사참배 강요를 둘러싼 장로교회의 투쟁과 변절의 역사를 생각나게 한다. 당시 신사참배를 반대하던 기독인들은 사실상 소수였다. 대다수의 목사들과 성도들은 거기 굴복하고 만 것이다. 당시의 역사를 한국컴퓨터선교회의 웹 페이지는 이렇게 기술하고 있다.

> 굴욕의 날은 다가오고 있었다. 1938년 9월 9일 평양 서문밖교회에서 제27회 총회가 회집되었다. 총독 당국은 신사참배 결의안을 총회 석상에서 통과시키도록 하기 위하여 백방으로 손을 뻗쳐 동작하였다. 총회 개회 전에 주기철 목사를 비롯하여 이기선, 채정민, 김선두 등 여러 목사와 박관준 장로 같은 신사참배 반대자들을 구금하였다. 각 지방 경찰서는 전국 23개 노회의 총회 총대가 결정되는 대로 호별 방문을 하여 신

사참배 찬동을 다짐하는 확답을 받았다.

총회 당일에는 교회당 안팎에 수백 명의 경찰관이 동원되어 교회당을 완전 포위한 상태이었다. 교회당 안에 정면에는 평안남도 경찰부장과 고위 경찰관들이 긴 검을 번쩍이면서 앉아 있었다. 총대들의 좌우에는 경찰관이 끼어 앉았고 당내의 후면과 좌우에는 무술경관 1백여 명이 눈을 부라리고 지켜 서 있었다. 이는 너무나 살벌한 광경이었다. 조작된 각본대로 신사참배 안은 가결되었다. 총회장 홍택기 목사는 전신을 떨면서 "신사참배가 가하면 '예' 하시오"라고 묻고 '부'는 묻지도 않은 채 그냥 만장일치의 가결로 선포하고 말았다. 봉천노회 소속인 한부선 목사는 불법이라고 외쳤으나 무술경관에 의하여 밖으로 축출 당하였다. 이러한 모양으로 마지막까지 버티고 버티던 장로교회마저 일본 태양신 앞에 머리 숙이고 말았다 ……. (중략)…….

일제에 의한 신사참배 강요로 장로회신학교가 폐쇄되었고 2백여 교회가 해체되었으며 2천여 신도가 투옥되었고 50여의 교역자가 순교하였다. 실로 한국교회가 일본의 태양신 앞에 허리 굽혔음은 엄연한 사실로서 부인할 길이 없다. 그러나 비록 절대적 수는 아니었지만 이에 항거하여 진리를 사수한 교역자가 있고 순교자의 정화가 있어 한국교회를 향해 오늘도 빛나는 생명력을 던져주고 있음을 간과하지 못한다. 이 순교정신의 발로야말로 금자탑적 존재로서 한국 민족교회의 부흥과 발전을 기약하면서 영원히 빛을 발하고 있다.[53]

"무조건 강요"란 사실상 드물다. 신사참배 강요도 그럴듯한 이유가 붙었다. 그것은 종교의식이 아닌 국민의례라는 주장이었다. 심지어 당시 일본의 동맹국이었던 이탈리아 한복판의 교황청마저 같은 이유로 신사참배를 허용한다고 발표했었다. 그러니, 마음을 여간 굳게 먹지 않으면 흔들리기 쉬웠을 것이다. 그래, 국민의례야, 뭐가 잘못인가? 그 정도를 가지고 고집 부리다가 한국교회의 문을 닫도록 만드는 건 현실적으로 지혜롭지 못해. 약간만

---

53) http://kcm.co.kr/korchur/100/ch100 04.html.

굴복하면 큰 화를 면할 수 있는 것을……. 이런 생각들이 없지 않았을 것이다. 정말 헷갈렸을 것이다. 그러나 그중 소수의 참 신앙인들은 미가야처럼 단호했다. 끝내 굴하지 않고 갇히기도 하고 고문당하고 죽기도 했다. 한부선(Bruce Hunt) 선교사는 신사참배 허용 날치기 통과 직후 이를 반대하다 체포되면서 "하늘 법정에 고소한다."는, 미가야의 마지막 외침을 생각나게 하는 말을 남겼다고 전해지고 있다.

골방에 들어가서 숨는 그 날

참 선지자와 거짓 선지자의 구별은 여당이냐 야당이냐, 혹은 주류냐 비주류냐가 문제가 아니라, 그가 예언한 대로 이루어지느냐 아니 이루어지느냐가 관건이라고 성경은 말한다.

> 만일 선지자가 있어서 여호와의 이름으로 말한 일에 증험도 없고 성취함도 없으면 이는 여호와의 말씀하신 것이 아니오 그 선지자가 방자히 한 말이니 너는 그를 두려워 말지니라.(신명기 18:22)

아합은 그래도 마음 한구석에 염려가 됐었나 보다. 전장에 나아가면서 여호사밧에게 왕복을 입히고 자신은 변장을 했다. 그러나 그게 하나님께 통할 리가 없었다. 아람 왕이 그를 죽이려고 하기 전에 여호와께서 그를 죽이려고 하시는데, 변장해 본들 무슨 소용인가? 그는 우연히 날아온 화살에 맞았고, 전투가 격렬해 빠져나오지 못해 병거 위에서 그대로 죽었다. 미가야의 승리요, 사백여 명 선지자들의 패배였다. 그들이 여호와의 이름으로 말했지만, "증험도 성취함도" 없었다. 여호와의 이름을 빙자하여 미가야의 뺨을 때렸던 시드기야는 미가야의 말대로 골방에 들어가 숨게 되었다.(25절)

신사참배 허용을 가결했던 한국 장로교회에도 "골방에 들어가 숨는 날"이 찾아왔다. 일본이 패전하고 신앙의 자유를 얻게 되자, 신사참배를 끝까지 거부했던 교계 지도자들은 신사참배를 찬성했던 지도자들의 회개를 촉구했다. 그러나 이들이 별 반응을 보이지 않자, 어물쩍 넘어가려고 한다고 판단한 이들이 부산에서 모여 세칭 '고려파'라고 일컫는 독립교단을 만들었고, 그 이후 한국 장로교는 분열에 분열을 거듭해왔다. 그러다가, 늦은 감이 있긴 하지만, 최근 수 년 사이 각 교단들과 기독교단체들이 신사참배에 관해 회개하려는 움직임들을 보여 왔고, 이와 더불어 1980년 전두환 장군을 위한 조찬기도회를 주도했던 이들 중에서도 회개를 표명하는 이들이 나타나고 있음은 한국교회 장래를 위해 다행이라 생각된다.

다른 사람들이 모두 "예"라고 말하는 데 나 혼자 "아니오"라고 하기는 정말 어렵다. 더구나 한민족의 정신을 말살시키려고 혈안이 된 일본의 회유와 위협 속에서 진리가 아닌 것을 아니라고 말하기가 결코 쉽지는 않았을 것이다. 이에 반해 전두환 장군을 위한 조찬기도회는 위협이나 회유 속에서 어쩔 수 없이 굴복한 것이 아니었다. 속된 말로 "알아서 긴" 꼴이 된 것이다.

그러나 참 주의 사람은 미가야처럼 "아니오"라고 말할 수 있어야 한다. 이런 용사들은 "알아서 긴" 사람들이 골방에 숨는 날 그 이름이 찬란히 빛나게 될 것이다. 주기철 목사, 한부선 선교사, 손양원 목사 등등 수많은 한국의 미가야들의 이름처럼. 2001년 초 "오늘만 살고 내일 죽자는 것이냐?"고 한 자민련 강창의 의원의 말을 가만히 생각해 보자. 이 말은 정치인들의 세계 보다 오히려 헷갈리는 세계에서 살아가는 우리 신앙인들의 자세가 되어야 하지 않겠는가?

이스라엘에 하나님이 없어서?

- 열왕기하 1:1~18 -

"인터넷 역술 사이트 인기폭발!"   2002년 2월 1일자 중앙일보에 게재된 한 기사의 제목이다. 앞날을 미리 알고 싶어 하고, 좋지 않은 일이 예상될 경우는 이에 대한 대처방안을 찾기 위해 한국인들은 해마다 15억 달러, 즉 2조 원이 넘는 돈을 쓰고 있다고 한다. 기사 내용 가운데는 한국이 2002년 월드컵에서 16강에 진출하지 못할 것이라고 예언했다는 내용이 포함되어 있었다. 그러나 한국은 4강의 위업을 이루었다.

날짜(1994년 7월 8일)는 정확하지 않았지만, 김일성의 사주를 가지고 찾아온 모 월간지 기자 앞에서 그의 사망을 예언한 게 적중해 일약 스타가 된 무속인 심진송 씨. 독실한 기독교 가정에서 자란 무남독녀가 어찌하다 사명대사의 신을 '다운로드' 받게 됐는지. 그녀는 당시 김정일은 55세를 넘기지 못해 정치생명이 끊어지고 망명을 하게 된다고 예언했다. 사명대사의 신이 그녀에게 그렇게 알려주었다는 것이었다. 그러나 그 다운로드 파일이 바이러스에 감염돼서 잘못된 정보를 준 건인지, 김정일은 서양나이로 55세가 되던 해인 1997년 북조선 로동당 총비서직을 승계했고, 환갑이 지나도록 건재하면서 핵무기를 가지고 세계를 시끄럽게 만들고 있다. 그럼에도 불구하고 수많은 사람들이 자신의 운명과 그에 따른 처방을 물어보기 위해 그녀를 찾고 있다.

"정계·재계·연예계 인사와 역술인들과의 얽히고설킨 점 커넥션" 여성동아 2002년 3월호에 실린 장옥경 기고가의 글 제목이다. 유명 정치인들, 재벌들, 연예인들, 체육인들이 역술가나 무속인들을 찾아가 자신들의 앞날을 알아본다고 한다. 그러나 이들은 한결같이 역술인들을 찾은 사실을 부정한다고 그녀는 지적한다. 오히려 기독교, 천주교, 혹은 불교인임을 내세운단다.

최근 수년간 한국에서 일어나고 있는 기현상 중 하나는 오랜 세월동안 불교, 유교, 혹은 기독교에 억눌려 있던 무속인들과 역술가들을 찾는 발길이 계속 늘어나고 있으며, 유명인사들 뿐 아니라 민간에까지 운세에 대한 관심도가 하늘 높은 줄 모르고 높아만 가고 있다는 사실이다. 이들이 최근 협회를 만들고, 정부의 공인까지 받고, 웹 사이트들을 운영하고 있다는 사실도 또한 놀랍다. 특히 한국의 소위 '무교'는 "우리 고유의 종교"라는 자부심을 가지고 기독교나 불교 등과 어깨를 나란히 하기 위해 모든 노력을 기울이고 있다. 이는 기독교계 뿐 아니라 불교계에서도 심각한 우려를 나타내고 있는 현상이다.

이스라엘에 하나님이 없어서?

열왕기하 1장은 이와 같은 한국의 기현상을 심각하게 생각해 보도록 가르치는 일면이 있다.

아합을 이어 즉위한 아하시야가 난간에서 떨어져 누움뱅이 신세가 되어버렸다. 그는 에그론에 특사를 파견해 그곳 신 바알세붑에게 자신의 운명에 대해 물어보려고 했다. 그런데, 웬 괴한이 특사 일행을 가로막고는 왕께 이 말을 전하라고 했다.

이스라엘에 하나님이 없어서 너희가 에그론의 신 바알세붑에게 물으러 가느냐? 그러므로 여호와의 말씀이 "네가 올라간 침상에서 내려오지 못할지라. 네가 반드시 죽으리라."(열왕기하 1:3~4, 6)

엘리야의 이 말을 한번 주의 깊게 살펴보자. 어찌 들으면 그는 편협한 민족주의를 내세우는 듯하다. "이스라엘에 하나님이 없느냐?" 하는 논조가 그렇다. 그러나 아니다. 그의 마음이 편협했기 때문이 아니라 여호와의 통치가 광대했기 때문이다. 다시 말해서 여호와는 이스라엘 뿐 아니라 이방 나라들까지도 다스리시는 분이신데, 왜 이스라엘의 왕이 이방 신에게 운명을 물으러 사람을 보내느냐는 말이 되겠다. 여호와는 페니키아 사르밧 과부에게 엘리야를 보내셔서 복음을 전하셨고 아람 사람 하사엘에게 기름을 부어 아람 왕이 되게 함으로써, 여호와는 이스라엘 민족의 신만이 아니라 세계를 다스리시며 이스라엘을 통해 빛을 비추시는 참 신이심을 증거하신 신이시다. 이런 신을 섬기는 이스라엘 왕이 외국의 헛된 신게 운명을 물으러 특사를 파견한다는 것은 있을 수 없는 일이었고, 이 불신앙적 행위의 대가는 죽음이었다.

특사 일행은 장정을 취소하고 곧 돌아와 왕게 그대로 보고했다. 인상착의를 물은즉 틀림없이 털보 엘리야였다. 이 대목에서 아하시야는 한술 더 뜬다. 이번에는 특사가 아니라 군대이다. 요즘 한국군 편제로 말하자면 두어 개 소대 병력에 해당하는 50명의 병력을 보낸 이유는 뻔하다. 여호와의 전사 엘리야가 말을 안 들으면 강제 연행해 오라는 말이렷다. 전투는 삼 라운드까지 갔다. 어린이들에게 인기를 끌고 있는 유기오 카드 콘테스트를 보는 듯하다.

첫 번째 라운드다. 용감무쌍한 장교가 말했다.

하나님의 사람이여, 왕의 말씀이 내려오라 하셨나이다.(9절)

개역한글판의 번역은 존칭을 쓰다보니 그 뉘앙스가 생생하게 드러나지 않는 것 같다. 하여간 여기서 '하나님'과 '왕'의 대조의 언어유희를 잘 음미해 보기 바란다. "하나님의 사람"에게 "왕의 명령"을 들으라는 지시가 아닌가. 그러니까 약간 풀어 쓰자면, 이런 식이 될 수 있겠다.

> 실례지만 엘리야님, 당신을 "하나님의 사람"이라고 부르죠. 그래도 왕의 관할 하에 있으니까 그 어명을 받드셔야 됩니다. 내려오시오, 같이 가십시다.

지나친 확대해석이 아닐까 의아해하실 독자들도 있을 것 같다. 그러나 두 번째 라운드의 신경전이 답을 해 줄 것이므로, 여기서는 일단 엘리야의 응수를 살펴보기로 하자.

> 내가 만일 하나님의 사람이면 불이 하늘에서 내려와서 너와 너의 오십 인을 사를지로다.(10절)

여기서는 '하나님의 사람'이란 문구와 '내려와서'란 동사를 주의하기 바란다. 엘리야가 그들의 말을 그대로 되받아치는 것이다. 그리고 엘리야의 말 중에 나타나는 '내려와서'와 장교의 말에 나타난 '내려오소서'란 동사는 히브리어로 같은 단어이다. 그럼 이 엘리야의 말도 한번 풀어 다시 써 보자.

> 그래, 내가 "하나님의 사람"이라고 불렀것다. 그런데도 왕의 어명이 지엄하다고? 천만에, 내가 내려가는 대신 불이 내려온다면 어쩔 텐가?

그래서 불이 하늘에서 내려왔고, 강제연행 특공대는 일순간에 전멸 당했다. 그런데, 이 소식을 들은 아하시야는 모세와 대결했던 이집트의 바로 흉내를 내는 것이었다. 마음을 더욱 강퍅케 하고 다시 특공대 오십 명을 출정시켰다.

두 번째 라운드이다. 이번 장교는 첫 라운드의 장교보다 더 용감무쌍하다. 말이 더욱 강경해졌다.

하나님의 사람이여, 왕의 말씀이, 속히 내려오라 하셨나이다.(11절)

여기서는 "왕의 말씀이"란 문구와 '속히'란 단어 주의하기 바란다. 개역한 글판 번역으로는 "왕의 말씀이"는 첫 라운드 출정 장교의 말과 똑같고, 다만 '속히'란 단어만 추가된 것처럼 보이지만, 히브리어 원문은 엄청난 차이를 보인다. 즉 9절의 "왕의 말씀이"는 단순한 표현이다. 그러나 11절의 "왕의 말씀이"는 '말씀하셨다'에 해당되는 동사도 다르거니와, '왕'이란 단어 대신 '여호와'란 단어를 대치해 넣으면 모세와 선지자들이 여호와의 말씀을 전달할 때마다 사용하던 공식적인 표현, 즉 "여호와께서 이같이 말씀하시기를"이란 문구와 일점일획 차이가 나지 않는다.54) 더욱 재미있는 것은 앞에서 인용한 4절에서 엘리야 자신도 이 문구를 사용해 여호와의 말씀을 전했다는 점이다. 무슨 뜻인가? 여호와의 말씀을 전한 선지자 엘리야에 대항해 "여호와와 같은 권위"를 가진 왕의 어명을 전하는 선지자의 흉내를 내고 있음이 아닌가? 그 권위를 빙자하여 그는 "신발 문수 보이지 말고 당장 내려와!" 라고 지시한 것이다. 바알세붑에게는 굽실거릴지언정 여호와의 권위에는 도전하는 아하시야와 장교의 오만이 적나라하게 드러난 한 마디였다. 이번에도 엘리야의 같은 말에 엘리야 대신 불이 내려와 그들을 전멸시켰다.

그러나 세 번째 라운드에서는 성황이 완전히 달라졌다. 왕은 여전히 특공대를 파견했지만, 이번 장교는 아예 처음부터 태도를 바꾸었다. 하나님의 사람의 권위를 인정한 것이다. 하나님의 사람 앞에 무릎을 꿇고 통사정을 했다.(13절) 진작 그럴 것이지. 그래서 여호와께서는 유기오 카드를 바꾸셨다. 왕이 아니라 여호와께서 그에게 "내려가라"고 지시하신 것이다. 물론 히브리어로 같은 단어이다. 그래서 그는 장교와 함께 내려갔다. 연행된 것이 아니라 여호와의 지시대로 그들과 함께 가서 아하시야가 죽을 것이라고

---

54) 참고. Hobbs, *2 Kings*, 11.

전했고, 그는 죽었다.

여호와에 대한 신앙이 식어가고 가나안 지방의 국제적 종교인 바알 종교가 득세하던 시절, 아하시야는 이처럼 여호와를 떠났고, 그 대가로 즉위 2년 만에 죽음을 맞이했다.

우리의 것?

다시 한국의 이야기로 돌아가자. 소위 '미신'이란 낙인이 찍힌 채 눌려오던 점술, 굿, 부적 등이 한국에서 양성화되고 활력을 얻게 되는 것은 불안한 현실 속에서 무언가 확실한 것을 붙잡고 싶어 하는 사람들의 심리 탓도 있을 것이다. 그러나 이런 것들이 "우리의 것"이란 논리적 뒷받침 또한 괄목할 만한 점이다.

한국 정부로부터 사단법인체로 허가를 받은 한국역술인협회의 공식 사이트는 그 설립 배경에 대해 이렇게 말하고 있다.

> 80년대 이후 경제성장에 따른 소득 향상으로 국민의 사회, 문화적 욕구는 급상승하는 반면 고도 산업사회의 공통적 병리 현상인 우리문화, 전통예술의 가치 하락을 막고 정신문화 활성화를 기하기 위하여 동양철학의 진수인 주역·역리·역술을 대표하는 단체가 필요함에 따라 한국 역술계를 통합 대표하여 본회를 정부에서 사단법인체로 허가 등록됨[55]

이 글에 나타나 있는 대로 "우리문화, 전통예술의 가치 하락을 막고 정신문화 활성화를 기한다."는 취지에서 도입된 것은 "동양철학의 진수"인 주역, 역리, 역술이다. 그렇다면, 동양철학에서 온 것은 우리문화와 전통예술과 같은 것이거나 최소한 통하는 것이란 말인데, 따지고 보면, 역술, 역리 등의 근원이 되는 주역, 음양오행, 십이간지 등은 한결같이 중국에서 유래된 것이다.

---

55) http://www.aokp.or.kr/main.html.

가령, 사람의 이름을 가지고 오행으로 풀어 운명을 점치는 성명학에 대해 자세히 관찰해 보자. 역술인들이 푸는 이름을 표기하는 글은 한결같이 한자이다. 한자는 우리글이 아니다. 세종대왕의 훈민정음에 분명히 "문자와로 서르 사맛디 아니하다."고 한 중국 글자에 담긴 주술적인 의미들을 고대 중국인들이 연구해낸 방법으로 푸는 게 우리문화이며 전통예술이라고 보는 것은 논리적으로 앞뒤가 맞지 않는다. 이런 것들이 마치 우리의 것인 양 느껴지는 유일한 이유가 있다면 역사적으로 까마득한 옛날 우리에게 전해졌고, 그래서 우리 민족에게 친숙한 것이 돼 버렸다는 점일 것이다. 이에 대해 강릉대 중문과 오종림 교수는 " ……이름 풀이는 한자의 신비성을 이용하였을 뿐, 학문이라 칭할만한 내용은 전혀 없는 것"이라고 평했다.[56] 같은 글에서 오 교수는 그나마 믿을만한 근거가 있는 것들로서 점성술과 명리학을 들고 있다. 그런데, 점성술이란 극동에서보다는 메소포타미아에서 더욱 발전해온 것이고, 명리학(命理學)이란 사람의 생년·월·일·시를 음양오행설을 도구로 풀어나가는 것으로, 중국에서 발전돼온 철학을 바탕으로 하는 것이다.

그러면 음양오행설은 전적으로 동양적인 것인가? 그 발상지가 동양이므로 동양적인 것이라고 말할 수 있을지 모르지만, 그 내용을 보면 세계성을 내포해야 말이 된다. 즉 음양오행의 원리는 "우주적인 원리"라는 게 그 근본 신념 중 하나라면, 이는 서양 사람들에게도 똑같이 적용되어야 하는, 세계성을 띠어야 마땅한 것이란 얘기가 된다.

또 어떤 이들은 기독교는 서양적인 것이라는 편견을 가지고 있다. 19세기 기독교가 한반도에 전래될 무렵, 한국의 일부 식자층들은 예수를 '서양

---

56) 월간 「에머지」 3월호 게재. http://emerge.joins.com/200003/200003_251
   2.asp.

귀신'이라 부르기도 했다. 그러나 역사를 자세히 살펴보면 그렇지 않다는 사실을 발견하게 된다. 어떤 의미에서 진정으로 서양적인 것은 그레코 로망 문명이라고 볼 수 있다. 그리스의 제우스 혹은 로마의 주피터 등 주신을 중심으로 한 다신론적인 문명의 잔재가 아직도 남아있어, 올림픽 때 성화를 '성산'인 올림퍼스 산에서 점화, 봉송하고, 지난 세기 우주 로켓들에 '제미니' '아폴로' 등 그리스 신의 이름을 붙이기도 했다. 그들에게도 기독교는 외래적인 것이었다. 다만 그 전래역사가 동양권보다 길 뿐이다.

설령 이런 것들이 우리의 것이라 치자. 그게 우리에게 의미 있는 것이 되기 위해서는 "우리의 것"이란 사실 보다는 우리에게 주는 유익을 생각해야 할 것이다. 초가지붕이 우리의 것이었지만 박정희 대통령은 "초가집도 없애고 마을길도 넓히고 ……." 노래를 부르며 농촌주택 개량사업을 전개했다. 우리의 것이지만 문제가 많았기 때문이다. 사주팔자, 작명, 손금, 관상, 성명학, 명리학, 점성술 ……. 이런 것들이 우리의 운명을 얼마나 정확하게 예견해 주고 있는가? 무당의 굿이나 부적이 과연 액운을 면케 해 주는가? 이런 것들이 예수 믿고 변화된 삶을 사는 가운데 하나님의 보호하심을 받는 것보다 더 우리에게 유익한 것들이 될 수가 없다는 것이 필자의 소견이다.

그러면, 기독교인들은 다 건전한가 하면 그렇지만은 않은 것 같다. 모든 것을 하나님께 맡기고 믿음으로 살아가기에는 너무나 불안한 것들이 많은 듯, 소위 "예언기도"를 통해 미래를 알고자 하는 샤만적인 신앙생활이 습관화된 기독인들이 많다. 또 이런 행위들이 무교 신봉자들에게 공격의 빌미를 제공하고 있다는 점이 안타깝다. 심지어 모 교회가 "당신의 운명을 상담해 드립니다."라는 현수막을 내걸었다는 말이 있다. 사실 확인은 할 길이 없다. 그러나 이런 것들을 빌미로 조성제 무속 칼럼니스트는 기복신앙적인 기독교와 무교가 다를 바가 없다는 주장을 2001년 11월 13일 〈인터넷과 무당〉

사이트에 게재했다.57)

물론 신학적으로 성령께서 지금도 개인의 미래를 알려주실 가능성을 부인할 필요는 없다. 그러나 그 가능성에 매달려 무언가 알아내려고 억지를 부리는 것은 잘못이다. 이는 홍성국 목사의 말대로 기독교의 예언의 개념을 무속화하는 것이다.58)

진리가 전파되기 전, 참 하나님을 알지 못한 데서 비롯되는 불안감과 두려움에서 벗어나 보려던 사람들은 점성술, 역술, 굿, 부적 등 다양한 방법을 통해 미래를 예측하거나 운명을 고치려고 시도해왔다. 알지 못하던 시대였으므로 하나님이 허물치 않으셨다. 그러나 이제는 진리가 전파되었고, 축복의 하나님이 우리의 장래를 다 책임지시고 있는데, 내일 일을 굳이 알아내야만 하겠는가? 쉬쉬하면서, 절대 그런 일이 없었으며 자신은 기독교인 천주교인 혹은 불교인이라고 주장하면서, 뒤로는 용하다는 점쟁이를 찾아다니면 국민들의 표를 더 얻어 당선이 되는가?

우리를 사랑하시는 주님은 우리의 모든 앞날을 책임지신다. 공연히 내일 일을 알아보려고 애쓸 필요가 없다. 장래 길흉사를 모두 하나님께 맡기고, 가다가 힘겨우면 주님께 아뢰고, 축복의 약속을 믿고 세상의 빛이 되려고 힘쓰는 것이 바른 삶이 아닌가?

---

57) "한국의 기독교는 무속의 변형종교다-2," http://www.shaman　.co.kr/trident/25.html.

58) 「교회와 신앙」 2000년 10월 호 게재. http://bbs.kcm.cc.kr/ NetBBS/Bbs.dll/chnfth/qry/zka/B2-kBI7l/.

노병은 죽지 않는다. 다시 나타날 것이다.

- 열왕기하 2:1~14 -

미국 캔자스의 삼촌 집에 얹혀사는 고아 도로시. 유일한 말상대는 강아지 토토 뿐이었던 그녀는 어느 날 회리바람에 휩쓸려 환상의 세계로 날아간다. 노란 길을 따라 오즈의 마법사가 사는 에메랄드 성을 찾아가는 길에 머리 없는 허수아비, 마음 없는 양철 나무꾼, 그리고 용기 없는 겁쟁이 사자를 만나 함께 모험의 길을 계속한다. 각자의 소원을 풀어달라고 부탁하기 위해서다. 우여곡절 끝에 만난 마법사는 사실상 마법사가 아님이 드러나고, 고향을 향하던 도로시는 긴 꿈에서 깨어난다. 회리바람에 날아갔다가 떨어진 그녀를 가족들이 간호하고 있었다. 프랑크 바움의 1900년 작품을 미국식으로 각색해 뮤지컬로 무대에 올린 이후 무려 40여 편의 아류 작품이 나올 정도로 인기를 끌었던 「오즈의 마법사」(The Wizard of Oz) 이야기이다.

사람이 회리바람에 휩쓸려 날아간 이야기가 또 하나 있다. 역사적 사실이라고 믿고 싶은 엘리야의 승천기이다. 도로시는 환상의 세계를 여행하다가 다시 현실세계로 돌아왔지만, 엘리야에게는 하늘가는 길이었다. 황당무계한 이야기처럼 들린다. 지금으로부터 근 3천 년 전 사람들은 비과학적이었고 단순했기 때문에 역사적 사실로 믿고 기록에 남긴 것이 아니다. 그들도 사실로 믿기 어려웠기 때문에 이 광경을 지켜본 것으로 알려진 약 오십 명의 수색대가 산속 어딘가에 내동댕이쳐져 있을지도 모르는 그의 시신을 찾아 나섰던 것이다.(열왕기하 2:16~18) 수색대의 실패로 엘리야의 승천은 역사적 사실로 확인된 셈이다.

역사성은 그렇다 치고, 이 장면을 연상하면서 필자의 뇌리에 떠오르는 역사적으로 유명한 말이 하나 있다. 그것은 한국전쟁 시 다 이긴 전쟁이 중공군의 개입으로 다시 혼전 양상으로 바뀔 때, 만주에서의 군사작전 수행권을 달라고 주장하다가 트루먼 대통령으로부터 사령관 직을 박탈당한 더글러스 맥아더 장군이 1951년 4월 19일 미 의회에서 행한 퇴임 연설에서 남긴 말이다.

노병은 죽지 않습니다. 다만 사라질 뿐입니다.[59]

그런데, 맥아더 장군의 말은 상징적 혹은 정신적인 의미에서만 수긍이 가능하다. 반면 여호와로부터 퇴역 명령을 받은 털보 특전사 엘리야는 문자 그대로 죽지 않고 사라졌다. 맥아더 장군처럼 할 일 다 못하고 사라진 것이 아니다. 온데간데없이 사라진 것도 아니다. 자신의 임무를 완수하고 영광스런 하늘로 진입한 것이다. 게다가 사라진 것으로 끝난 것이 아니다. 다시 나타날 것이라는 것이 구약 성경의 예언이었다.

엘리야는 죽지 않았다. 다시 나타날 것이다.

---

59) "Old soldiers never die; they just fade away." 본서와 직접적인 연관은 없지만, 호기심이 많은 독자들을 위해 연설문 전문이 담긴 사이트들 중 몇 군데를 소개하자면 다음 것들이 있다:
   http://www.ne.jp/asahi/masa/private/history/ww2/text/macarthur2.html;
   http://www.pbs.org/wgbh/amex/macarthur/filmmore/reference/primary/macs peech05.html;
   http://www.geocities.com/cabvoltaire.geo/MacArthur.html.

포로기 이후 시대는 남쪽 나라 유다의 후손들이 신앙사상을 주도해 갔다. 그럼에도 불구하고 사무엘, 나단, 이사야, 예레미야, 에스겔 등등 수많은 통일왕국 혹은 유다 계 선지자들을 다 놔두고 북쪽 나라 이스라엘 출신이었던 엘리야가 선지자의 표상으로, 나아가서는 마지막 때에 메시야의 시대를 예비할 종말론적 인물로 부각되었다는 점은 사상적 아이러니 같기도 하다. 열왕기에 나타난 그의 특출한 모습 때문이었을 것 같은데. 설마 메시야의 표상은 유다 지파의 다윗이었던 만큼, 선지자의 표상은 지역 안배 차원에서 북쪽에서 골랐던 것은 아니었겠지. 하나님의 오묘하고 깊은 경륜을 누가 다 헤아릴 수 있으랴.

어쨌거나 그의 모습은 유별났다. 이스라엘이 가장 혼란스럽고 패역했던 시절, 당시로선 천하무적이었던 악의 세력인 아합 왕가를 대항해 홀로 싸웠던 용감성과, 불과 비를 좌지우지했던 기도의 능력, 그리고 죽음을 맛보지 않고 회리바람을 타고 하늘로 올라간, 그야말로 전무후무한 선지자 특전사의 모습이었다.

뿐만 아니라 그는 그렇게 사라짐으로써 끝난 것이 아니다. 우선 가까이는 그의 영감이 대머리 엘리사에게 머물러 하나님 나라를 위한 투쟁을 계속 이어나가게 했다. 그리고 예수님 당시에는 변화 산에서 예수께 알현하고 십자가를 지시고 구속을 이루실 일에 관한 자문 역할을 수행하기도 했다.(누가복음 9:28~31) 그러나 무엇보다 중요한 것은 그가 구속역사상 선지자의 대표 격이 되었고, 수백 년 후 선지자 말라기를 통해 메시아의 길을 예비할 선구자로 그려졌다는 점이다.

그렇다면, 그가 선구자로 다시 나타나 수행할 사명이 무엇인가 살펴보자. 우선 말라기 4:5~6은 다음과 같이 기록하고 있다.

보라, 여호와의 크고 두려운 날이 이르기 전에 내가 선지 엘리야를 너희에게 보내리니, 그가 아비의 마음을 자녀에게로 돌이키게 하고, 자녀들의 마음을 그들의 아비에게로 돌이키게 하리라. 돌이키지 아니하면 두렵건대 내가 와서 저주로 그 땅을 칠까 하노라.

여기 나타나는 '돌이키게' 한다는 말에 유의하기 바란다. 신구약 중간기의 유대인들이 이 말씀에 많은 관심을 쏟았다는 사실은 당시 문헌들에 나타나는 엘리야의 모습들에서 밝히 드러난다.

가령 우리말 공동번역 성경의 외경 중 '집회서'라고 명명된 '시락의 지혜서'(Siracides) 48장은 엘리야와 엘리사의 이야기를 잘 요약하고 있다. 그 중 10절은 공동번역에 다음과 같이 번역되었다.

당신(엘리야)이 심판 날에 와서 하느님의 분노가 터지기 전에 그 분노의 불을 끄고 아비들의 마음을 자식에게로 돌리며 야곱의 지파들을 재건하리라고 기록되어 있습니다.

또 일곱 환상이 나오는 유대 묵시문학 중 하나인 '에스드라 하', '에스드라 4서' 혹은 '에스드라의 묵시'라고 불리는 책의 6:26은 다음과 같이 기록했다.

그리고 그들은 올리우심을 받은 자들을 볼 것인데, 그들은 날 때부터 죽음을 맛보지 않은 자들이라. (그때에) 땅위의 거민들의 심령이 변화를 받고 다른 영으로 돌이키리라.[60]

여기 인용된 구절들을 가만히 보면, 엘리야가 다시 와서 할 일은 심령을 새롭게 함으로써 메시야의 심판 날 구원을 얻게 하는 일이었다. 상기 인용구 중에 나타나는 공통적인 표현 중 하나가 '돌이킨다'는 것인데, 이 말은

---

60) RSV 에서 필자 번역. RSV 번역은 다음과 같다: "And they shall see the men who were taken up, who from their birth have not tasted death; and the heart of the earth's inhabitants shall be changed and converted to a different spirit." 여기서 종말론적 인물이 복수형, 즉 "올리우심을 받은 자들"로 표현된 것은 또 다른 종말론적 인물인 에녹을 포함시켰기 때문인 것으로 사료된다.

갈멜 산에서 엘리야가 여호와께 드린 기도 중, "주는 저희의 마음으로 돌이키게 하시는 것을 알게 하옵소서."(열왕기상 18:37)라는 구절을 생각나게 하는 표현이다. 그런데 "여호와께로 마음을 돌이킨다."고 기록하지 않고, "아비와 자식의 마음을 서로에게로 돌이킨다."고 기록한 뜻은 무엇일까? 온 백성이 한 마음이 되어 여호와께로 돌이키기 위해서는 당연히 먼저 백성들의 마음이 하나 되어야 하지 않겠는가?

이 질문을 염두에 두고 앞서 다루었던 다음 구절을 다시 한 번 가만히 음미해 보라.

> 엘리야가 모든 백성을 향하여 이르되, "내게로 가까이 오라." 백성이 다 저에게 가까이 오매, 저가 무너진 여호와의 단을 수축하되, 야곱의 아들들의 지파의 수효를 따라 열두 돌을 취하니, 이 야곱은 여호와께서 옛적에 저에게 임하여 이르시기를, "네 이름을 이스라엘이라 하리라." 하신 자더라. (열왕기상 18:30~31)

이 구절에서 특히 '야곱'과 '이스라엘'이란 두 이름의 함축미가 우리에게 많은 뜻을 전달해 주고 있는 것이다. 즉 자연인인 야곱의 자손들이 하나가 되어 하나님의 백성으로 거듭나는 놀라운 변화를 연상케 하는 표현이다. 갈멜 산에서의 바로 이 순간만은 하나가 된 '이스라엘'이 여호와께로 나아갔던 순간이요, '이스라엘'을 향하신 여호와의 변치 않는 인자와 사랑이 제물을 불로 살라 열납하심으로 재확인되는 감격의 순간이었다.

그러나 그 후에도 하나님의 백성들은 자꾸만 잘못된 길로 갔고, 변치 않았어야 할 언약이 파기되었고, 결국은 하나님의 진노를 받아 그들은 영원히 이어받았어야 할 약속의 땅에서 쫓겨나게 되었다. 그럼에도 불구하고 그들을 끝까지 사랑하신 여호와께서는 하나님의 백성의 마음을 다시 돌이키시려고 메시야에 앞서 엘리야를 다시 보내신다는 약속의 말씀을 주셨다. 그리고 이 약속의 말씀을 믿고 고통 중에서 위로를 기다리던 이스라엘에게 보내심을 받고 온 사람이 있었다. 그가 누구인가? 예수께서는 세례 요한이 바로 엘리야라고 하셨다.(마태복음 11:14)

마음속의 고속도로

필자는 청년기의 대부분을 군사정권 하에서 지냈다. 막강한 권력을 휘두르던 당시 대통령이 어느 도시 방문할 때면 도로들이 재 포장된다. 패인 곳은 돋우어지고 솟아오른 곳은 깎이고 그 위에 새 아스팔트가 덮이고 롤러로 깨끗하게 다듬어진다. 없었던 가로수가 줄지어 심기우고 시들어가던 가로수는 영양제라도 맞고 파릇파릇 되살아난다. 그리고 그가 방문할 건물 입구에는 새 카펫이 깔린다. 시민정치 시대의 대통령이 방문할 때는 어떨는지 모르지만, 당시는 이 같은 준비가 당연한 것이었다.

한국의 대통령보다 더 높으신 메시야가 오셨을 때도 엘리야의 화신인 요한이 그의 오실 길을 예비하였다. 누가복음 3:4~5에서 누가가 이사야에서 인용한 다음 말씀을 보자,

> 광야에 외치는 자의 소리가 있어 가로되, "너희는 주의 길을 예비하라. 그의 첩경을 평탄케 하라. 모든 골짜기가 메워지고, 모든 산과 작은 산이 낮아지고 굽은 것이 곧아지고, 험한 길이 평탄하여 질 것이요,(이사야 40:3~5) 모든 육체가 하나님의 구원하심을 보리라."(이사야 52:10)

문자적으로는 지리적인 고속도로 공사와 어찌 그리도 흡사한지. 그러나 그 길은 눈에 보이는 고속도로가 아니었다. 비행기 트랩에서 공항 청사까지 연결되고 고위 인사들이 정장을 하고 양쪽으로 도열한 붉은 카펫 길도 아니었다. 그렇다면 그 길은 어떤 길이었는가?

그 길은 사람의 눈에 보이지 않는, 사람들의 마음속에 건설된 도로였다. 절망과 한숨의 골짜기가 메워지고 교만의 산봉우리가 깎이고 은혜의 아스팔트로 매끈하게 마무리된, 가난한 마음을 가진 사람들 속에 건설된 고속도

로였다. 현대적인 장비로 이루어진 길이 아니라, "회개의 세례"(누가복음 3:3)를 통한 심령 변화로 이루어진 길이었다.

이와 관련해 필자의 뇌리에 하나의 의문이 떠오른다. 예수께서 처음 이 땅에 오실 때에도 엘리야를 먼저 보내셔서 그 길을 예비하셨다면, 그가 심판주로 다시 오실 때에도 제삼의 엘리야가 나타나겠는가 하는 것이다. 물론 성경에는 그와 같은 예언은 없다. 그러나 실천적인 관점에서 생각해 보자. 베들레헴의 마구간을 거쳐 갈릴리로 찾아오신 낮아지신 주님도 그렇게 맞이하였다면, 가장 영광스런 모습으로 모든 인류가 다 바라보는 가운데 오실 재림주를 위한 준비가 없어서야 되겠는가?

다시 오실 주님을 기다리는 우리는 요한의 말대로 자신을 깨끗케 해야 할 것이다.(요한일서 3:3) 어떤 의미에서 우리는 이미 깨끗해 졌다. 마치 야곱이 모든 식솔을 이끌고 벧엘의 하나님을 만나러 가기 위해 제일 먼저 우상을 다 버리고 자신들을 정결케 하도록 했던 것처럼,(창세기 35:2) 이집트를 탈출한 이스라엘의 장로들이 시내 산에서 여호와 앞에서 성찬을 나누기 전에 모세가 피로써 그들을 정결케 했던 것처럼,(출애굽기 24:1~8) 타작마당을 정결케 하시는 불같은 성령으로 우리는 이미 정결케 되어 주님과 동행하는 삶을 살고 있다. 그러나 다른 한편으론 스스로를 깨끗케 하는 일이 계속되어야 한다. 교회와 성도들은 스스로를 정결케 해야 할 것이며, 또한 세상을 깨끗하게 하도록 힘써야 한다. 이 일은 엘리사가 엘리야의 뒤를 이어 계속했고, 21세기를 사는 우리에게까지 그 임무는 계속 전달되어 온 것이다. 이를 위해 우리는 헷갈리는 세상의 잘못된 사조와 싸우며, 악의 세력과 싸우고, 한없이 주를 떠나려고 하는 연약한 자신과 싸우는 투쟁의 삶을 계속해 나아가야 한다.

당신을 떠나지 아니하리이다

이 땅 위에서의 신앙투쟁은 이 땅에 남아있을 사람들의 몫이다. 모세가 떠난 후 여호수아가 그 뒤를 이었고, "전쟁의 사람" 다윗이 떠난 후는 "평화의 사람" 솔로몬이 그 뒤를 이었으며, 털보 엘리야가 떠난 후는 대머리 엘리사가 그의 투쟁을 이어갔다.

그런데, 떠나려는 엘리야를 뒤따르는 엘리사와 선지자의 생도들 간의 대화가 흥미롭다. 반복되는 대화를 한번 뜯어보자.

엘리야: 청컨대 너는 여기 머물라 여호와께서 나를 벧엘(여리고/요단)로 보내시느니라.(세 차례. 지명만 바뀜)

엘리사: 여호와의 사심과 당신의 혼의 삶을 가리켜 맹세하노니 내가 당신을 떠나지 아니하겠나이다.(세 차례)

생도들: 여호와께서 오늘날 당신의 선생을 당신의 머리 위로 취하실 줄을 아나이까.(두 차례)

엘리사: 나도 아노니 너희는 잠잠하라.(두 차례)

우선, 생도들의 말을 가만히 뜯어보자. 이건 마치 엘리야를 소위 물 병장 정도로 여기는 듯하다는 인상을 받는다. 물 병장이란 무엇인지 군대 갔다 오신 분들은 다 알 것이다. 신병 훈련 6개월에 작대기 두 개 붙이고 첫 휴가를 가면, 가족이 반기고, 동네가 반기고, 훈련소 행 열차를 향해 울면서 손수건을 흔들던 금순이가 반겨준다. 그러나 제대를 코앞에 둔 병장은 "병장님은 가만히 계십시오."라는 말을 듣는 신세가 되고, 휴가 얻어 집에 오면 반기기는커녕 제대 후 취직 걱정에 한숨쉬는 부모님 때문에 엉덩이 붙이는 곳마다 가시방석이며, 어떤 금순이는 고무신을 거꾸로 신은 지가 오래다. 이게 바로 물 병장이란 거다. 제대 신고식을 치르고 떠나려는 엘리야에게 무얼 얻겠다고 저렇게 따라붙지?

자, 이번에는 엘리사의 말. 엘리야가 정말 엘리사를 떼놓으려고 한 것인지, 아니면 엘리사의 집념을 시험하기 위해 짐짓 그랬는지, 본문은 딱 부러지는 답을 주지는 않는다. 그러나 하나님의 신의 권능이 결국 엘리사에게 주어질 것이었다면, 그의 집념을 시험하려는 게 아니었을까 싶다. 어쨌거나 엘리사의 집념은 이 스토리를 통해 강조되고 있다. 여호와의 특전사의 길을 이어가기 위해서는 "엘리야의 영감"이 그에게 절실히 필요하다고 생각했기 때문에 끝까지 따라갔을 것이다. 마치 시어머니 나오미의 섬기는 여호와가 참 신임을 알았던 룻이 참신앙의 길을 가기 위해 시어머니를 끝까지 따라갔던 것처럼. 그 결과 그는 "갑절의 영감"을 받았다. "어려운 것"을 구한다며 마지못해 주는 것처럼 하면서 엘리야는 그의 겉옷을 던져주었다.

하나님의 용병술은 오묘막측하다. 어떤 사람은 전혀 뜻밖에 부르심을 받아 쓰이기도 한다. 포도주 틀 속에 숨어 타작하던 기드온이 그랬다. 어떤 사람은 아예 태어나기 전부터 하나님의 사람으로 구별되기도 한다. 사사 시대의 람보 삼손이나 엘리야의 화신이었던 세례 요한이 그랬다. 어떤 사람은 하나님의 부르심과 능력에 대한 강한 집념을 가지고 기도하면서 힘쓰는 가운데 부르심을 받기도 한다. "영국을 내게 달라."고 기도했다는 종교개혁가 존 낙스나 지구본을 안고 기도했다고 전해지는 빌리 그래험 목사 등이 그랬다.

그러면 21세기의 신앙투쟁은 누구에게 맡기실까?

이 거창한 질문과 관련해 현 국내외 한인교회들의 자화상을 한번 들여다보자. 국내외 대형 한인교회들 중 다수가 소위 세습이란 문제로 아직까지도 골치를 앓고 있다. 평생을 몸 바쳐 교회를 섬겨온 일부 원로들이 은퇴하면서 기어코 아들 혹은 사위 목사를 후임으로 세우겠다는 집념을 보였던 것이다. 말도 많고 탈도 많았다. "아들이던 사위던 그릇이 되었으면 뭐가 문제냐?" 라는 찬성론자들과 "교회가 무슨 자기 사유기업이라고 세습이냐?" 라는 반대론자들의 논쟁이 계속되는 가운데 몇몇 교회는 기어코 세습을 이루었고, 몇몇 교회는 눈치 때문에 주저하고 있으며, 몇몇 교회는 결국 포기하고 만 것 같다.

사실 미국에서는 담임 자리를 물려받은 역사가 허다했고, 그 자체가 큰 문제가 되지는 않았던 것 같다. 대각성운동의 불씨가 됐던 조나단 에드워드 목사도 그의 할아버지가 담임하던 교회의 후임으로 취임해, 바로 그 교회를 근거로 대각성운동의 불길을 번지게 한 것이다. 최근 빌리 그래험 목사의 빌리 그래험 전도단은 그의 아들 프랭클린 그래험 목사를 후임자로 세웠다. 미국 교계가 이 때문에 시끄러운 것 같지는 않다. 그런데 왜 유독 국내외 한인교회에서는 반대가 심한가?

그것은 전임자와 후임자 사이에 물려주고 물려받는 것이 무엇인가가 중요한 관건인 것 같다. 아버지가 지고 갔던 십자가를 물려받아 그 길을 이어가는 것인가? 아니면, 대형교회 담임으로서의 유명세와 재정적인 풍성함, 잔뜩 벌여놓은 선교사업을 빙자한 잦은 외국여행 기회, 이런 것들인가? 아니면, 지난 세기 초 한민족과 함께 고난의 길을 자청했던 신앙 선배들의 발자취를 이어가는 것인가? 앞으로 엮어나갈 대머리 엘리사의 이야기가 독자들의 마음속에 떠오를 법한 수많은 질문들과 함께 바르 이 질문들에 대해서도 하나의 길잡이가 되어 주기를 바란다.

환영받은 선지자, 배척받은 대머리

- 열왕기하 2:12~25 -

엘리야의 영감이 엘리사에게

파란 타이츠 위에 빨간 팬티, 그리고 파란 망토. 슈퍼맨이 이 복장을 하지 않고 등장해도 위력을 발휘할 수 있을지? 시커먼 원피스에 박쥐 마크 벨트와 시커먼 가면, 그리고 시커먼 망토. 배트맨이 이 복장을 하지 않고 나타나도 위력을 발휘할 수 있을지? 유니폼을 입지 않아도 위력을 발휘할 수 있지만 신분이 들통날까봐 피하는 것은 아닐지? 알 수도 없거니와 알리고 할 필요도 없다. 그냥 그 유니폼을 입은 늠름한 모습으로 나타나 악당들을 멋지게 쳐부수는 장면을 보면서 즐기면 되는 거다.

토네이도를 타고 가는 엘리야에게서 떨어지는 겉옷을 엘리사가 집어 들었다. 그것을 말아들고, "엘리야의 하나님 여호와는 어디 계시나이까?" 외치며 요단 강물을 쳤다.(열왕기하 2:13~14) 엘리야가 건너편에서 했던 것처럼. 물이 갈라졌고, 그는 무사히 강을 건너 돌아올 수 있었다. 이론적으로야 엘리야가 요단을 건널 때 물을 가른 마법(?)의 망토를 쓰지 않았더라도 엘리사는 돌아올 수 있었겠지만, 그래도 무언가 흔들어서 물이 갈라지는 장면이란 관객들의 속을 후련하게 해 주는 장면이었을 것이다. 어쨌거나 여기서 중요한 것은 겉옷이 지닌 어떤 마법이 아니라, 엘리야의 하나님 여호와가 이제부터 엘리사와 함께하신다는 점을 증거해 주는 상징성이다. "엘리야의 하나님 여호와는 어디 계시나이까?" 이에 대한 답은 사실상 "너와 함께 있느니라."였을 것이다. "엘리야의 영감이 엘리사의 위에 머물렀다."(15절)는 선지자의 생도들의 말은 결국 같은 뜻이다. 즉 엘리사는 엘리야의 역할을 그대로 이어받았고, 따라서 그의 업무 수행에 필요한, 엘리야에게 함께하셨던 하나님의 권능이 그대로 그에게 전달되었다는 뜻이다.

엘리사가 엘리야의 후계자로서 세워졌다는 사실은 그가 요단을 건너 엘리야의 마지막 족적을 그대로 되돌아오는 과정에서 다시 한번 확인된다. 벧엘에서 여리고로, 여리고에서 요단으로 엘리야를 따라갔던 그는 요단에서 여리고로, 여리고에서 벧엘로 가면서 기적을 일으킨다. 그런데 그는 여리고에서는 환영을 받고 벧엘에서는 놀림감이 되었다.

여기서 우선 언급해 두고 싶은 한 가지는 여리고와 벧엘의 대조에서 예수님의 시대의 모습이 그림자처럼 비친다는 점이다. 예수님이 광야에서 시험을 이기시고 귀환하시면서 가버나움에서는 권능을 베푸셨지만 고향에서는 아니 하셨다. 환영을 받지 못하셨기 때문이다.(누가복음 4:23~28) 우리를 위해 오신 주님을 환영하는 나라, 도시, 개인은 풍성한 은혜를 받겠지만, 그를 환영하지 않는 나라, 도시, 개인은 결국 망한다는 사실이다. 유다가 결국 그렇게 망했고, 한국 교회를 핍박했던 일본이 그렇게 망했다.

오늘날 미국 내 뜻있는 교계 지도자들은 미국이 사회 각 분야에서 종교를 배제해 가고 있는 데 대해 깊은 우려를 나타나고 있다. 현재 미국은 진보주의자들이 "정교분리"를 뜻한다는 해석을 갖다 붙이기 좋아하는 헌법 제1수정조항을 빙자하여 하나님을 교회 안에만 가두어 놓으려는 움직임이 지난 세기 포스트모더니즘 시대로 전환하면서부터 본격화되어 날이 갈수록 심화되어가고 있다. 이를 적극적으로 추진하고 있는 운동가들은 법정에서 위헌 판결을 받아내는 형식을 취해왔다. 공립학교에서 학생들의 대표기도가 중단되고, 법정에서 십계명을 적어놓은 액자나 비석들이 철거되고, "국기에 대한 맹세"에서 "하나님 아래"(under God)가 삭제되기 시작했으며, 달러화에서 "우리는 하나님을 믿는다."(In God We Trust)라는 문구를 빼야 한다는 주장이 힘을 얻어가고 있다. 이와 비례하여 미국의 도덕적 타락은 가속도를 붙여가고 있으며, 이를 안타까워하는 기독교계 지도자들은 처음 개척자들의 신앙생활로 돌아가 주님을 진정으로 환영하는 모습을 되찾자고 호소하고 있다. 국가적으로는 교회 안에서만 아니라 정부기관, 기업체, 공공단체, 군대, 학교, 공회당 할 것 없이 어디서나 주님이 환영받으시도록 하자는 것이다. 개인적으로는 주일 뿐 아니라 가정, 직장 등 삶의 모든 분야에 주님을 환영해 모셔 들이자는 것이다. 유다처럼 망하지 않으려면 그리해야만 할 것이다.

선지자여 도우소서

여리고에서 엘리사는 "선지자의 생도들" 혹은 "선지자의 아들들"로부터 환영을 받는다. 그리고 쓴 물 때문에 토산이 제대로 익기 전에 떨어져버리곤 했으나, 엘리사가 소금을 뿌리자 물의 성질이 달라졌다.(19~22절)

엘리사가 여리고에서 행한 이 첫 번째 기적은 여호와의 능력을 나타내었다는 단순한 의미를 넘어 구원 역사상 더욱 중대한 의미를 가진다. 그리고 그 중대한 의미는 엘리야에게서 물려받은 외투로 요단강을 갈랐던 기적과 6장에 나오는 물에 빠뜨린 도끼를 찾아내는 기적에서도 마찬가지로 발견된다.61) 그것은 이 기적사건들에서 공통적으로 발견되는 '물'의 상징과 관련

---

61) 이 부분은 총신대신대원 구약학 교수 김정우 박사에게서 영감을 얻은 것임을 밝혀둔다. 김 박사는 「헤르메네이아 투데이」 23호 (2003)에 게재한 "구원자 엘리사의 전쟁과

된 것이다.

성경을 어느 정도 읽으신 독자라면 성경 속에서 물이 상징하는 여러 가지 것들을 기억하실 것이다. 가령 특히 요한복음 등에서 물은 마지막 날 성도들이 받을 성령을 상징하는 경우가 많다. 또 구약의 결례와 신약의 세례 등과 관련된 물은 '죄 씻음,' '회개,' 혹은 의식적으로 '정결케 함' 등을 상징한다는 점도 웬만큼 성경을 읽으신 분들에게는 잘 알려져 있다. 또 시편 23편 같은 데를 읽으실 때면 "쉴만한 물가" 등의 문구에서 우리 영혼의 갈급함을 채워주시는 하나님의 은혜를 쉽게 연상하게 된다. 그런데 어지간한 성경 상식으로는 얼른 머리에 떠올리기 어려운 것 하나가 더 있다. 관련 성구가 그다지 많지는 않지만, 물이 더러는 하나님을 대적하는 악의 세력 혹은 성도들의 신앙의 길을 거스르는 방해물을 상징한다는 점이다. 구약의 시편에서 두 구절만 예를 들어보자.

> 여호와의 소리가 물 위에 있도다. 영광의 하나님이 뇌성을 발하시니, 여호와는 많은 물 위에 계시도다.(29:3)
>
> 주께서 주의 능력으로 바다를 나누시고 물 가운데 용들의 머리를 깨뜨리셨으며,(74:13)

여기서 시편 29:3[62]의 '물'과 '많은 물'이나, 시편 74:13[63]의 '바다'와 "물

평화 사역"이란 글에서 물속에서 도끼를 건져내는 기적사건에서 이 주제를 발견한다. 필자는 좀더 나아가서 같은 주제를 물과 관련된 다른 몇 가지 기적사건에서도 볼 수 있다고 믿는다.

62) Peter C. Craigie, *Psalms 1-50*, WBC 19 (Waco, TX: Word Books, 1983) 247. 다음 각주도 참조.

63) Marvin E. Tate, *Psalms 51-100*, WBC 20 (Waco, TX: Word Books, 1990) 251~2. 테이트가 이 시편이 고대 중동지방의 신화 및 전설들 중 필자가 앞서 언급했던 바알과 얌의 투쟁 및 마르둑과 티아맛의 투쟁 등과 유사점이 있다고 밝히고 있는 점은 충분한 의의가 있다. 그러나 필자는 이 시편에서 엘 신의 전통과 바알의 전통이 혼합

가운데 용들" 등의 표현들은 여호와께서 정복하시는 대상이 되는 악한 세력을 의미한다고 보아야만 뜻이 통한다. 필자의 소견으로는 앞서 열거한 엘리사의 기적들과 관련된 물들도 같은 맥락에서 여호와께서 충성스런 용사 엘리사를 통해 정복해 나아가실 악의 세력을 상징한다고 볼 수 있다. 그러므로 엘리사의 사역 중 처음으로 선보인 이 기적은 단순한 하나의 기적사건으로 끝난 것이 아니라 여호와께서 모든 원수들을 그 발아래 무릎 꿇게 하실 때까지 계속될 여호와의 정복전의 서곡이란 의미가 있을 수 있다는 것이다.

그런데, 이 기적사건을 시작으로 계속되는 기적들을 보면, 털보 엘리야의 시대와는 무언가 다른 점을 느낀다. 요즘 같이 면허증이나 자격증 같은 것을 발행하지 않던 시절, 기적을 일으키는 권능이란 선지자의 자격증명 같은 의미도 있었지만,(신명기 18:22) 무언가 그 이상의 것을 느끼게 한다. 즉 "갑절의 영감"을 받은 엘리사가 행한 기적들은 엘리야 시대의 기적들보다 양으로나 질로나 훨씬 더 풍성해졌으며, 게다가 신약 시대 예수님이 행하셨던 기적들의 예고편을 보는 듯하지 않는가?

예를 들어보자. 아람 장군 나아만의 문둥병을 고친 사건(열왕기하 5장)은 사마리아인을 포함한 열 명의 문둥병을 고쳐주신 예수님을 생각나게 한다.(누가복음 5장) 수넴의 한 귀부인의 아들을 살린 사건(열왕기하 4장)은

되어 있다고 보는 그의 견해에는 동의하지 않는다. 필자의 견해로는 여호와께서 그 시대의 사람들에게 복음을 효과적으로 전달하시기 위해 당시 사람들이 익숙히 알고 있는 신화나 전설들을 충분히 활용하셨을 뿐이다. 이와 관련해 필자는 바로 앞 각주의 크레이기의 이 말을 좋아한다. "시편 기자는 바알이 전쟁 승리를 통해 날씨를 좌우할 수 있는 실제적인 능력을 얻었을 가능성은 배제하며, 다만 폭풍의 언어를 개조하여 하나님의 영광에 관한 묘사에 포함시킨 것이다."(But the psalmist, who rejects the possibility of any real power of Baal over weather of the outcome of battle, adapts the language of storm and integrates it with his description of God's glory.) (Ibid.)

예수께서 나인 성 과부의 아들을 살린 사건(누가복음 7장)을 생각나게 하며, 바알살리사 사람이 가져온 적은 식물로 1백 명을 먹인 사건(열왕기하 4:42~44)은 예수님의 5병2어의 기적(누가복음 9장)의 축소판을 보는 듯하다. 또, 이건 기적사건은 아니지만, 머지않은 장래에 이스라엘을 칠 아람의 하사엘을 처음 만났을 때 그를 쏘아보다가 흘린 눈물(열왕기하 8:11~12)은 예루살렘 성을 바라보시며 우시던 예수님의 눈물(누가복음 19:41)과 너무 닮았다.

이와 관련해 웨스트민스터신학교 구약학 교수였던 고 레이먼드 딜라드 박사는 그의 사후 출판된 저서를 통해 엘리야와 엘리사와의 관계는 세례요한과 예수와의 관계와 흡사한 점이 많으며, 특히 마태복음은 그 유사성을 가장 잘 지적하고 있다고 설명한다.64) 다시 말해서 엘리야와 함께하시던 여호와의 신이 엘리사와 함께하심으로 세상이 달라지는 모습은 엘리야의 화신이었던 세례 요한으로 마감되는 구약 시대에서 예수님이 여시는 신약 시대로 세상이 달라지는 모습을 미리 보여주는 것 같다는 것이다. 공감이 간다. 선지자의 활동이 근본적으로 달라진 것은 아니지만, 엘리야의 시대에서 엘리사의 시대로의 변화를 자세히 들여다보면, 비교적 평화로웠던 시대에서 전쟁이 계속되는 시대로, 이스라엘이 맹주 노릇을 하던 시대에서 아람 즉 시리아에게 압도당하던 시대로, 그러나 이런 와중에서 하나님의 구원의 손길을 체험하는 가운데, 엘리사와 그를 따르는 사람들에게는 신약 시대를 연상케 하는, 풍성한 은혜가 넘치는 시대로 옮겨간 것이 눈에 보인다.

대머리야 올라가라

---

64) Raymond B. Dillard & Tremper Longman III, *An Introduction to the Old Testament* (Grand Rapids: Zondervan, 1994) 166~7.

원자력발전소의 안전관인 호머 심슨은 대머리이다. 일과 종료를 알리는 벨이 울리기가 무섭게 아무렇게나 던져버린 핵폐기물 한 덩어리가 그의 등 뒤로 떨어진다. 운전 중 등에 손을 넣어 끄집어내 길바닥에 내팽개치고 집에 도착해 주차하자마자 튀어드는 아들 바트의 스킷보드에 깜짝 놀라고, 쇼핑 갔다 막 돌아오는 아내 마지의 차를 피해 집안으로 달아나며 괴성을 지르는 모습이 우스꽝스럽다. 순식간에 식구들이 TV 앞 소파에 앉으면 그날의 〈심슨 가족〉(The Simpsons) 에피소드가 시작된다. 대부분의 에피소드들은 그 내용이 "대머리 아빠 놀림감 만들기"이다. 그는 어리숭하고 엉뚱한 구석이 너무 많아 하는 일마다 말썽이 생기지만, 그의 착한 심성과 가족들의 사랑으로 문제가 기발한 방향으로 해결되고 결국 해피 엔딩으로 끝난다.

폭스 사의 만화 〈심슨 가족〉은 미국에서 인기가 대단하다. 그러나 필자는 스토리 전개방식에서 나타나는 잔인성과 지나친 비상식성이 싫고, 천편일률적인 아버지 바보 만들기가 맘에 들지 않는다. 전통적 사고방식으론 한 가족의 우두머리이며, 최소한 대표 격은 되는 사람을 놀림감을 만듦으로써 쾌감을 느끼는 게 현대인의 비뚤어진 심리인가 싶다. 그렇지만 그가 대머리이기 때문에 놀림감이 되는 에피소드는 거의 없고, 아버지 바보 만들기에 열을 올리면서도 착한 마음씨와 가족 간의 우애를 그 바탕에 깔고 있어 보는 이로 하여금 흐뭇한 감동을 느끼게도 한다.

그러나 엘리사의 경우는 달랐다. 그는 결코 호머처럼 어리숭하지는 않았다. 그런데, 벧엘에서는 그가 대머리란 사실 때문에 놀림감이 되었고, 인정과 존경심을 바탕에 깐 애교스런 장난이었다는 증거도 없다. 동네 아이들이 나와 "대머리야 올라가라, 대머리야 올라가라."라며 놀려댔다. 대머리-이크-엘리사가 여호와의 이름으로 저주하자 암곰 둘이 나와서 42명의 아이들을 찢었다. (열왕기하 2:23~25)

그런데, 선지자가 철없는 것들에게 놀림을 받았다고 저주를 하다니 너무하지 않는가 하는 문제를 생각해 보기로 하자.

서양 주석가들의 주석을 읽다 보면 이 부분을 해석하기가 난감하다고 느꼈던 것 같은 인상을 받는다. "선지자가 어린애들의 장난에 저주를 퍼붓다니, 그 정도는 허허 웃고 넘길 수 있지 않은가? 원수를 사랑하라 하시던 주님의 교훈대로 오히려 축복해 줄 수 있어야 선지자답지 않았을까?" 아마도 이런 의구심들이 주석가들의 마음속에 일어났던 게 아닐까 생각된다. 그래서 이 난감한 구절을 해석하기 위해 어떤 이는 '42'라는 숫자, 그러니까 세대주의적 종말론자들이 특히 강조하는 마지막 대환란 기간 7년의 절반인 42개월과 같은 숫자의 상징성에 초점을 맞추기도 한다.65) 또 어떤 이는 이것이 단순히 젊은 아이들에 대한 저주의 차원을 넘어 이스라엘의 태조 여로보암이 세운 종교적 반역의 도시 벧엘에 대한 저주라는, 보다 근원적인 문제로 몰고 가기도 한다.66) 이러한 해석들은 "심슨 가족" 시대를 사는 현대인들에게는 뭔가 거북하게 느껴지는 사건을 어떻게든 이해해 보려는 노력에서 나온 해석들이지만, 시원시원한 답으로 느껴지지는 않는다.

그러나 "임금과 스승, 그리고 부모는 하나"(君師父一體)이며, "스승은 그 그림자조차 밟지 않는다."는 전통적인 가르침을 기억하는 동양인들의 정서로는 쉽게 납득이 갈 수 있을 것이다. 큰 스승의 신체적인 결함을 소재로 그를 우스갯감으로 만드는 자체가 그를 멸시하는 마음에서 나온 것으로 이해되는 데 아무런 어려움이 없기 때문이다. 특히 이제 막 신앙투쟁의 선봉장으로서 역사와 민중을 이끌어갈 하나님의 사람에게 권위란 매우 중요한

---

65) 참고. T. R. Hobbs, *2 Kings*, 27.

66) C. F. Keil, "The Second Book of Kings," in *I & II Kings, I & II Chronicles, Ezra, Nehemiah, Esther*, Commentary on OT in 10 Vols, tr. by James Martin (Grand Rapids: Eerdmans, 1978) 300.

것이었다.

때로는 암곰을 불러라

오늘날은 목회자를 비롯한 정신적 지도자들의 권위에 대한 도전이 그 어느 때보다도 극심하다. 물론 목회자들의 책임도 없지 않다. 싸우고 갈라서고 제대로 갖추어지지 못한 신학교를 세우고, 그리고 제대로 갖추어지지 않은 목회자들을 양산하는 등 각종 문제점들이 그들의 권위에 걸맞은 인격을 갖춤으로써 강압적인 권위가 아닌 내면에서 우러나오는 권위를 세워나가는 데 걸림돌들이 되어왔기 때문이다. 그럼에도 불구하고, 이런 와중에서 성실한 목회자들까지 세인들의 놀림감이 되는 데는 포스트모더니즘 시대를 사는 사람들이란 도대체 '권위'의 '권'자만 들어도 싫어하는, 그야말로 말세적인 현상이 만연해 있기 때문이기도 하다. 권위란 물론 내면에서 우러나오는 인격으로 뒷받침이 되는 것이 이상적이겠지만, 누구나 싫어하는 속도위반 티켓을 발급할 수 있는 경찰의 권위가 그의 인격에 상관없이 정부로부터 주어지듯, 원래 권위란 권위를 필요로 하는 사람의 외부로부터 주어진다는 점을 인정하지 않는 것이 문제라는 말이다.

목회자의 아내, 즉 사모에 대한 문제는 더욱 심각하다. 목사야 자신이 선택한 길이니까 억울하고 눈물나도 가야할 지 모르지만, 사모들 중 많은 이들은 어쩔 수 없이 사모가 되기도 한다. 그러나 교회에서 받는 스트레스는 목사보다 더할 경우가 많다. 게다가, 목사를 함부로 헐뜯으면 벌을 받을까 두려운 마음을 가진 사람들 중 일부는 목사 대신 사모를 씹음으로써 벌 받을 가능성(?)을 절묘하게 피해 나가기도 한다.

필자가 존경하는 한 목사님이 계셨다. 겉으로 뵙기엔 "고운 모양도 풍채도" 없으신 것 같지만 성실하고 선하신 당시 50대의 목사님이 필자가 살던 애틀랜타의 모 교회의 청빙을 받으셨다. 그러나 목사님의 목회생활은 편치 못했다. 자주 왕래하면서 가끔 털어놓는 푸념들 속에서 비치는 목사님과 사모님의 눈물겨운 투쟁의 면면들이 너무 가슴 아팠다. 일례로 여전도회가 모여 사업계획안을 통과시켜 놓으면 실제로 집행하는 사람은 사모님이었다. "우린 바쁘잖아요. 사모님은 집에서 노시면서 이런 것도 안 해 주시면 어떻게 해요?" 이것이 회장이 내세우는 이유였다고 한다. 사모님은 그저 "예, 예," 하시면서 뒷감당을 다 하셨다. 그러나 공로는 여전도회 임원들과 회원들에게로 돌아갔다. 수많은 억울한 말들, 억울한 일들은 속으로만 가라앉히셨다.

어느 날 예배당 바닥을 걸레질하시는 사모님의 손이 떨리시는 것을 보신 목사님은 더 이상 버티다간 병이 깊어지실 것으로 판단해 교회를 사임하셨다고 전해졌다. 무거운 마음으로 이삿짐 싣는 일이라도 도와드리기 위해 목사님 댁을 방문했다. 마침 목사님보다 약간 연로하신 장로님 한 분과 한 젊은 부부가 이사를 돕고 있었다. 그들은 힘겹게 목회하고 계시던 목사님에게 힘이 되어드리려고 나름대로 애썼던 분들이었을 것이다. 기다란 가구를 목사님과 장로님이 함께 옮기시는 모습을 본 젊은 부인이 남편에게 말했다. "여보, 당신이 좀 들어요, 장로님 힘드신데." 분명 이 말은 선한 동기에서 나왔을 것이다. 그러나 그 말을 듣던 필자의 마음은 어딘지 모르게 무거워졌다. "목사님은 힘드시지 않단 말인가? 조금만 더 조심스럽게 말했더라면……."

그런데, 이 같은 문제들이 발생할 때면 평화를 사랑한다는 배달민족의 교회들은 문제점을 직시하고 성경적 및 합리적인 해결을 모색하기 보다는 일종의 카타르시스적인 정서에 호소함으로써 갈등을 잠재우려는 경향들이 더욱 강했던 것 같다. 그러니까, 문제점을 해결한답시고 의논하고 따지고 변론을 계속하면 오히려 문제만 더 커진다는 게 일반적인 통념으로 자리잡아왔다. 그 대신 묵묵히 기도하고, 시련을 통과한 후 더 큰 축복이 있을 것이란 믿음으로 인내하고, 목회자들을 아프게 하는 이들을 용서하고 사랑하며, 궁극적으로 성령이 해결해 주시도록 맡기라는 것이었다. 사실 이와 같은 접근방식을 통해 교회 내의 문제들이 어느 정도 잠잠해 져 온 것도 사실이다. 그러나 그것으로 다 끝나는 것은 아니었다.

이것을 자동차에 앉은 먼지에 비교해 보자. 소나기가 내리는 날이면 자동차의 먼지가 다 씻겨 내린 듯한 인상을 받는다. 그러나 비가 그치자마자 다시 차를 바라보면, 소나기가 퍼붓기 전의 모습 그대로이다. 정전기가 먼지를 끌어당기고 있었기 때문이다. 비눗물로 닦고 깨끗한 물을 뿌리고 걸레질을 해야만 깨끗해진다. 교회의 문제들도 그렇다. 성령 소나기인 양 퍼붓는 눈물의 잔치로 교회의 문제가 잠잠해 지는 듯 하다가도 언제 그랬느냔 듯 새로운 형태로 문제들이 불거져 나오는 것은, 성경이 가르치는 하나님의 바른 권징의 원리에 따라 비누질과 걸레질을 하지 않았기 때문일 것이다. 그러나 하나님은 암곰 두 마리를 보내시지도 않고, 목회자는 감히 여호와의 이름으로 저주하지도 못하고 그저 주님 앞에서 눈물만 흘릴 뿐이다. 그럼에도 불구하고 국내외 한인교회에서는 교회의 갈등이나 분규의 해결책을 모색하는 체계적 혹은 학문적인 노력이 거의 전무한 상태인 것 또한 사실이다.

그러나 미국 교회는 약간 다르다. 이미 오래 전부터 이 문제에 대한 학문적인 추구가 계속되었고, 저서나 기고문 등도 상당수 출간되었다. 극히 부분적이나마 필자가 이것저것 뒤지다 보니, 위에서 지적한 한국교회들의 접근방식과는 좀 다른 한 가지 주장을 발견하게 되었다. 그것은, 목회자의 권위가 도전을 받을 때, 때로는 이에 대해 정면으로 맞서야 한다는 주장이다.67) 즉 바로 코앞에 닥칠 작은 풍파를 피하기 위해 잠잠하다가 오히려 얼

---

67) 참고: Lanny Kilgore, "Pastor, I'm Offended," *Christianity Today* 발행, *Leadership Journal* 200년 봄호에 게재. 혹은

마 후 엄청난 풍파를 맞이하게 되는 경우도 다반사인즉, 차라리 문제가 크게 불거지기 전에 성경적이며 합리적인 방법으로 작은 풍파를 뚫고 나아가는 쪽을 택하는 것이 지혜롭다는 주장이다.

이 주장은 교회 내에서 파당을 짓고 사도 바울의 사도적 권위에 의문을 제기했던 고린도 교회의 문제를 그가 다루어 나간 방식과도 일맥상통하는 점이 있다고 본다. 그는 결코 고린도 교회에 대한 사랑을 잃지 않았다. 그러나 교회의 불순분자들에 대해서는 단호한 언어들로 책망했다.(고린도전서 4장, 9장) 때로는 "눈물의 편지"라고 알려진 편지로 눈물로써 호소하기도 했던 것이다.(고린도후서 2:1~4)[68]

물론 한민족의 정서는 미국인들이나 유대인들의 그것과 다르므로 접근방법도 달라야 할지도 모른다. 그러나 문제점에 대해 쉬쉬하고 덮으려고만 하거나, 그저 참아 넘기거나, 맹목적인 기도 만능주의에 빠져 그냥 그대로 두어 더욱 곪아터지게 만들지는 말아야 할 것이다. 이런 맥락에서 엘리사의 저주는 하나님이 주신 권위에 대해 자주 도전받는 오늘날의 목회자들에게, 그리고 교회들에게 주는 교훈이 크다 하겠다.

---

http://www.christianitytoday.com /le/2000/002/13.93.html에서 볼 수 있음. 또 Marshall Shelley, *Well-Intentioned Dragons; Ministering to Problem People to the Church* (Minneapolis: Bethany House, 1984). 현재 크리스차니티 투데이의 부사장이자 리더십 저널 편집장인 셸리가 쓴 이 책은 미국에서 실제로 일어났던 사례들을 들어가며 교회 내 분규의 성경적인 해결책을 제시하려고 노력한 책으로서, 교회 내에서의 시련을 헤쳐 나갈 길을 찾는 목회자들에게 도움이 될 뿐 아니라, 평신도들도 그동안 이해하지 못했던 목회자들의 입장을 이해하는 데 도움이 될 것으로 생각된다.

68) 고린도후서 2:3~4에 언급된 편지는 고린도전서라기보다는 현재는 잃어버렸고 신약 정경에도 들지 않은, 고린도전서와 후서 사이의 어떤 편지였을 것이란 점이 현대 주석가들 중에 지배적인 견해이며, 이를 "눈물의 편지"라고 부르기도 한다.

죽음에 이르는 병

- 열왕기하 3:1~3, 10:303~6, 13:11~3 -

　　백조 한 마리가 놀고 있는 호숫가에 전갈 한 마리가 다가왔다. 수영을 할 줄 모르는 전갈이 호수를 건널 수 있는 유일한 방법은 백조에게 부탁하는 길이었다. 그는 백조를 불렀다. 자기를 업고 호수를 건너게 해 달라고 청했다. 백조는 처음엔 거절했다. 이유인즉 그를 업어주면 자기를 찔러 죽일 게 뻔하지 않느냐는 것이었다. 전갈은 말했다. 만일 자신이 백조를 찌르면 당장 죽을 것이고, 자신도 호수에 빠져 죽을 줄 뻔히 알고 있으니 그럴 리가 없다고 반론을 폈다. 합리적인 말이라고 생각한 백조는 그를 등에 업고 유유히 호수를 건너가고 있었다. 그런데, 호수 한가운데 도달했을 때 전갈은 꼬리로 백조를 찔러버렸다. 백조는 죽어가면서 물었다. "왜 그랬어?" 호수에 빠져가면서 전갈은 답했다. "잘 모르겠어. 아마 난 원래 그런 놈인가 봐."

　　서양에서 전해 내려오는 이 이야기는 굳어져 버린 사람의 습관이 얼마나 무서운 것인가를 단적으로 대변해 주는 우화이다. 분명 나쁜 줄 알면서 이미 습관이 되어 버렸으니 어쩔 수 없다는 생각에 얽매어 버리거나, 혹은 그렇게 습관적인 행위가 되다 보니 나쁜 것이란 사실조차 모르고 있는 일들도 많다.

"제 버릇 개 못 준다."는 우리네 속담도 있거니와, 열왕기에 나타난 북쪽 나라 이스라엘의 역사를 보면 여호와의 징계를 계속 받으면서도 여전히 버리지 못하던, 고질병이 돼버린 전통이 있었다. 그것은, 열왕기가 말하는 "여로보암의 죄"란 것에서 벗어나지 못한 것이다. 아하시야가 아들이 없이 낙상사를 당한 후 집권한 아합의 다른 아들 여호람이 그랬다.(열왕기하 3:1~3) 쿠데타를 통해 그를 제거하고 집권한 예후도 이 점에선 달라진 게 없었다.(10:31) 뿐만 아니라 그의 아들 여호아하스(13:1~2), 손자 요아스(13:10~11), 그리고 이스라엘 역사상 최장기 집권자로서 제2의 번영을 누렸던 예후의 증손자 여로보암 2세까지(14:23~24) 하나 같이 그와 같았던 것이다. 즉, 초대 임금 여로보암의 죄에서 떠나지 않았던 것이다. 이 같은 영적 분위기는 엘리사의 시대에도 여전히 계속되었다.

겉으로 보기엔 엘리사의 시대가 엘리야의 시대보다는 나아 보인다. 최소한 바알 종교에 대한 열기가 어느 정도는 식은 것 같았으니까. 그러나 초대 여로보암 시절부터 계속되었던 왜곡된 여호와 종교의 문제는 그대로 계속된 것이다.

배교행위의 극치

그럼, "여로보암의 죄"란 무엇인가 살펴보자. 그것은 열왕기상 12:25~33에 잘 나타나 있다. 가장 심각한 문제는 금송아지 두 마리를 만들어 하나는 최남단 도시인 벧엘에, 하나는 최북단 도시인 단에 둔 것이었다. 그는 이 송아지가 옛날 이집트에서 백성들을 인도해내신 하나님이라고 공포했다. 출애굽기 32장의 금송아지 숭배 사건에서 나오는 아론의 선언(4절)과 똑같다. 그는 또 산당들을 짓고 레위인이 아닌 사람으로 제사장을 삼았으며, 하나님이 세우신 날이 아닌 8월 15일로 절기를 삼았다. 그가 이렇게 한 목적은 다분히 정치적이었을 것이다. 백성들이 절기가 되면 예루살렘으로 갈 것이고, 그러면 남쪽 나라 다윗 왕조의 영향을 받게 될 것이며, 결국은 백성들이 자신을 배신하게 될 것이란 염려는 정치가라면 누구나 가질 수 있을 터. 그래서 김일성이 38도선을 가로막아 백성들의 왕래를 통제했듯, 정치와 종교가 밀접하게 연결되었던 당시 여로보암은 새로운 종교의식을 제정함으로써 예루살렘을 향하는 백성들의 발길을 막았던 것이다.

사실 "그게 뭐가 어떠냐?"는 식의 반론도 많다. 어떤 진보적인 신학자들은 여로보암이 만든 송아지는 예루살렘 성전 지성소의 그룹과 같은, 여호와의 발등상이었을 것이라고 말한다. 즉 그 자체가 우상은 아닐 수도 있다는 얘기다. 어떤 학자들은 한 술 더 뜬다. 여로보암이 오랜 세월동안 전해 내려온 연방제 신정국가로서의 이스라엘의 원래 전통을 부활시킨 것이었다고 주장하기도 한다. 예를 들자면, 벧엘은 옛적에 야곱이 돌베개를 베고 꿈을 꾼 후 하나님의 전을 세우겠다고 약속했던 곳인데,(창세기 28장) 굳이 하나님의 제단을 쌓지 못할 이유가 없지 않느냐 하는 말이다.69) 그런데도 여로보암의 새 의식이 '죄악'으로 평가된 것은 구약 성경에 남겨진 문헌들의 주류가 남쪽 나라 유다의 것이었기 때문이란 논리이다. 말하자면 누가 세력을 잡느냐에 따라 "5.16 혁명"이 "5.16 쿠데타"가 되기도 하고, "광주폭동"이 "광주민주화운동"으로 바뀌기도 하는 것과 다를 바가 없다는 말이 되겠다.70)

---

69) 참고. James A. Montgomery, *A Critical And Exegetical Commentary on the Book of Kings*, International Critical Commentary (Edinburgh: T & T Clark, 1986) 256. 몽고메리는 여로보암의 이 조치는 순전히 정치적인 것이었다고 주장하며, "그는 지역별 종교의식의 회복 이외에는 종교적인 데 관심이 없었다."(He had no religious interest beyond the restoration of the local cults.)고 말한다.

70) 참고. Pekka Särkiö, "Concealed criticism of King Solomon in Exodus," *Biblische Notizen* 102 (2000) 74~83. 세르키외는 "훗날 신명기적 역사 편집자들은 여로보암의 역사를 유다의 관점에서 평가한다. 그들은 여로보암을 우상 숭배하는 왕에 대해 경고를 주는 전형으로 보고 그를 격렬히 공격한다."(Later the Deuteronomistic

그러나 열왕기 기자의 손으로 간추려지고 짜여진 대로 우리에게 구약성경을 전해주신 분이 하나님이시라면 그 기자의 역사 해석도 하나님의 말씀으로 믿고 그대로 받아들여야 하지 않겠는가? 열왕기 기자에 따르면, 여로보암은 송아지 자체를 '신'이라고 불렀고,(28절) 바로 그 송아지에게 제사를 드렸다.(33절) 이와 같은 행위는 문자 그대로 "배교행위의 극치"(a supreme act of apostasy)[71]이었으며, 이 배교행위는 곧 이스라엘의 멸망의 원인이 된 것이다.

죽음에 이르는 병

그런데 이 사실과 관련해 최근 한 가지 중대한 의문을 제기한 학자가 있다. 열왕기 기자는 분명 아합의 죄악이 여로보암의 죄보다 훨씬 더 컸다고 평가하면서도(열왕기상 16:29~33) 이스라엘이 망한 이유는 여로보암의 죄 때문이지(열왕기상 14:16) 아합의 죄 때문이라고 말하자 않는다는 사실에 주목한 폴 애쉬가 곧 그 사람이다. 애쉬는 그 이유를 여로보암이 이스라엘의 태조였다는 사실에서 찾으려고 한다. 즉, 남쪽 나라 유다는 태조-진정한

---

redactors considered the history of Jeroboam from Judean perspective. They attacked heavily against Jeroboam, who is for them the most warning example of an idolatrous king.)고 말한다. 그의 의하면 신명기적 역사가와는 반대로 야훼주의자(Yahwist: 이 용어는 모세오경의 문서 설을 추종하는 학자들이 4대 문서 중 하나인 야훼 문서의 저자 혹은 편집자를 지칭할 때 쓰는 걸임.) 야훼주의자는 구약에서 모세가 이집트에서 히브리인들을 구출해낸 구원자로 부각되듯, 여로보암 1세는 솔로몬의 압정에서 이스라엘 백성을 구출해낸 구원자로, 또 북쪽 나라 이스라엘은 약속의 땅으로 부각시킨다는 주장이 새르키외의 지론이다. 출애굽기 32장은 시내 산에서의 이스라엘의 역사와는 전혀 상관이 없으며, 다만 야훼주의자가 여로보암을 정당화하기 위해 거기 집어넣은 것이라고 주장한다.(p. 78).

71) Gary N. Knoppers, "Aaron's Calf and Jeroboam's Calf," in *Fortunate the Eyes That See: Essays in Honor of David Noel Freedman in Celebration of His Seventieth Birthday* (Grand Rapids: Eerdmans, 1995) 103. 노퍼스는 송아지가 실제로 발등상이었을 가능성을 배제하지는 않음.

의미에서-다윗이 여호와께 합격점수를 받았기 때문에 영원한 나라를 약속받았고, 북쪽 나라 이스라엘은 태조 여로보암이 잘못했기 때문에 멸망하게 된 것이란 말이다.72)

애쉬의 주장은 나름대로 일리가 있어 보인다. 첫 사람 아담이 범죄함으로 온 인류에게 죽음이 찾아오고, 처음 왕 다윗이 순종함으로 영원한 약속을 받았으며, 처음 왕 여로보암이 범죄함으로 이스라엘이 망하고, 인류의 새로운 대표이신 예수 그리스도께서 십자가를 지시기까지 순종하심으로 그를 믿는 모든 사람들이 구원을 받게 된 것이다. 이 모든 사실들은 지난 19세기 미국의 조직신학자 찰스 하지가 말한 소위 "대표의 원리"(the representative principle)73)라는 공통분모를 가지고 있다.

하여간 애쉬의 주장에 대한 검증은 학자들에게 맡겨놓고, 상식선에서 생각해 보자. 어느 날 갑자기 당하는 환란은 오히려 우리를 강하게 만든다. 물론 그 와중에서 망하는 이도 있겠지만, 필사적인 투쟁을 통해 살아남은 사람들은 많은 것을 배우고, 그만큼 위기관리 능력이 향상된다. 갑자기 무너져버린 뉴욕의 월드 트레이드 센터는 미국인들이 오히려 가족의 중요성을 되찾고 하나로 뭉치는 계기가 되었다. 한반도에 IMF 바람이 불어 닥치자 서민들은 "금 모으기 운동" 등을 벌이며 이에 의연히 대처했다. 그러나 처음부터 잘못된 것들은 즉각 고치지 않으면 어느 덧 그게 당연한 것으로 여겨지거나, 잘못된 줄 알지만 어쩔 수 없다고 받아들여지기 쉬우며, 이러

---

72) Paul S. Ash, "Jeroboam I and the Deuteronomistic Historian's Ideology of the Founder," *Catholic Biblical Quaterly* 60 (1998) 16~24.

73) Charles Hodge, *Systematic Theology*, in 3 vols. (Grand Rapids: Eerdmans, Reprinted, 1975 〔1873〕) 2:198~200. 여로보암의 죄에 대해 하지는 이렇게 말한다: "여로보암과 그 시대 사람들의 죄는 시대를 통틀어 열지파의 운명을 결정했다."(The sin of Jeroboam and of the men of his generation determined the destiny of the ten tribes for all time. p. 198).

한 사조가 흐르는 대로 흘러가다 보면 사회나 나라가 서서히 썩어간다. 마치 개구리가 노는 물을 서서히 데우면 뛰쳐나올 생각을 않고 헤엄쳐 다니다가 결국 죽듯이, 만성병적인 폐단이 멸망을 가져오는 것이다.

한국의 자유당 시절부터 시작된 부정축재, 측근의 이권 개입, "법을 그대로 지키면 손해 본다."는 이상야릇한 정서 등은 만성질환이 되어버렸다. 심지어 시민정치 시대를 열었다던 노무현 대통령마저 집권 초기부터 측근의 재산 문제로 골치를 앓더니, 2003년 연말이 가까우면서 여당 야당 할 것 없이 불법 선거자금 문제가 걷잡을 수 없이 확대되면서 결국 이를 위한 특검법이 통과되는 지경까지 이르러 지난해의 축제 분위기와는 정반대의 암울한 연말을 맞게 되었다. 그래도 다행스럽게 여겨지는 것은 이라크 전 파병 안을 표결에 부친 국회에서 반대파들이 의사봉을 빼앗거나 의사진행을 방해했다는 보도는 없었다는 사실이다. 이제 좀 나아지려나. 그러나 아직은 멀었다. 마음들은 새롭게 할 생각은 않고 신당 창당이나 선거자금 부정 조사를 위한 특검법 같은 중대한 사안을 놓고 의논하다가 욕설이 오갔다. 또 이듬해 3월 노 대통령에 대한 탄핵안을 가결하던 날은 단상 점거, 농성, 그리고 신발과 명패 집어던지기 등의 추태가 다시 벌어졌다. 그러고 보니, 이라크 파병 안은 개인과 이해관계가 적었으니까 그랬었다보다. 하여간 잘잘못을 막론하고 이 같은 추태는 선진국들의 눈살을 찌푸리게 할 따름인데, 어떤 이는 오히려 이를 자랑스러운 행동으로 미화하는 글을 오마이 뉴스에 기고하기까지 했다.

일반 시민들도 마찬가지이다. 가령 "불법선거자금" 혹은 넓은 의미로 "비자금"이란 한국인들의 생활 속에 깊이 뿌리박힌 문화에서 나오는 것인지도 모른다. 그 중에는 아들이나 며느리가 손 내밀 땐 딱 잡아떼시다가 작은집 손주가 찾아오면 버선 속에 꼬깃꼬깃 접어두셨다가 아무도 몰래 꺼내 주시던 할머니의 순박한 사랑의 "비자금"도 있었지만, 요정 방문을 위해 마누라 몰래 숨겨놓은 남편의 "비자금"과 그로부터 가계를 지키겠다는 거룩한 뜻이나 시장바구니 들고 댄스홀을 찾기 위한 불미스런 뜻을 담은 장롱 속의 "비자금"도 있었지 않는가? 굴비 상자 속의 비자금과는 그 규모 면에서 비교가 안 되긴 하지만, 어쨌거나 그 근본은 같지 않은가? 또 필요한 소프트웨어가 있으면 정당하게 돈을 주고 사려고 생각하는 사람은 얼마 안 된다. 불법복제를 밥 먹듯 하다가 결국 수 년 전 한글과컴퓨터사가 마이크로소프트사에 넘어갈 위기에 이르러서야 비로소 배달민족 특유의 애국심이 발동했었다. 그러나 그것도 잠시, 지금도 여전히 필요한 소프트웨어는 어떻게 해서라도 공짜로 입수하려고 애쓴다. 그러다가 불법복제 SQL 덕분에 2003년 초 SQL 오버플로 웜 바이러스 대란으로 엄청난 피해를 입고, 세계적으로 창피한 일을 당했다. 반면, 세탁기나 냉장고는 올해 새로 나온 모델을 사기 위해 한두 해 전에 샀던 우수한 성능의 제품을 과감히 버린다. 자동차 사고가 나면 도랑 치고 가제 잡기이다. 보험금을 타면 면책금은 안 내는 게 당연하고, 게다가 이것저것 서비스로 해 달라고 억지를 부려 아예 새 차를 만들려고 한다. 반면 홍콩 여행을 가서는 달라는 대로 다 주고 가장 비싼 명품들만 골라 들여온다. 물론 세관에서는 세금 안내려고 별별 잔머리를 다 굴린다. 그 덕분에 신용카드 빚은 산더미 같이 불어나고, 이걸 못 갚으니 신용카드 회사들이 경영난에 부딪힌다.

기독교계도 역시 고질병적인 문제들을 안고 있다. 모 신학교의 창립 일백주년 기념 책자에 실린 글들은 그 내용 보다는 글쓴이의 정치적 파워에 따라 선정된 것 같다는 후문이었다. 선교대회가 열리면 유명세를 타는 일반 목회자들이 가장 중요하다고 생각되는 시간을 떠맡고, 일선 선교사나 선교학자들은 새벽기도회나 자그마한 세미나 등을 할당받는다. 당회가 소집되지 않은 상태에서도 '담임목사'라는 칭호 보다는 '당회장'이란 칭호를 더 좋아하며, 연합 집회 시 자기 이름 석자에 'xx회장', 'xx고문' 같은 거창한 직함을 붙여주지 않으면 그가 담임하는 교회에서는 기부금을 기대하기 어렵다. 그리고 집회가 열리면 고급 승용차를 탄 목사는 좋은 자리에 주차하도록 안내받고, 싸구려 차량은 푸대접을 받는다.

이스라엘의 경우는 어떤가? 엘리야 시대에 정책적으로 장려했던 바알종교는 갑자기 대두된 종교적 이슈였을 것이다. 서슬이 푸른 이세벨의 위세에 눌리긴 했지만, 그래도 바알에게 무릎 꿇지 않은 자가 칠천 명이나 있었고, 이들을 통해 여호와 종교는 여전히 건재할 수 있었다. 그러나 여로보암의 죄는 성격이 달랐다. 송아지를 만들어 놓고 이가 "이집트에서 우리를 구원해 내신 하나님"이라고 공포한 것이다. 그러니까 여호와 종교의 재해석을 통해 예루살렘까지 가야 하는 불편함도 덜어주니 어쩌면 국민들의 지지를 얻었을지도 모르겠다. 세월이 흐르면서 이는 만성질환이 되어버렸다. 어떤 이들은 조상들이 그렇게 만들어 놓았기 때문에 어쩔 수 없다고 생각했을지도 모르겠다. 갑작스런 개혁은 오히려 혼란을 가중시킬 뿐이라는 그럴싸한 주장이 있었는지도 모르겠다. 그러나 이 때문에 이스라엘의 죽음에 이르는 병은 서서히 깊어가게 된 것이다.

그러면, 고질병에 걸린 나라나 개인은 전혀 희망이 없는가? 반드시 그렇지는 않다. 하나님은 죄로 인해 멸망당할 수밖에 없는 나라와 개인을 위해 또 다른 조치들을 마련하시고, 우리가 회개하고 돌아오기만을 기다리고 계시기 때문이다. 즉 시대에 따라서는 "조상의 죄"에 의한 형벌보다는 개인의 죄에 의한 형벌이 강조되기도 했다. 비록 조상들이 잘못했지만 현 세대가 잘 하면 하나님이 구원하실 것이라는 말씀이었다. 예레미야 31:28~30과 에스겔 18:1~4는 "아비가 신 포도를 먹었으므로 아들들의 이가 시다."는 그들의 속담을 인용해 자신들의 불행을 조상 탓으로 돌리지 말고 자신의 죄악을 돌아보라고 역설적으로 가르친다. 그러면 우리는 어떻게 해야 할 것인가? 이제 엘리사의 본격적인 활동의 발자취를 뒤따라가면서 그 해답을 찾아보기로 하자.

나를 위해 울지 말고

- 열왕기하 8:7~13:25 -

태정태세문단세, 예성연중인명선…… 이들은 연대순으로 나열된 조선의 왕들이다. 아하시야, 여호람, 예후, 여호아하스, 그리고 요아스…… 이들은 연대순으로 나열된 북쪽 나라 이스라엘의 왕들이다. 여호람, 아하시야, 아달랴, 그리고 요아스…… 이들은 연대순으로 나열된 남쪽 나라 유다의 왕들이다. 엘리야와 엘리사의 시대는 종교적으로 헷갈리는 시대였다. 헷갈리는 시대의 이야기를 읽는 우리를 헷갈리게 만드는 또 하나의 문제가 있는데, 왕의 이름들조차 헷갈린다는 것이다. 구약 역사서에 조금만 익숙해지면, 다윗과 솔로몬은 통일왕국의 왕이며, 웃시야는 유다의 왕, 여로보암은 이스라엘의 왕이란 사실은 헷갈리지 않고 암기할 수 있는데, 아하시야, 여호람, 요람, 요아스, 여호아하스 등은? 휴, 남쪽 나라 유다에도 북쪽 나라 이스라엘에도 있고, 또 같은 나라 안에서도 비슷한 이름들이 있는가 하면, 한 왕의 이름의 철자가 구절에 따라 다른 경우도 있다. 그것도 설상가상으로 비슷한 시기에 말이다.

그래, 그냥 헷갈려 잘 외우지 못하는 정도라면 그나마 좋겠는데, 각국에서 거의 동시대에 일어난 피비린내 나는 쿠데타와 그 때문에 완전히 박살이 난 동맹관계들, 그리고 아람 군의 공격으로 약해질 대로 약해져 버린 이스

라엘……. 이런 저런 참극이 계속되는, 정말 어지럽고 처참한 시대가 바로
이 시대였다. 전쟁은 종교적인 타락과 더불어 대머리 엘리사 시대 배경을
이루는 또 하나의 요소였던 것이다.

물론 털보 엘리야의 시대에도 전쟁은 있었으나 대부분의 경우 이스라엘
이 적을 물리쳤고, 국력도 크게 약해진 일은 없었다. 오히려 전쟁을 통해
국력을 과시했고, 모압을 비롯한 작은 나라들을 속국으로 만들어 조공을 받
기도 했다. 그러나 엘리사가 역사의 전면에 나선 후 얼마 못 되어 쿠데타로
정권을 잡은 예후 왕조 시대의 전쟁은 그 양상이 사뭇 달랐다. 그동안 이스
라엘에게 밀리던 아람의 하사엘이 선왕 벤하닷 2세를 암살하고 정권을 잡
은 후 전세가 역전되어 갔다. 이 피비린내 나는 참극의 역사가 열왕기하
8:7~13:25에 상세히 보도되었다.

이스라엘을 찢으시는 여호와

우선 아람의 정변이다. 마침 아람을 방문 중이었던 엘리사에게 한 사람
이 찾아왔으니, 그가 바로 "이스라엘을 찢어버릴"(열왕기하 10:32) 하사엘
이었다. 그는 동방의 초강대국 아시리아가 서부전선에 신경을 쓸 겨를이 없
어진 틈을 타 이스라엘을 징계하시는 여호와의 도구로 사용되었다. 엘리사
가 그를 만났을 때 그는 벤하닷 2세의 특사 자격이었다. 엄청난 진상품을
대동하고 그를 만나서 병든 벤하닷이 낫겠느냐고 묻는 것이 그의 임무였다.
엘리사는 이렇게 대답했다.

> 너는 가서 저에게 고하기를 왕이 정녕 나으리라 하라. 그러나 여호와
> 께서 저가 정녕 죽으리라고 내게 알게 하셨느니라.(열왕기하 8:10)[74]

---

74) 이 구절에는 '저에게'에 해당하는 '로'(לוֹ)와 관련된 사본비평학적 문제가 있다. 소위
'케티브와 케레'의 문제인데, 이에 대한 약간의 설명이 필요할 것 같다. '케티브'란 원래
기록된 대로이다. 흔히 '그에게'로 번역되는 히브리어 구문은 원래 부정을 뜻하는 '로'(לֹא
)로 기록되었다. 즉 원래 기록된 대로가 맞는다면, "아니 살 것이다," 즉 벤하닷이 죽

선지자가 하사엘에게 거짓말을 전하도록 시킨 것처럼 기록된 이 구절과 관련해 ·카일은 엘리사가 거짓말을 하도록 시킨 것이 아니라 "병으로는 죽지 않는다."는 뜻을 전한 것이라고 주장한다.75) 그의 주장이 옳든 그르든 결과적으로 벤하닷은 병 때문에 죽은 것이 아니라 암살을 당했다. 그리고 암살범이었던 하사엘이 정권을 잡은 것이다.

다음은 이스라엘이다. 오므리 왕조의 블러디 매리 이세벨이 죽으면서 '시므리'(열왕기하 9:31)라고 욕했던 예후. 사실 이세벨의 시아버지 오므리의 쿠데타를 정당화하기 위해서는 국왕 암살범인 시므리(열왕기상 16:9~14)를 반역죄인으로 규정할 수밖에 없었던 것이다. 사실은 그가 바아사의 집을 치기 위한 여호와의 도구였었는데. 어쨌든 예후를 오므리 왕조의 의해 정죄된 시므리와 같은 아류로 불렀다는 사실은 이세벨이 그를 얼마나 증오했는지를 잘 반증해 준다.

그러나 사실인즉 예후는 오히려 오므리 이상이었다. 예후가 변방 주둔군의 사령관으로 있을 때 쿠데타를 감행했다는 점에서는 오므리와 비슷하지만, 그가 선지자의 생도로부터 기름부음을 받음으로써 오므리 왕조 혹은 아합의 집안을 치기 위한 하나님의 도구로 공식적으로 세우심을 받았다는 점

을 것이라고 알려주라는 뜻이 된다. 그런데, 히브리인들은 원문이 어색하다고 생각되더라도 말씀에 대한 두려움 때문에 함부로 고치지 않았다. 대신 여백에다가 달리 읽는 방법을 제시했다. 이것이 '케레'인데, 이 구문의 케레는 '로'(לו) 즉 '그에게'란 뜻이다. 그런데, 유독 이 구절에 있어서 만은 1898년 출판된 YLT(Young's Literal Translation) 이외에는 케티브 쪽을 취하는 견해를 찾아보기 어렵다. Young의 번역은 다음과 같다: "And Elisha saith unto him, 'Go, say, Thou dost certainly not revive,' seeing Jehovah hath shewed me that he doth surely die." 아마 선지자가 거짓말을 가르치는 자로 묘사되는 것이 싫었던 한 고대 필사가가 원문을 바꾸어 놓았을 가능성이 있다는 가설에 필자는 공감한다. 따라서 필자는, 대단한 확신은 없지만, 대다수가 선호하는 개역한글판 번역대로 받아들이고 싶다.

75) Keil, "The Second Book of Kings," 335.

에서 그는 오므리 이상이었던 것이다.(열왕기하 9:1~10) 이 터프가이가 영화 〈벤허〉의 멧셀라처럼 거칠게 전차를 몰아 여름 궁이 있었던 이스르엘로 돌진했다. 거기서 아합의 손자 요람을 죽이고, 문병 차 방문했던 유다의 아하시야까지 죽였다. 또 그는 죽음을 눈앞에 두고 위엄을 갖추기 위해 곱게 화장하고 기다리던 이세벨을 창밖으로 내던지게 만들어, 아합 집안에 대한 여호와의 심판을 수행했다. 또한 그는 사마리아의 장로들을 시켜 아합의 모든 아들들을 죽이게 하고, 사마리아로 가는 길에 아하시야의 아들들까지 죽였다. 내친 김에 그는 국내의 모든 바알 선지자들을 집합시켰다. 마치 중국의 마오쩌둥이 지식인들과 학생들의 의견을 자유롭게 발표하라고 소위 명방운동(鳴放運動)을 펴더니, 얼마 못 돼서 정풍운동(整風運動)이란 명분 하에 1966년부터 1976년까지 홍위병을 앞세워 반체제 지식인들을 대거 숙청했던 문화혁명을 일으켰던 것처럼, 예후는 술수를 써 모든 바알 선지자들이 다 제사를 위해 모이게 해 놓고는 번제가 끝나자 무사들을 투입해 전멸시켰다.

이처럼 엄청난 피를 흘린 그의 숙청작업을 정치적인 관점에서 본다면, 이스라엘 국내 정세는 논하지 않더라도, 그의 손에 죽은 이세벨의 고국인 페니키아와 아하시야의 나라인 유다와의 밀월관계가 일순간에 허물어져 버린 것은 당연한 귀결이었다.

마지막으로 유다이다. 그 어미에 그 딸이었다. 작은 블러디 매리 아달랴는 친정어머니 이세벨과 아들 아하시야의 죽음에 대해 다윗 왕가에 피의 보복을 단행했다. 아마도 어머니의 피살 소식을 듣고 자신에게도 화가 미칠 것을 두려워했던 것일 게다. 그녀는 그 후 약 칠년간 유다를 다스렸다. 일반 백성들에게 선정을 베풀었는지 폭정을 베풀었는지에 대해서는 성경은 침묵하고 있다. 그러나 다윗 왕가로서는 "사망의 음침한 골짜기" 같은 칠년이었다.

이처럼 각 나라에서 거의 동시대에 일어난 피의 정변으로 동맹관계가 모두 깨지고, 난리와 난리, 전쟁과 전쟁이 계속되어 기원전 9세기 후반의 역사를 피로 물들였다.

아람이 군사력을 보강해 서진을 감행할 수 있었던 또 하나의 중요한 요인은 아합을 중심한 동맹군에게 밀린 아시리아가 한동안 서진을 멈춘 것이었다. 물론 유명한 길갈 전투 이후에도 아시리아는 여러 차례 아람을 공격하긴 했다. 기원전 841년경에는 살마네셀 3세가 다마스쿠스를 완전포위하기도 했고, 그 후 수차례 남부 지역을 공략했다. 그러나 아시리아는 동부전선에 신경을 더 쓸 수밖에 없게 됨에 따라 서부전선에서는 퇴각하게 되었다. 이유인즉 지금의 이란 북부 산지에서부터 우랄투(Urartu)란 나라와 인도 아리안계인 메데스 페르시아(Medes Persia) 등이 국경을 계속 범하고 있었기 때문이다. 게다가 국내적으로는 왕가 내에서 일어난 반역의 무리를 다스려야 했다. 살마네셀은 6년가량 아들의 반역으로 어려움을 겪었고, 그의 보위를 물려받은 삼시아닷 5세는 나라를 평정하고 동부전선을 방비하느라고 서부전선에 신경 쓸 겨를이 없었다. 따라서 동부전선에 별 신경을 쓰지 않아도 되던 아람의 하사엘과 그 아들 벤하닷 3세는 이스라엘을 향해 총력전을 펼칠 수 있었던 것이다. 이런 상황은 기원전 9세기가 저물기까지 계속되었다.[76]

어찌하여 우시나이까?

몰리(데미 무어)는 그녀를 찾아와 문을 열어달라는 무당(우피 골드버그)의 말을 믿을 수가 없었다. 도대체 어떻게 죽은 샘(패트릭 스와이츠)의 영

---

76) 참고. John Bright, *A History of Israel*, 253f.

혼이 자기랑 같이 와 있다는 건지. 샘은 몰리에게 자신을 알리기 위해 동전을 하나 얻어 이를 전달한다. 바닥에서부터 서서히 떠오른 다음 그녀에게로 다가와 손바닥 위에 떨어지는 동전을 보고 있는 동안 몰리는 무당의 말에 대한 믿음이 생겨난다. 가만히 떠오르던 동전처럼 고개를 가만히 드는 그녀의 해맑은 눈동자에서부터 두 줄기 눈물이 뺨을 적시며 주르르 흘러내린다. 샘의 사랑이 그녀의 가슴에 와 닿는 듯, 샘을 향한 그녀의 마음처럼 가장 평안하고 자연스런 모습으로 열린 주홍빛 입술과 그 아래 갸름한 목선 옆으로 나란히 드리워진 두 귀걸이가 두 줄기 눈물과 아름다운 조화를 이루며 스크린을 가득 채우는 순간, 관중들의 마음은 숙연해 지면서 지금까지 숨 막히는 긴장감으로 샘과 무당의 움직임을 따르던 흥분된 마음들이 그녀의 눈물 줄기를 따라 차분하게 가라앉는다.

필자의 머리에 아직도 생생하게 남아있는 눈물의 기억은 영화 〈고스트〉(Ghost. 1990)에서 본 몰리의 눈물 외에 또 하나가 더 있다. 조국 광복과 6.25 전쟁 후 몰락한 집안 살림을 추슬러 단칸방을 얻어 이사를 끝냈던 어느 날이었다. 아직 방바닥 장판도 제대로 수리되지 않은 집을 그런대로 정리하신 어머니는 부엌 문설주에 얼굴을 기대셨다. 그날따라 무척이나 맑았던 남쪽하늘을 바라보시며 조용히 찬송가를 부르기 시작하셨다.

하늘가는 밝은 길이 내 앞에 있으니 슬픈 일을 많이 보고 늘 고생하여도 하늘 영광 밝음이 어든 그늘 헤치니 예수 공로 의지하여 항상 빛을 보도다

찬송가를 부르시던 어머니의 눈시울에는 흘러내릴 듯 말 듯 눈물이 가득 고여 있었고, 남쪽하늘 중간쯤에서부터 어머니에게로 비친 햇살이 눈물에 꺾여 영롱한 보석처럼 반짝이고 있었다.

거짓으로 흘리는 눈물도 없진 않지만, 눈물은 보는 이에게 말로는 다 표

현 못할 많은 의미들을 전달해 준다. 개인적인 고통을 안고 있는 가슴으로부터 흘러나오는 눈물도 그러하거니와, 타인의 고통, 나라의 고통, 그리고 온 인류의 고통을 안고 있는 이의 가슴으로부터 흘러나오는 눈물의 의미는 한층 더 심오할 게다. 이런 의미에서 하사엘을 만난 엘리사의 눈물(열왕기하 8:11)의 의미는 깊다고 할 수 있겠다.

그를 찾아온 하사엘에게 아람 왕이 될 것을 알려준 엘리사는 하사엘을 "부끄러워하기까지 쏘아보다가" 눈물을 흘렸다.(11절)77) 그리고 그 눈물의 이유를 묻는 하사엘에게 엘리사는 말했다.

> 네가 이스라엘 자손에게 행할 모든 악을 내가 앎이라. 네가 저희 성에 불을 놓으며 장정을 칼로 죽이며 어린 아이를 메어치며 아이 밴 부녀를 가르리라.(12절)

대머리 엘리사가 활동하던 시대는 전쟁의 시대였다. 초창기는 그런대로 엘리사가 나라를 지켜 주었다. 그러나 각 나라의 정변 이후 상황은 달라졌다. 이날 만났던 하사엘과 그의 아들 벤하닷 3세가 이끄는 아람 군대가 쳐들어와 죽이고 파괴하고 잡아갔다. 이 역사를 지켜보던 사람들의 눈에서는 눈물이 흐르지 않을 수 없었으리라.

그런데, 여호와께서 그에게 미리 보여주신 처참한 전란의 시대상을 보고 흘린 엘리사의 눈물의 의미가 더욱 심오한 이유는 그 안에 용해되었던 정서의 농도가 다른 눈물에 비해 더욱 진하였기 때문만은 아니다. 그의 눈물은

---

77) 이 구절에는 해석상의 문제가 하나 있다. 즉 문자적으로 해석하면 엘리사가 하사엘을 쏘아보았다는 말인지 하사엘이 엘리사를 쏘아보았다는 말인지 모호한데, 그 이유는 각 동사들의 주어가 모두 3인칭 단수 인칭대명사로서, 엘리사도 될 수 있고 벤하닷도 될 수 있기 때문이다. 이 구절에 대해 대부분의 학자들이나 번역서들은 엘리사가 벤하닷을 쏘아본 것으로 이해하고 있으나, T. R. 홉스(*2 Kings*, 94)는 하사엘이 엘리사를 쏘아본 것으로 번역하고 있다. 그의 번역은 이렇다: "Hazael stared him in the face until he was embarrassed, and the man of God began to weep." 그러나 필자는 대다수의 번역을 그대로 따르고 싶다.

하나님의 백성들이 바벨론에 끌려갈 것을 미리 본 예레미야의 눈물과, 이스라엘의 조상 라헬로 상징된 나라 전체의 눈물(예레미야 31:15)과, 로마인들의 공격으로 무너질 예루살렘을 보고 우시던 예수님의 눈물(누가복음 19:41)을 생각나게 하기 때문이다.

기원전 6세기 초 예루살렘이 무너지고 어떤 이들은 바벨론의 칼날에 죽고 어떤 이들은 잡혀 고향을 등지고 바벨론으로 끌려가는 모습을 미리 내다보면서, 이를 바라보는 이스라엘의 고통을 그 옛날 이스라엘의 한 아들이었던 베냐민에게 생명을 주고 죽어간 조상 라헬의 고통에 투영하여 예레미야는 이렇게 예언시를 읊었다.

> 나 여호와가 이같이 말하노라. 라마에서 슬퍼하며 통곡하는 소리가 들리니 라헬이 그 자식을 위하여 애곡하는 것이라. 그가 자식이 없으므로 위로 받기를 거절하는도다.(예레미야 31:15)

예수께서 베들레헴에서 나셨을 때, 그의 탄생을 자신의 왕위에 대한 도전으로 여긴 유다 왕 헤롯이 베들레헴의 모든 아기들을 죽인 사건을 마태는 바로 이 예레미야의 예언의 성취라고 해설했다.(마태복음 2:16~18) 그것은 처참하게 죽어간 아기들 때문이었을 것이다. 실제로 통곡소리가 집집마다 들려왔을 것이다. 그러나 구속역사적인 의미에서는 또 다른 면도 생각해야 하겠다. 즉, 나라를 잃은 자손들이 라마를 거쳐(예레미야 40:1~2) 바벨론으로 끌려가는 모습을 바라보며 통곡하던 라헬의 모습에서, 다윗의 동네를 떠나야 하는 다윗의 자손 예수의 고난의 모습과 메시아를 기다리던 백성들의 고통의 예고편을 보는 것이다.78)

---

78) 참고. D. A. Carson, "Matthew," in *The Expositor's Bible Commentary*, Vol. 8 (Grand Rapides: Regency, 1984) 94f. 및 Donald A. Hagner, *Matthew 1-13*, WBC Vol. 33A (Word, 1992) 38. 카슨과 해그너가 마태복음의 "라헬의 통곡"을 베들레헴의 아기들의 죽음에 먼저 직결시키는 것은 합리적이다. 그러나 구속역사의 성취와 관련, 해그너가 지적하는 "모형학적인 일치"(typological correspondence)란

엘리사의 눈물과 라헬의 눈물의 의미는 또한 로마군에게 점령당할 예루살렘을 바라보시며 흘리셨던 예수의 눈물에 그대로 투영되었다. 누가는 그가 예루살렘 가까이 오셔서 성을 보시고 우시며 하신 말씀을 다음과 같이 기록했다.

> 너도 오늘날 평화에 관한 일을 알았다면 좋을 뻔하였거니와, 지금 네 눈에 숨기었도다. 날이 이를지라. 네 원수들이 토성을 쌓고 너를 둘러 사면으로 가두고, 또 너와 및 그 가운데 있는 자식들을 땅에 메어치며 돌 하나도 돌 위에 남기지 아니하리니, 이는 권고 받는 날을 네가 알지 못함을 인함이니라.(19:42~44)

이처럼 하나님의 사람 엘리사의 눈물과 라헬로 상징된 이스라엘의 민족적인 눈물과 참 이스라엘이신 예수님의 눈물은 하나님의 심판으로 멸망당할 하나님의 나라를 위한 눈물이었다는 공통분모를 가지며, 그러므로 그 의미는 세상의 어떤 다른 눈물과도 비교할 수 없이 깊고 심오한 것이다.

그런데, 하나님 나라 백성의 멸망이란 당연히 받아야 할 죄에 대한 형벌이었다면, 이로 인해 흘린 눈물은 땅에 떨어진 후에는 결국 잊혀져 버리고 말 허무한 눈물인가? 죄에 대한 대가를 치른 후 개과천선하면 그 대가를 다시 돌려주는 나라가 세상에 없다면, 하나님도 그러하신가? 이 질문들에 대한 답을 하나님의 말씀에서 찾아보기로 하자.

나를 위해 울지 말고

하나님의 나라의 멸망과 그 백성들의 죽음과 잡힘을 보고 흘린 이 눈물들은 억장이 무너지는 슬픔을 담은 눈물이지만 한편으로는 위로의 약속을 받은 눈물이라고 성경은 가르친다. 이는 위에서 인용한 예레미야의 말씀에

관점에서 예언 성취는 베들레헴 아기들의 죽음으로 인한 통곡 뿐 아니라 예수의 망명에도 맞춰지는 것으로 보고 싶다.

바로 이어 그가 들려준 약속의 말씀을 통해 분명히 나타난다.

> 나 여호와가 이같이 말하노라. 네 소리를 금하여 울지 말며 네 눈을 금하여 눈물을 흘리지 말라. 네 일에 갚음을 받을 것인즉, 그들이 그 대적의 땅에서 돌아오리라. 나 여호와가 말하노라. 너의 최후에 소망이 있을 것이라. 너의 자녀가 자기들의 경내로 돌아오리라.(31:17~18)

이 약속대로 하나님의 백성 중 남은 자들이 70년 후 자기 땅으로 돌아왔다. 그리고 이집트로 망명 가셨던 진정한 남은 자이신 예수께서 갈릴리로 돌아오심으로 "애굽에서 내 아들을 불렀다."는 예언이 이루어졌다고 마태는 해설했다.(2:15) 자기 땅에서 쫓겨났다가 돌아오신 예수는 신음 중에서 그를 기다리던 하나님의 백성들에게 참된 위로가 되셨고, 십자가와 부활을 통해 구원을 이루시고 하늘로 올라가셔서, 지금도 이 땅에 남아 울고 있는 성도들의 눈에서 눈물을 씻어주시려고 그 나라를 준비하고 계신 것이다. (요한계시록 7:17, 21:4) 그러므로 성도의 눈물은 고통 속에서 흘러나올지라도 절망의 눈물은 아니며, 그러므로 하나님을 향해 눈물을 흘리는 성도는 이렇게 기도하게 되는 것이다.

> 나의 유리함을 주께서 계수하셨으니, 나의 눈물을 주의 병에 담으소서. 이것이 주의 책에 기록되지 아니하였나이까?(시편 56:8)

이제 하나님의 이 약속에 비추어 하나님의 아들을 배척한 예루살렘의 멸망을 미리 보시며 눈물을 흘리시던 주님이 십자가를 지고 가실 때 울며 따라오던 여인들에게 주신 말씀의 의미를 생각해 보자.

> 예루살렘의 딸들아 나를 위하여 울지 말고 너희와 너희 자녀를 위하여 울라. 보라 날이 이르면 사람이 말하기를 수태 못하는 이와 해산하지 못한 배와 먹이지 못한 젖이 복이 있다 하리라. 그 때에 사람이 산들을 대하여 우리 위에 무너지라 하며 작은 산들을 대하여 우리를 덮으라 하리라. 푸른 나무에도 이같이 하거든 마른 나무에는 어떻게 되리요.(누가

복음 23:28~31)

여기서 주님이 말씀하신 "그때"는 일차적으로 조단간에 닥칠 예루살렘의 함락을 의미한다고 보아야겠다. 그것은 바라보는 이에게 가슴 찢어지는 고통일 수밖에 없다. 흠모하던 주님이 십자가를 지고 가시는 모습이 이 여인들에겐 엄청난 고통이었을지 모르나, 정작 가장 큰 고통은 죄로 인해 징벌의 채찍을 맞는 하나님의 백성의 고통이란 뜻이었다.

역사적으로 예루살렘이 수차례 적군에게 함락을 당했으나, 과거 바벨론의 군대에 짓밟혔던 눈물의 역사는 기원후 70년 경 로마에게 함락당한 예루살렘의 눈물의 역사에 비길 바가 못 되었다. 바벨론 포로 생활은 70년 후에 끝나고, 그들은 기쁨으로 돌아왔었다. 그러나 여루살렘이 로마에게 함락당한 다음은 근 2천 년이 지나도록 회복되지 못했다. 당시 죽임을 당한 자들은 죽음으로써 괴롬이 끝났겠지만, 살아남아 뿔뿔이 흩어진 디아스포라는 기원후 1세기로부터 지난 세기 중반까지 온 세계를 방황하며 멸시와 천대를 받고 나치의 치하에서 한꺼번에 6백만 명이 죽임을 당하는 참혹한 역사를 기록해 왔다. 이 같은 처참한 역사를 미리 보신 주님이 어찌 눈물을 흘리지 않을 수 있었겠으며, 예루살렘의 딸들 혹은 라헬의 딸들이 어찌 울지 않을 수 있으리오.

그러나 이 눈물도 절망으로 끝나는 눈물일 수 없다. 필자 생각엔, 만일 그것이 절망의 눈물이었다면 주님께서 울라고 명하시지 않았을 것만 같다. 이 눈물 역시 고통임에는 틀림없겠으나, 고통 중에서 위로의 약속을 받은 눈물이다. 그러면 그 위로는 어디서 찾을 수 있는가? 다름 아닌 회복된 예루살렘에서 찾게 될 것이다.

그러면, 회복된 예루살렘은 무엇이며, 회복된 이스라엘은 무엇일까? 약 2천 년이 지난 후 팔레스타인에 이스라엘이란 이름의 나라가 건국되었을 때,

어떤 이들은 이것이 옛 예루살렘의 회복이며, 무화과나무가 가지가 연하여진 것이라고 주장하기도 했다. 그러나 필자는 이들과 견해를 달리한다. 이는 단지 정치적 이스라엘이란 나라가 세워졌을 뿐이며, 이로써 혈통적 유태인 디아스포라들의 지위가 향상되는 효과는 가져왔겠으나, 하나님이 다스리시는 종교적 이스라엘의 회복을 의미한다고는 생각지 않는다.[79] 그 나라는 예수님으로부터 시작돼, 유대인들에게 멸시 당하던 이방인들이 먼저 그 백성이 되었고, 주님은 교회를 통해 확장해 나가고 계시며, 마지막 날 사람의 손으로 짓지 아니한 새 예루살렘이 하늘로부터 내려올 때 완성되는 것이다.

그날이 오면, 예루살렘을 향해 눈물을 흘리심으로 눈물의 뜻을 몸소 체험하신 주님께서 우리의 눈에서 모든 눈물을 씻어주실 것이다. 엘리사의 눈물도, 라헬의 눈물도, 내 어머니의 눈물도 다 씻어주실 것이다.

전쟁의 포화 속에서 죽어가는 사랑하는 여인을 부둥켜안고 "왜 이래야만 돼!" 하며 절규하는 한 남자의 모습을 우리는 조성모의 2000년 발표작 〈아시나요〉의 뮤직 비디오에서 보았다. 2001년 9월, 무너진 월드 트레이드 센터에서 죽은 사랑하는 엄마, 아빠, 남편, 아내, 그리고 연인들과 친구들의 사진 앞에서 흐느껴 우는 미국인들을 우리는 TV를 통해 보았다. 그리고 이 년 후, 미군과 영국군의 공격이 시작된 후 총과 포탄을 맞고 죽어가는 자녀들 앞에서 대성통곡하는 이라크 여인들의 모습을 우리는 TV를 통해

---

79) M. Eugene Boring, "The Gospel of Matthew: Introduction, Commentary, and Reflection," in *The New Interpreter's Bible: A Commentary in Twelve Volumes*, Vol. 8 (Nashville: Abingdon Press, 1995) 445. 보링은 마태복음 24:32의 무화과나무가 이스라엘을 상징한다는 이론은 문맥상 전혀 근거가 없음을 도식화하여 보기 쉽게 서술하고 있다. 즉, 무화과나무 가지가 연하여지는 것은 24장의 앞부분에 나오는 여러 가지 징조를 말하는 것이며, 거기는 이스라엘의 회복이란 예언은 전혀 없다는 것이다.

보았다. 또 이라크에서 주검이 되어 돌아온 남편의 영정 앞에서 우는 우리네 여인의 눈물도 보았고, 지진 후 어머니의 주검을 가리키며 울부짖는 이란 청년의 모습도 보았다. 그리고 머나먼 이국땅에서 쓰나미 지진·해일에 휩쓸려간 아들을 끝내 찾지 못하고 망연자실 폐허 위에 주저앉아 통곡하던 우리네 엄마의 모습도 보았다. 이 같은 눈물도 하나님께서 헤아리시겠으나, 죄악된 세상 가운데서 주를 모른 채 고통당하는 우리의 형제, 자매, 이웃, 동족, 그리고 인류의 고통을 함께 나누며 그들을 위해 우는 성도의 눈물은 주께서 다 헤아리시며, 이 땅에 그리스도의 복음으로 말미암는 위로를 가져올 것이다.

주여, 이 인류의 눈물을 주의 병에 담으소서.

하나님과의 동맹

- 열왕기하 3:4~27 -

결코 쉬운 일이 아니었다. 이라크를 치기 위해 국제사회의 지지를 얻어내는 일이란 정말 어려웠다. "내 손을 묶어놓지 말아 달라."던 부시 대통령의 호소에 2002년 가을에 열렸던 미국의 의회는 결국 그의 손을 자유롭게 해 주었다. 그러나 프랑스, 독일, 러시아, 중국 등을 비롯한 수많은 나라들이 부시의 편이 되어주지 않았다. 외국에서는 물론 미국 내 반전시위의 수위도 그 어느 때 보다도 높았다. 전쟁 반대 성명에 수많은 교수들이 서명하고, 알몸시위가 벌어졌으며, 전쟁이 임박하자 목숨을 건 수많은 인간방패들이 이라크에 속속 입국해 공격목표에 산재 배치되었다. 또한 잔 폴 교황은 같은 해 3월 5일 미국으로 파견한 특사를 통해, "당신이 이라크를 침공하면 하나님은 당신 편이 아니다."라는 극단적인 말을 전달했다.[80]

그러나 부시는 결국 2003년 3월 20일 유엔의 동의 없이 공격 명령을 내렸다. 각국의 반전시위는 더욱 격렬해 졌고, 그동안 미국에 대한 반감을 키워오던 한국 국민들의 반전시위도 만만치 않았다. 한국에서는 미국의 요청

---

[80] "Pope to Bush: Go into Iraq and you go without God," http://www . capitolhillblue. com/artman/publish/article_1883.shtml. 미국의 전자신문 중 하나인 Capitol Hill Blue 는 교황의 말을 이렇게 표현하고 있다. "God is not on your side if you invade Iraq."

(압력?)에 어쩔 수 없이 노 대통령이 파병 약속을 하고서도, 2004년 총선 시 파병 찬성 의원들에 대한 낙선운동을 전개하겠다는 시민단체들의 압력 등으로 의회의 동의를 얻는 일이 난항을 겪다가 2003년 4월 2일 어렵사리 동의를 받아내자, 반대하던 의원들은 이 날을 "치욕의 날"이라고 규정했다. 그리고 설상가상으로 개전 이후 가장 많은 전사자를 낸 2004년의 잔인한 4월 스페인 전투병들이 철수하고, 자국인의 목숨이 파병의 명분보다 중요하다는 아로요 대통령의 필리핀 군대를 비롯한 수많은 다른 참전국들이 군대 철수를 선언하기 시작했다.

아합의 아들 여호람의 경우는 그렇게 어렵지는 않았던 모양이다. 특히 유다 왕 여호사밧은 미국에게 영국 같은 존재였다. 개국 초기는 두 나라 사이에 전쟁이 계속돼 왔지만, 아합 이후는 이스라엘이 주도권을 쥔 상태에서 동맹관계를 유지하고 있었다. 그동안 이스라엘의 지배 하에 있다가 독립하려는 모압을 치기 위한 전쟁이 시작되자, 여호사밧은 "당신 것은 당신 것이요, 내 것도 당신 것"(열왕기하 3:7)이라며 가세해 주었다. 에돔 또한 그랬다.

그러나 문제는 여호와였다. 뜻을 같이하는 나라들이 아무리 잘 뭉쳐도 여호와께서 함께해 주시지 않으시면 전쟁은 이길 수가 없었다.

그런데 이 세 나라가 연합군을 결성한 이유는 최근 이스라엘을 배반한 모압 왕 메사를 치기 위함이었다. 이스라엘의 강력한 지도자의 죽음은 그동안 눌려 지내던 모압에게는 자주권을 주장할 수 있는 절호의 기회로 여겨졌던 모양이다. 나라의 주산물인 양털로 조공을 드려오던 그는 결국 배반했다. 세 왕들이 이끄는 연합군은 모압을 제압하기 위해 진군했다. 사해 서편의 광야 길을 돌아 사해 남편을 가로질러 모압의 남쪽에서부터 공격해 북상할 계획이었다. 그러나 그 진로는 평탄치 못했다. 마실 물이 없는 것이었다. 여호와를 향한 탄식이 터져 나왔다. "슬프다. 여호와께서 이 세 왕을 불러 모아 모압의 손에 붙이려 하시는도다."(10절) 그나마 다행스러웠던 것은, 난관에 봉착했을 때 다른 신이 아니라 여호와를 찾았다는 사실이다. 그들은 대머리 엘리사에게 여호와의 뜻을 묻기로 결정했다.

염치가 있어야지

세 왕들은 엘리사를 찾았다. 그런데, 이스라엘 왕 여호람과 유다 왕 여호사밧에 대한 엘리사의 태도는 정반대였다. 여호와께 미운 자식으로 찍혀버린 여호람을 대하는 엘리사의 태도는 너무나 쌀쌀맞았다. 썩 꺼지란다. 아비 아합과 어미 이세벨의 그 잘난 바알 선지자들에게 찾아가 알아보란다. 그러나 어쩌겠는가? 제 코가 석 자나 빠졌으니, 자존심 접어두고 통사정하는 수밖에.

헷갈리는 세상에서는 하나님 말씀대로만 살아갈 수는 없다고 말하는 크리스천들이 많다. 국내외 한인 교회들의 역사와 자신들의 모습을 솔직하게 점검해 보자. 지난 세기 후반, 대부분의 한국교회와 국외의 한인교회들은 하나님의 축복을 강조해 왔다. 물론 하나님과의 올바른 관계를 바탕으로 한 축복이라고들 주장해 왔다. 그런데, 그 올바른 관계란 구체적으로 무엇인가 하는 문제에 대해서 성경적이고 사려 깊은 결론을 내리지 못해왔던 것 같다. 그러다보니, 주일성수, 십일조, 목사 섬기기 등 일종의 의식적인 실천 사항들은 지나치게 강조되어온 반면, 상대적으로 정직, 성실, 근면, 이웃사랑, 올바른 도덕관과 가치관은 그만큼 강조되지 않았던 것 같다.

성도라는 이름을 가진 사람들도 하나님 없이 사는 사람들과 똑같이 속이기도 하고 떼먹기도 해서 한 재산 모은다. 그 재산 중 얼마를 가져와 헌금 주머니에 집어넣고, 강단에 선 목사가 자기 이름과 거창한 직함과 헌금의 종류를 불러주고 축복기도해 주기를 바란다. 어쩌다 사업상 어려운 일이 생기면 목사를 찾아와 기도해 달라고 하니 그나마 다행이긴 하다. 이러한 경향이 지나치다 보면 의식적인 실천사항을 잘 지켰다는 점을 내세워 하나님의 축복을 하나의 채권으로 여기는 듯한 마음가짐이 될 수도 있다. "내가 이만큼 주일 성수 잘하고, 십일조 꼬박꼬박 잘 내고, 목사님 말씀 잘 듣고, 교회 봉사 잘 하면서 살아왔는데, 왜 하나님의 축복이 없는 거야?" 하나님에 대해 이런 유의 반감이 생긴다면, 이는 진정으로 축복 받을 그릇이 되지 못한 것이다.

미주 한인사회는 교회가 여전히 그 중심에 있으며, 그러다 보니 개업, 확장, 이전 등 사업상 중대사가 있을 때 대부분의 사업체들은 목사님을 모시고 예배를 드린다. 그런데, 예배를 준비하는 사업주들의 마음가짐은 다양하다. 예배를 통해 하나님께 영광 돌리고 기독인다운 자세로 사업에 임하고자 하는 각오를 다지는 이들도 있는 것 같다. 합격이다. 또 예배를 드리지 않으면 하나님의 축복을 못 받아 사업이 안 될 것 같은 두려운 마음 때문에 이를 준비하는 이들도 있는 것 같다. 좀 찜찜하지만 그래도 이해해 줄 수는 있다. 그러나 어떤 이들은 예배를 통해 한인사회에 대한 광고효과나 보려는 생각을 가진다. 염치없는 마음가짐이라 할 만하다.

미국 조지아 주의 중심도시인 애틀랜타에서 식품점을 열어 성공한 한 한인 장로님이 계신다. 수 년 전 사업을 확장을 위해 매장을 크게 늘리기 위한 공사를 진행하던 어느 날 상량식을 가지게 됐다. 목사님을 모셔다가 예배를 드렸다. 그리고 돼지 대가리 놓고 고사도 지냈다. 그는 평소에도 한인사회에서 자신의 이미지 관리에 신경을 많이 쓰시는 분이다. 이미지 관리야 신경 안 쓰는 게 오히려 잘못일 것이다. 그렇지만, 하나님의 축복이든 한국 전통 신의 축복이든 가리지 않고 받아 챙기겠다는 마음가짐이었든 의식을 통한 광고효과가 기독교인 뿐 아니라 타 종교인 혹은 무종교인들에게까지

효과적으로 전달되기를 바라는 마음에서였든지 상관없이, 이는 "질투하시는 하나님"(출애굽기 20:5)의 질투심을 자극하기에 충분한 일이었다. 그럼에도 불구하고 이 장로를 질책한 목사가 있다는 말은 들어보지 못했다. 그러나 이런 방식으로 살아가다가 어려움을 당하면 하나님께 매달리는 것은 정말 염치없는 일이 아니겠는가?

여호사밧을 봄이 아니면

그러나 유다 왕 여호사밧은 달랐다. 사실 그도 문제가 전혀 없는 것은 아니었다. 어쩌다 이스라엘에게 주도권을 빼앗긴 채 동맹을 맺고, 동맹관계 유지를 위한 일환으로 이세벨의 딸을 며느리 삼은 것이 문제였다. 그래도 그는 "여호와의 보시기에 정직히 행하여"(열왕기상 22:43) 여호와의 사랑과 부귀영화를 누렸고, 엘리사의 인정을 받았다. 그가 여호람과 함께 있었기 때문에 엘리사는 난관으로부터 벗어날 길을 제시해 주었던 것이다.

당시는 어느 종교의 선지자건 임전 시 자기의 신에게 기도도 하고 예언의 말씀도 전했다는 점에서 여호와의 선지자와 비슷하다. "거문고를 탈 때 신이 감동했다."(열왕기하 3:15)는 대목은 겉으로만 보기엔 여호와 종교나 지금은 사라진 당시의 이방 종교나 근본적인 차이는 없었다는 어떤 신학자들의 학설을 뒷받침하는 것처럼 오해될 수도 있겠다. 그러나 엘리사는 토속 신앙의 선지자가 아니라 유일한 참 신이신 여호와께서 세우신 선지자였다. 중요한 것은 그 양식이 아니라 내용이며, 길을 제시해 주시는 여호와께서 참 신이신가 아닌가 하는 문제이다. 거문고 소리가 아니라 여호와께서 그를 감동하신 것이다.

하나님의 감동하심을 받은 엘리사는 개천을 많이 파라고 말했다. 개천을 많이 팠다. 물이 고였다. 식수난이 일시에 해결되었다. 게다가, 어제까지 없었던 물이 햇빛으로 붉게 물들어 모압 군대의 눈에 피처럼 보였고, 모압 군대는 여호와의 기만 작전에 휘말려 대패하고 말았다.

그런데, 한 가지 아리송한 대목이 있다. 모압과의 전쟁 기록은 "이스라엘에게 크게 통분함이 임하매 저희가 떠나 각기 고국으로 돌아갔더라."(27절) 라는 말로 종결되었는데, 여기서 "통분함이 임하였다."는 말은 전투에서 결국은 지고 말았다는 말인지, 아니면 모압 왕이 태자를 자기 신에게 번제로 드리는 모습을 본 이스라엘의 군대가 이를 통분히 여겼다는 말인지, 학자들의 의견은 분분하다. 아마 패전했다는 말은 아닌 듯싶다. 그러나 모압을 다시 제압하는 데 성공한 것 같지도 않다.

모압 왕 메사의 이름으로 불리는 "메사 비문"(Mesha Stone) 혹은 "모압 비문"(Moabite Stone)에 이런 대목이 나온다.

> 그모스가 그의 땅에 대해 진노를 품었기 때문에 이스라엘의 왕 오므리가 모압을 오랫동안 지배하였다. 그의 아들이 아버지의 대를 이었으며, 그도 역시 "내가 모압을 지배하리라" 장담하였다. 나의 임기 중에 그가 그처럼 호언했으나 나는 그와 그의 집안을 무찔렀으며, 이스라엘은 영원히 멸망하였다. 전에는 오므리가 마다바(메드바) 땅을 차지하여 그와 그의 아들의 임기 절반인 40년간을 그곳에 머물렀으나, 이제는 그모스가 그 곳에 머물게 되었다.[81]

이 비문과 열왕기하 3장이 같은 전쟁에 대한 기록일 가능성은 있으나 학계에서는 아직 이견이 분분한 상태이다.[82] 또 우리가 성경을 통해 이스라엘

---

81) http://www.fourseason.pe.kr/holy(yo5).htm 혹은 http://users.unitel.co.kr / ~mannawor/mesa2.htm 에 번역된 대로임. 이 사이트들은 역자의 이름은 밝히지 않았음. 모압 비문에 대한 간략한 정보는 http://www.fourseason.pe.kr/holy(yo 5). htm 혹은 http://www.kmib.co.kr/missiontoday/holyland/bib_6.html 등에서 얻을 수 있다.

82) 참고. Klaas A. D. Smelik, "King Mesha's Inscription: Between History and Fiction," in *Converting the Past: Studies in Ancient Israelite and Moabite Historiography* (Leiden: E. J. Brill, 1992) 59~92. 스멜릭은 비문 상의 "그의

의 '영원한' 멸망은 메사 왕의 시대보다 훨씬 후대에 이루어졌다는 사실을 감안하면, 메사가 승전 후 무슨 뜻으로 "이스라엘이 영원히 멸망하였다."는 말을 비문에 기록했는지 정말 아리송해 진다. 아마 자신의 공을 과장하기 위해 이 같이 기록했을 가능성은 있겠다.

이처럼 이 비문의 역사적 진실성은 검증되지 않았지만, 최소한 모압의 자주권 회복은 이루어졌던 것 같다고 보는 것이 좋겠다. 또 여호와의 사랑을 입은 자가 함께 있음으로 물이 없어 죽을 지경이 된 연합군이 멸망하지는 않았다는 점은 확실하다. 즉 승자도 패자도 없는 전쟁이었을 가능성이 높다는 말이 된다.

미국은 하나님 편인가?

미국의 대통령 조지 부시는 하나님이 보시기에 여호사밧 같은 사람인가?

제3천년기의 첫 대규모 전쟁인 소위 "이라크 자유 작전"(Operation Iraqi Freedom)에서는 예기치 않았던 모래폭풍과 기대에 미치지 못했던 이라크 민중 봉기와 기대 이상이었던 이라크군의 저항, 그리고 연합군 병사들에게는 너무 힘들었던 더위 등으로 한때 심각해 진 부시 대통령의 모습을 온 세계가 TV를 통해 보았다. 하여간 주요 전투는 미국의 승리로 끝났다고 선포되었다. 그는 미국 기도의 날이었던 2003년 5월 1일, 아브라함 링컨 항공모함에 전투기로 착륙하는 쇼를 벌이며 사실상 승리를 선언했다.

그러나 이날의 쇼는 맹목적인 애국심에 불타던 미국인들에게는 멋진 쇼였는지 모르지만, 미국의 일부 지식인들과 지구촌 시민들에게는 지난 세기 초 독일의 나치즘의 대두를 연상케 하는 심상치 않은 쇼로 인식되기도 했

아들"은 아합이 아니라 여호람이라고 보며(pp. 81~3), 그가 옳다면 이 비문의 전쟁은 열왕기하 3장의 전쟁일 가능성이 높아진다.

다. 현대사에서 군복 차림으로 모습을 나타냈던 국가원수들이란 어떤 사람들이었나? 나치 독일의 아돌프 히틀러, 파시즘 이탈리아의 베니토 무솔리니, 공산 쿠바의 피델 카스트로, 소위 "악의 축" 이라크의 사담 후세인, 그리고 세계의 경찰을 자처하는 미국의 조지 부시? 대개의 신문들이 전시효과 만점이었다고 보도하는 가운데, 경제학자이자 뉴욕 타임즈 기고가인 폴 크루그먼 교수는 "말을 탄 사람"(Man on Horseback)이란 제목의 5월 6일자 기고문을 통해 그를 신랄하게 비판했다. 마치 TV 방송국 스튜디오처럼 조작한 쇼를 통해 나타난 그의 모습은 군복을 입고 말을 탄 모습을 자주 과시했던, 프랑스의 민주주의에 종지부를 찍을 뻔했던 19세기 프랑스의 조르주 불랑제 장군에 비길 수 있다는 것이다. 기도의 날 기도하는 대통령의 모습은 보여주지 못했다.

그러나 틀림없이 있다고 미국이 우겨대던 대량살상무기는 머리카락 보일까봐 꼭꼭 숨어버렸나 보다. 미국의 체면이 말씀이 아니었다. 이라크가 니제르로부터 우라늄을 사들이려고 했다는 정보도 신빙성을 잃고, 일부 미국인들은 "부시가 거짓말해 사람들이 죽었다."(Bush lied; people died)라는 표어 스티커를 자동차 범퍼에 붙이고 다니기도 했다. 또한 이슬람 신앙에 입각한 이라크 민족주의자들이 주도하는 "미국인들은 빨리 떠나라."는 시위와 연일 계속되는 테러와 끊일 줄 모르는 연합군의 전사 소식 때문에 골치를 앓았다. 세상에 이라크 재건이란 게 이렇게 힘들 줄이야. 어쩔 수 없이 꼬리를 내린 부시 대통령은 2003년 유엔총회에서 "제발 좀 도와줘요," 호소했지만, 그래도 자존심 내세우며 주도권 안 내놓으려는 미국은 아난 사무총장과 시락 프랑스 대통령의 연설에 갈채를 보냈던 나라들의 동정을 사는 데 실패했다. 2003년 12월 초 사담 후세인이 체포되면서 잠시 미국의 입장이 강화되는 듯 했으나, 같은 해 가을부터 강조되어 왔던 "이라크의 민주화"라는 거창한 목표는 그 장래가 여전히 불투명한 상태에서 전쟁의 해는 저물어갔고, 해가 바뀌자마자 전쟁의 정당성에 관한 논란이 미국의 대선 분위기와 맞물리면서 본격화되었다. 독자들이 이 책을 읽을 때쯤이면 어떤 형식으로든 결말을 본 상태일 수도 있겠으나, "이라크 자유 작전"은 과연 명분이 있는 전쟁이었는가, 혹은 정말 이긴 전쟁이었는가 하는 문제에 대한 논란은 당분간 계속될 것이다. 어쩌면 고대 중동 연합군의 모압 정벌전과 닮은 데가 많은 것 같다.

부시 대통령은 그날 기도했을까? 물론 기도했을 것이다. 미국의 보수 기독교계가 특히 부시를 지지하는 이유 중 하나가 그가 기도하는 대통령이라는 점이 아닌가? 물론 기도하는 대통령이라고 무조건 다 성공적이었던 것은 아니다. 일례로 부시 대통령 못지않게 훌륭한 신앙인이었던 카터 전 대통령의 재직 시절 대다수의 미국인들은 그의 정책을 좋아하지 않았다는 점, 그리고 한국의 장로 대통령이 집권했던 자유당 시절은 독재와 부정부패 등 수많은 오점을 남겼던 역사는 이를 단적으로 뒷받침한다. 그럼에도 불구하고 대통령을 비롯한 수많은 지도자들과 기독인들의 기도는 전쟁에서 이기고 나라를 바로잡는 데 중요한 몫을 담당하는 것임은 부인할 수 없다. 어쨌거나 사회윤리적인 타락이 국운의 쇠퇴로 귀결될 것을 염려하는 보수적 기독교회들의 지지를 힘입어 부시 대통령은 재집권에 성공했다. 글쎄, 그가 이제는 오만을 버리고 세계와 하나님 앞에서 겸손해지며, 자기 과시를 위해서가 아니라 진정 나라와 세계를 위해서 기도하는 대통령으로 변신하게 되는지.

한국은 하나님 편인가?

미국의 예와 이스라엘의 예에 비추어 한국이 열강들과 어떻게 동맹을 맺어왔었는지, 그리고 거기서 찾을 수 있는 교훈이 무엇인지 생각해 보자. 우리는 최근 경제부흥과 함께 국제적인 지위가 많이 향상된 것은 사실이나,

아직까지는 과거 고구려 시대를 제외하고는 세계적인 강대국이 되어본 일이 없었다. 따라서 세상의 세력 판도가 바뀔 때마다 어느 나라와 동맹을 맺어야 하느냐 하는 문제로 국론이 갈리곤 했으나, 자주적인 결정에 의해 동맹관계를 선택했던 역사를 찾기 힘들다. 고구려가 망한 후 약소국으로 전락한 우리는 어쩔 수 없이 어떤 나라가 중원에서 세력을 잡든 그 나라와의 불평등 동맹관계를 맺을 수밖에 없었다. 예를 들어 조선 중기 중원의 강대국 명(明)이 늙어가고 북방에서부터 청(淸)이 점차 세력을 얻어가던 시절 조선의 조정은 여전히 명과의 관계를 유지해야 한다고 주장하는 세력이 많았으나 시대의 흐름은 거스를 수가 없었다. 청과의 불평등 동맹관계는 우리의 선택이라고 보기 어려운 것이었다. 세월이 흘러 19세기 말 서방의 열강들이 동방으로 진출하던 시기, 대한제국 조정은 다시 어느 나라와 동맹을 맺어야 하느냐 하는 문제로 파벌이 갈리었다. 친청파, 친일파. 친로파, 친미파 등으로 조정 대신들의 파벌이 나누인 가운데, 그 어느 한 정책을 스스로 선택할 기회도 얻지 못한 채 일본에게 주권을 빼앗기고 말았다.

그 후 일본이 태평양 전쟁에서 패함으로 나라를 되찾았으나, 제2차 세계대전의 승전국인 미국과 소련은 한반도를 절반씩 나누어 자기네들의 동맹국을 건설했다. 우리의 선택이라고 보기 힘들었다. 다만 남한의 경우 지금까지는 미국이 우리를 해방시켜 준 나라라는 인식 때문에 대체로 좋은 우방으로 여겨왔을 따름이다. 그러나 반미감정의 씨앗은 디군이 한반도에 주둔하면서부터 뿌려졌고, 세기가 바뀌면서 그 감정은 노골적으로 드러나기 시작했다. 반면 대다수의 구세대들은 미국과의 동맹관계에 문제가 생기는 것을 두려워하고 있다. 이들의 생각은 지난 2003년 6월 15일 남북공동성명 발표 3주년을 맞아 KBS 1TV에서 방영된 인터뷰에서 김대중 전대통령이 밝힌 대로 "미국은 세계유일의 초강대국이며 한미동맹은 불가결의 원칙"이란 주장에서도 잘 드러나고 있다.[83] 현재 세계의 세력판도는 변화를 예고하는 듯하지만, 필자도 아직은 밉던 곱던 미국에 등을 돌릴 수 있는 시점은 아니라고 본다.

그러나 크리스천으로서의 필자는 미국과의 관계보다 더 중요한 것이 있다고 믿고 있다. 그것은 하나님과의 관계이다. 하나님은 이 땅위의 어느 강대세력보다도 더 강하시다는 점은 이스라엘의 역사를 통해서뿐만 아니라 미국의 역사와 현대사를 통해서도 증명되고 있다. 하나님을 반대하고 교회들을 핍박하던 정권 치고 처참한 종말을 고하지 않은 정권을 찾기 어렵다는 점은 현대사를 조금만 자세히 들여다보면 밝히 드러난다. 하나님은 자국의 이익만을 위해 약소국에 불평등 동맹관계를 맺으려는 미국이나 다른 열강들과는 다르시다. 그는 우리 스스로 선택하도록 기다리시며 우리의 마음을 움직이신다. 그렇다고 한국이 정책적으로 기독교국이 될 수는 없을 것이고, 하나님도 그렇게 요구하시지는 않으실 것이다. 다만 한국의 성도들이 헝클어진 마음들을 성령의 역사를 통해 새롭게 하여 여호사밧처럼 주 앞에 바로 선다면, 다시 말해서 미국의 아브라함 링컨 대통령의 말대로 우리가 하나님 편이 된다면, 이 세상 어느 세력보다도 강하신 하나님은 한국과 동맹을 맺으실 것이다. 하나님이 우리 편이 되신다면 아래 인용된 시편의 말씀처럼 이 세상의 어느 세력도 두려워할 이유가 없다.

> 여호와는 나의 빛이요 나의 구원이시니 내가 누구를 두려워하리오.
> 여호와는 내 생명의 능력이시니 내가 누구를 무서워하래요.(27:1)

열왕기하 3장을 읽는 동안 소돔과 고모라의 이야기가 생각난다. 아브라함의 조카 롯이 살고 있는 소돔을 멸하시기로 작정하신 여호와께서 아브라함과 나누던 대화는 결국 "의인 열명만 찾아내면 성을 멸하지 않겠다."는 여호와의 약속으로 매듭지어졌다.(창세기 18:32) 그러나 의인 열명은 찾아

---

83) "6·15 공동선언 한반도 긴장완화 기여," http://news.joins.com/politics
/200306/ 15/20030615145616470320002010 2011.html.

내지 못했다. 그런데, 엘리사를 만난 왕들 중 여호사밧은 의인이었다. 소돔 성의 인구가 얼마였는지는 모르지만, 그 중 열명과 세 왕 중 한명은, 통계학적으로 의미 있는 표본의 크기는 안 되겠지만, 그 비율로 따져볼 때 엄청난 차이가 있다. 즉, 수많은 주민 중 열명의 의인 보다는 훨씬 비율이 높은, 삼분지 일이 의인이었다. 그 때문에 전 군대가 살아난 것이다. 우리나라의 경우를 소돔과 비교해 보자. 한국컴퓨터선교회가 찾아본 통계청의 자료에 의하면 1995년 남한 인구 약 4천4백56만 명 중 개신교인은 약 8백82만 명으로 전체 인구의 약 17.90퍼센트이며, 천주교인까지 합하면 약 1천1백80만 명으로 약 26.5퍼센트가 된다.[84] 이 정도의 숫자가 여호사밧이 된다면 소돔처럼 망할 걱정은 없다. 물론 이 통계숫자가 얼마나 정확한지, 혹은 그중에 얼마 정도가 진정으로 거듭난 하나님의 사람일지는 모르지만, 최소한 이 글을 읽고 있는 독자인 당신은 한 사람의 여호사밧이 되지 않으시려는가?

헷갈리는 세상에서도 하나님과 동행하는 이들이 있기 때문에 세상은 아직도 유지되고 있는 것이다. 선과 악의 구별, 정과 사의 구별이 모호해 져 가는 세상을 그래도 유지하기 위해 하나님의 은총을 구하며 바른 길을 갈 사람들이 누구인가? 말세에 의인을 보겠느냐며 탄식하셨던 주님께서 그래도 세상을 멸하지 않으시도록 의의 길을 걸어갈 사람들이 누구인가?

---

84) http://kcm.co.kr/statistics/5/s012.html.

성냥팔이 소녀에게 보여줄 것은?

- 열왕기하 4:1~44, 6:17 -

"우리도 한 번 잘 살아보자"를 부르며 땀 흘리던 국민들과 함께 한국교회가 폭발적인 성장을 거듭하던 지난 세기 후반의 교회 풍속도 중 하나. 오늘은 삼각 산, 내일은 용문 산, 이번 주는 우리 교회 창립 기념 심령 대 부흥회, 다음 주는 건넛마을 은사 집회……. 주님이 너무 좋아 은혜만을 사모하다 보니 저녁밥도 제대로 챙겨주지 못하는 독실하신 마누라에게 짜증내는 남편을 향해, "사탄아 물러가라! 너는 나를 넘어지게 하는 자로다!"라고 외치면, 남편은 오히려 교회 가기 싫어하게 만드는 사탄의 외투 속으로 더욱 움츠려든다. 그를 위한 수만 번의 철야기도 보다는 따끈한 밥 한 사발과 구수한 된장찌개와 정겨운 미소로 하루 종일 격무에 지친 남편을 맞이하는 사랑이 그 외투를 스스로 벗어버리게 할 수 있지 않았을까? 하기야 이젠 세상이 달라져서 이런 풍속도는 다른 나라 이야기처럼 들리는 젊은 부부도 많겠지만.

풍속도 둘. "목회자가 하나님의 일을 충실히 하면, 가정은 하나님께서 책임져 주신다."는 논리는 한국의 수많은 목사들이 후배들에게 일러준 말이다. 예수님의 가르치심과 같이, 주를 위하여 부모나 형제까지도 버려야 한다는 것이다. 그런데, 가족을 돌보 새도 없이 주의 일을 한 분들 때문에 한국 교회가 이만큼 자랐다는 점은 부인할 수가 없지만, 그 사역자들의 가정에 고통스런 일들 또한 많았던 것도 사실이다. 그러나 이 같은 문제점들에 교만하지 않도록 하나님이 주신 "가시," "십자가," 혹은 "기도 제목"이란 이름을 붙임으로써 스스로를 위로하면서도, 그 문제점을 성경적으로 제대로 조명하고 해결책을 찾으려는 노력은 별반 없었던 것도 사실이다.

그러나 21세기의 국내외 한인교회의 모습은 이런 면에서는 서서히 달라지고 있음을 본다. 가정의 중요성이 강조되고, '아버지 학교'도 생기고, 건전한 크리스천 가정 사역에 관심을 가진 목회자들도 나타나고 있다.

이와 관련해 사도 바울의 가르침 중 하나를 되새겨 보자.

누구든지 자기 친족 특히 자기 가족을 돌아보지 아니하면 믿음을 배반한 자요 불신자보다 더 악한 자니라.(디모데전서 5:8)

여기서 '누구든지'라는 범주에 포함되지 않은 사람이란 있을 수 없다. 목회자들이라고 열외가 아니다. 바울의 논지로 보아 목회자들이 오히려 모범이 되어야 할 것으로 생각된다. "주를 위하여 부모나 형제까지 버려야 한다."는 가르침은 불신세계 속에서 예수를 따르기로 결단할 때의 얘기이지, 이미 구원 받은 성도들로 이루어진 '가족'이라는 이름의 작은 교회 혹은 천국 내에서의 얘기가 아니다. 거기는 오히려 주 안에서 함께 사귐이 있고, 이웃사랑과 원수사랑 보다 한 차원 높은 사랑이 있어야 하는 곳이다. 이와 같은 작은 공동체가 모여 '교회'라는 약간 큰 사랑의 공동체가 이루어지고, 교회들이 사랑으로 모이고 교류하고 협력하는 모습 속에서 천국의 참 모습이 보여야 하는 것이다.

소림사와 엘리사

엘리사는 불교사찰이 아니라 선지자의 이름이다. 소림사는 중국의 한 불교사찰이다. 지난 세기 후반 소림사를 중심으로 한 중국 무술영화들이 부지기수로 제작, 상영되어 무술영화 애호가들에게 즐거움을 선사했었다. 그래서 그런지 필자에게조차도 '소림사' 하면 불교라는 종교 보다 무술이 먼저 머리에 떠오른다. 그곳의 젊은 수도승들에게 불도를 닦는 일 다음으로 중요한 것은 나라를 위해 애국심을 고양하고 무술을 연마하는 일이었다. 즉 소림사는 나라를 위한 젊은이들의 공동체 생활의 장이었던 것이다.

구약의 하나님의 백성과 신약의 기독교 세계에서도 공동체적 생활을 지향하던 단체들은 예로부터 계속 있어 왔다. 신구약 중간기의 쿰란 공동체나 에세네파, 중세기의 프란시스칸 및 도미니칸 형제회, 중세기 이후 지금까지 계속되고 있는 천주교의 수도원과 수녀원, 그리고 사이비 집단 중에서는 박태선 장로의 신앙촌 등 그 예는 얼마든지 있다. 그리고 이 대부분의 단체들에 대해서 우리는 제법 많은 것들을 알고 있다. 역사적 및 고고학적 자료들을 통해 우리는 그들의 철학이 무엇인지, 공동체 구성원들에게 요구되는 실천사항들이 무엇인지에 대해 상당한 지식을 가지고 있다. 그러나 구약 역사서에 나타나는 "선지자의 무리"(사무엘상 10:10 등) 혹은 "선지자의 아들들"(열왕기하 2:3 등) 즉 개역한글판에는 "선지자의 생도들"로 번역된 집단의 성격에 대해서는 성경조차도 그다지 많은 정보를 제공해 주지 않는다. 열왕기하 6장 초두에 집을 짓기 위해 나무를 베러 간 사건을 보면 공동체 생활을 하긴 했던 모양이다. 그러나 자세한 생활상에 대한 기록은 없다. 도대체 이들은 어떤 사람들 혹은 어떤 집단이었을까?

관련정보가 극히 미미하기 때문에 그 성격에 대한 신학자들의 견해는 다양하지만, 한 가지 확실한 것은 그 무리 속에서는 사랑과 은혜가 있었다는 점이다. 엘리사를 따랐던 '아들들'이 특수한 신앙훈련이나 무술 연마, 혹은 호그와트 학교 학생들 같이 마술연마 같은 것을 했다는 이야기는 거의 전무한 반면, 선지자 엘리사로부터 사랑을 받았던 기록들은 무척 많다. 즉 어떤 목표 달성을 위한 수련생들이라기보다는 오히려 하나님의 사랑을 엘리사를 통해 받는 대상들로 더욱 부각되어 있다는 말이다.

이와 관련해 예수님의 가르치심 한 가지를 음미해 보자.

> 아버지께서 나를 사랑하신 것 같이 나도 너희를 사랑하였으니 나의 사랑 안에 거하라. 내가 아버지의 계명을 지켜 그의 사랑 안에 거하는 것 같이 너희도 내 계명을 지키면 내 사랑 안에 거하리라.(요한복음 15:10)

사도 요한을 통해 우리에게 전해진 마지막 강론에 나오는 이 구절에서 "아버지의 사랑"은 성자 예수의 거하시는 집과 같은 것으로, 또 "예수의 사랑"은 그의 제자들이 거하는 집과 같은 것으로 묘사되었다. 그곳은 정해진 목표를 놓고 일정한 커리큘럼에 따라 훈련을 받는 학교나 수련원이 아니라, 넘치는 예수의 사랑을 받고, 누리고, 그의 사랑 안에서 편히 쉬는 장소인 것이다. 예수는 많은 기적을 행하시기도 했다. 물 위를 걸으셨고, 죽은 자를 살리셨으며, 물로 포도주를 만드시기도 하심으로 그의 영광을 나타내셨다. 그러나 예수는 기적을 행하신 이로서 보다는 사랑을 베푸신 이로서, 그리고 기독교는 "기적의 종교"로 보다는 "사랑의 종교"라는 별명으로, 세상 사람들에게 더 잘 알려졌다는 사실은 누구나 인정할 것이다. 특히 그가 "자기 사람들을 끝까지" 사랑하신 것(요한복음 13:1)은 그의 모든 사랑의 사역 중 하이라이트를 이룬다.

성도가 주의 사랑을 받고 있는 모습을 부러워하다가 결국 자신도 주의 사랑을 받는 대상이 되어버린 예를 혹시 아시는가? 필자에겐 그런 친구가 하나 있다고 생각된다. 국방과학연구소 재직 시절이었다. 무언가를 갈급해 하는 듯한 눈빛을 가졌던 동료 강 씨는 늘 필자의 삶을 부러워했다. 그건 필자의 생활이 남달랐기 때문이 아니었다. 사실인즉, 때로는 고집스럽고 때로는 이기적이고 때로는 무시를 당하는 듯한 기분을 친구들에게 느끼게 했던, 말하자면 세상의 빛이 되려는 마음자세가 그다지 없었던 시절이었던 것이다. 강 씨가 필자에게서 본 것은 필자의 생활의 거룩성이 아니었을 것이다. 예수의 사랑을 받고 사는 것이 부러웠을 것이다. 그런데 십여 년 미국생활 후 고국을 방문했을 때 그가 대전의 한 큰 교회의 안수집사로서 주를 섬기고 있다는 소식을 들을 수 있다.

그럼, 열왕기하 4장 이후에 나타나는 엘리사의 기적들을 보자. 놀랍다. 이미 지적한 대로, 엘리사가 행한 여러 가지 기적들은 예수님의 기적의 예고편을 보는 듯한 느낌을 준다. 그러나 그보다 더 필자의 마음을 움직이는 것은 엘리사의 "자기 사람들"을 향한 사랑의 마음이다. 열왕기하 4장을 천천히 읽어보라. 특히 다음 구절들을 가만히 음미해 보라. 한 구절 한 구절을 읽은 후 눈을 감고 다정다감한 눈빛의 대머리 아저씨가 내 앞에 서서 내게 이 말들을 하고 있다고 상상해 보라. "선지자의 생도들" 혹은 "선지자의 아들들"을 배려하는 엘리사의 자상한 마음이 느껴지지 않는가?

내가 너를 위하여 어떻게 하랴 네 집에 무엇이 있는지 내게 고하라.(2절)

네가 이같이 우리를 위하여 생각이 주밀하도다. 내가 너를 위하여 어떻게 하랴? 왕에게나 군대장관에게 무슨 구할 것이 있느냐?(13절)

그러면 저를 위하여 무엇을 하여야 할꼬?(14절)

너는 달려가서 저를 맞아 이르기를 너는 평안하냐, 네 남편이 평안하냐, 아이가 평안하냐 하라.(26절)

가만 두라. 그 중심에 괴로움이 있다마는 여호와께서 내게 숨기시고 이르지 아니하셨도다.(27절)

네 허리를 묶고 내 지팡이를 손에 들고 가라. 사람을 만나거든 인사하

지 말며, 사람이 네게 인사할지라도 대답하지 말그, 내 지팡이를 그 아
이 얼굴에 놓으라.(29절)

큰 솥을 걸고 선지자의 생도들을 위하여 국을 끓이라.(38절)

동족의 고난을 미리 보고 눈물을 흘리던 모습(열왕기하 8:10~12)도 예
수님을 닮았거니와, 전쟁의 시기를 살아가야 할 이들을 향한 사랑의 마음
또한 "자기 사람들을 끝까지" 사랑하신 예수님의 모습 그대로가 아닌가?

새 계명을 주노니

그런데, 사랑에 관한 가르침은 여기서 끝나지 않는다. 이와 관련해 예수
님의 사랑에 관한 교훈의 또 다른 면을 살펴보자.

새 계명을 너희에게 주노니 서로 사랑하라. 내가 너희를 사랑한 것 같
이 너희도 서로 사랑하라. 너희가 서로 사랑하면 이로써 모든 사람이 너
희가 내 제자인 줄 알리라.(요한복음 13:34~35)

요한이 전한 마지막 강론에서 예수의 사랑 안에 거하라는 명령과 서로
사랑하라는 명령은 서로 뗄 수 없는 관계로 엮어져 있다. 위의 구절에서 말
씀하신 사랑은 이웃 사랑이나 원수 사랑과는 차원이 다른 사랑이다. 세상을
떠나실 때가 이른 줄 아신 주님께서 "자기 사람들을 끝까지" 사랑하신
(13:1) 그 사랑에서 파생되는 한 차원 높은 사랑이다.

이 사랑의 새 계명은 일차적으로 사랑의 공동체에 속한 우리들에게 주신
계명이다. 이 점은 계명을 주신 시점의 정황을 살펴브면 더욱 선명하게 드
러난다. 즉, 이 말씀을 하신 때가 그 공동체에 속할 수 없었던 가룟 유다가
떡 한 조각을 받고 '밤'이 상징하는 사탄의 세계를 향해 떠난 직후
(13:30~31)로서, '밤'에 속한 유다는 이 명령의 대상에서 제외되었다는
사실이다. 사랑이 메마른 세상에서 성도들이 사랑의 공동체 안에서 이같이
서로 사랑하는 모습을 볼 때, 사람들은 거기서 예수의 모습을 발견할 수 있

는 것이다.

이와 같은 천국의 공동체가 점점 커지고, 그 안에 속한 사람들의 삶이 변하고, 더 많은 사람들이 거기 들어가 서로 사랑을 나누게 된다면, 그것이 바로 주님이 원하시는 변화된 세상이 되는 것이리라.

너희가 서로 사랑하면 이로써 모든 사람이 너희가 내 제자인 줄 알리라.

이러한 사랑은 특히 격동과 고난의 시기에 더욱 절실하게 느껴진다. 가령, 9.11 테러 사건이 미국인들에게 가족의 소중함을 깨우쳐주었다는 점을 생각해 보라. 십여 년 전 4월 29일 로스앤젤레스에서 로드니 킹을 구타했던 백인 경관들이 무죄평결을 받던 날 일어났던 흑인 폭동으로 천사의 도시가 악마의 도시로 변했을 때, 문화와 언어의 차이로 멀어져만 가던 한인 1세대와 2세대가 하나가 되었다는 사실을 돌이켜보라. 혹은 우리가 가난했던 시절 가족 간의 사랑과 성도 간의 사랑이 오히려 더욱 아름다웠다고 느껴지는 이유는 무엇인지 탐구해 보라. 최근 일어났던 미국과 이라크와의 전쟁, 북한의 핵 위기, 세계적 경기 침체와 비행기 승객을 통해 순식간에 전 세계에 퍼져나간 '사스'란 이름의 전염병, 세계 도처에서 들려오는 지진과 홍수의 소식들…… 이 같은 혼란과 격동의 시기일수록 사랑은 더욱 절실해지는 것이며, 이 사랑은 칠흑 같은 어두움 속에서 한 줄기 밝은 빛을 세인들에게 비춰주는 것이다.

성냥팔이 소녀에게 보여줄 것은?

이처럼 서로 사랑하는 공동체의 모습에서 사람들은 예수의 초상을 보게 된다. 그리고 한걸음 나아가서는 그 공동체 바깥으로도 전달되는 사랑의 온기를 사람들은 느끼게 되는 것이다. 즉, "서로 사랑"에서 "이웃 사랑"과 나아가서는 "원수사랑"으로 발전되어 나아가는 것이다.

이웃 사랑에 관한 교훈과 관련해 덴마크의 동화작가 한스 안델센의 「성냥팔이 소녀」(*Den lille Pige med Svovlstikkerne*, 1845)의 이야기는 우리에게 의미심장한 교훈을 준다. 어느 추운 세모의 밤이었다. 주정뱅이 아버지에게 돈을 갖다 바치기 위해 성냥을 팔러 나온 남루한 차림의 소녀는 멋진 선물을 들고 손에 손을 잡고 자기 길들을 가는 행복에 겨운 사람들의 눈길을 끌지 못한다. 우물가에 앉아 차가운 밤공기에 얼어붙은 손을 조금이나마 녹여보려고 소녀는 성냥개비를 하나씩 그어대기 시작한다. 성냥불이 환하게 켜지면 눈앞에 아름다운 집과, 예쁘게 장식된 방과 따뜻한 벽난로, 그리고 선물과 맛있는 음식이 가득한 방안에서 즐겁게 춤을 추는 사람들의 모습이 보인다. 성냥불이 꺼지면 아름다운 집도 사라지고, 또다시 성냥개비를 그으면 다시 환상이 나타났다가 사라진다. 그러다 마지막 성냥개비의 불꽃이 사라지면서 소녀의 영혼도 사라진다. 이튿날 아침 사람들은 눈에 덮인 채 움직이지 않는 소녀를 바라보며 이제는 도와줄 기회가 사라졌다는 것을 깨닫는다.

우리는 어쩌면 이 소녀의 이야기에서 전쟁과 가난과 질병, 그리고 사랑하는 사람들을 잃은 슬픔을 안고 그들 앞에 환상처럼 나타나는 교회의 모습들을 들여다보고 있을 것 같은 눈빛들을 연상할 수 있지 않을는지. 국내외 한인교회와 성도들의 자화상들을 한번 들여다보자. 하나님의 축복으로 돈을 많이 벌었다. 그래서 많은 헌금이 교회로 모였고, 그것으로 교회는 멋진 집을 짓고, 크리스마스트리를 아름답게 장식하고, 맛있는 음식들을 가득 차려놓고, 벽난로에 쓸 충분한 양의 땔나무도 마련했다. 그리고 하나님의 은혜를 찬양하며 멋진 파티를 벌인다. 그 모습은 정말 아름답다. 그러나 창밖으로 차가운 눈바람에 얼어붙은 손을 호호 불며 동경에 가득 찬 눈빛으로 창안을 들여다보는 성냥팔이 소녀들이 보이지 않는가?

이와 관련해 필자의 머리에 두 역사적 인물들의 말들이 떠오른다. 하나는 반기독교적인 사람이었고 하나는 기독교인이었다.

반 기독교적인 사람은 바로 독일의 시인 헤르만 헤세이다. 그는 선교사의 아들로 태어났다. 그의 외조부 역시 인도 선교사였다. 그러나 그는 당연히 가야 할 것으로 생각했던 성직자의 길을 저버리고 힌두교 및 불교의 사상에 심취했다. 그는 이미 청소년 시절부터 기독교 문화권의 거짓과 계율적 억압 등에 환멸을 느꼈던 것으로 보인다. 그 반작용으로 그는 자연과 또 남과 더불어 조화를 이루며 살아가려는 동양적인 정신에 심취하게 되었을 게다. 그의 1922년 발표작 「싯다르타」(Siddartha)에 이런 대목이 나온다.

> 세상을 꿰뚫어보고, 세상을 해명하고, 세상을 경멸에 찬 눈으로 바라다보는 것은 위대한 사상가들의 몫인지 모르겠습니다. 그러나 나에게는 세상을 사랑할 수 있고, 세상을 경멸하지 않으며, 세상과 나를 증오하지 않고, 세상과 나와 모든 존재를 사랑과 경이와 경외심으로 바라다볼 수 있는 것만이 유일한 것입니다.[85]

그가 싯다르타의 입을 통해 전한 이 말은 기독인들의 비판적인 태도에 대한 경멸의 뜻이 내포되어 있음에 틀림없다. 그의 이러한 생각이 모든 면에서 옳은 것은 아닐 것이다. 기독인과 교회가 때로는 털보 엘리야처럼 세상을 질타하고 과감히 바른 말을 해야 할 때도 있을 것이다. 그러나 다른 한 편 전쟁, 기근, 반목, 증오, 그리고 각종 질병과 사회악의 매서운 찬바람에 얼어붙은 손을 조금이나마 녹여보려고 수중에 조금 남아있는 성냥개비

---

85) 독일어 원문: Die Welt zu durchschauen, sie zu erklären, sie zu verachten, mag großer Denker Sache sein. Mir aber liegt einzig daran, die Welt lieben zu können, sie nicht zu verachten, sie und mich nicht zu hassen, sie und mich und alle Wesen mit Liebe und Bewunderung und Ehrfurcht betrachten zu können. (http://www.sogang.ac.kr/~pbjluis/siddhartha.htm 에서 원문 및 번역을 퍼왔음)

를 그어대는 사람들을 볼 때 우리는 어떻게 해야 하겠는가? 그들을 경멸하고 실패의 원인들을 지적하는 어설픈 이론들을 전개해 나감으로써 그들과는 다른 우리 자신에 대한 자부심을 느끼고 자기만족에 빠지는 것이 옳겠는가? 아니면 그들을 통해 우리의 봉사를 받으시려는 주님의 모습을 볼 수 있는 눈을 갖도록 힘씀이 옳겠는가?

한편 필자가 말하고자 하는 기독교인은 미국의 한 방송인이었던 고 프렛 라저스 씨이다. 그는 자신이 스타라고 생각해 본 일이 없었다고 했다.

"가족과 어린이를 위한 TV 방송인"이란 사명감 하나로 미국 공영방송인 PBS의 〈라저스 아저씨의 이웃들〉(Mister Rogers' Neighborhood) 프로그램을 통해 어린이들에게 많은 교훈을 주었던 그는 AP 통신과 가졌던 한 인터뷰에서 이렇게 말했다고 전해진다.

> 우리는 짐을 서로 나누어 져야 할 시기에 살고 있습니다. "내 아이들도 아닌데 뭘, 내 동네도 아닌데 뭘, 내 세상도 아니고, 내 문제도 아닌 걸 뭐," 이런 식으로 말해버리기 쉽습니다. 그런데, 그 중에 이웃이 필요로 하는 것을 보고 행동하는 사람들이 있습니다. 그들이 바로 제가 존경하는 위인들입니다.[86]

할리우드 스타의 거리에 이름을 남기고 민간인으로서 최고의 명예로 알려진 자유의 메달을 부시 대통령으로부터 받은 그는 2003년 2월 27일 피츠버그 자택에서 74년의 삶을 마감했다.

---

86) "We live in a world in which we need to share responsibility. It's easy to say 'It's not my child, not my community, not my world, not my problem.' Then there are those who see the need and respond. I consider those people my heroes." — Quotes from Fred Rogers, host of 'Mister Rogers' Neighborhood,' from the Associated Press interviews. (http://www.cnn.com / 2 0 0 3 / SHOWBIZ/TV/02/27/rogers.quotes.ap/index.html)

그러나 그의 이 말은 극단적인 개인주의와 성장제일주의가 깊숙이 침투해 있는 교회가 다시 한번 스스로를 반성하고 창밖의 성냥팔이 소녀들에게 관심을 갖도록 우리 가슴에 메아리치고 있다.

지팡이 대신 자신을

- 열왕기하 4:8~37 -

곳간에서 인심 난다

한 70대 갑부가 30대 초반의 여인에게 청혼을 하고 싶어 친구에게 조언을 구했다. 자신의 나이가 45세라고 하면 청혼을 승낙할 가능성이 있겠느냐고 물은즉 친구의 답이, "글쎄, 당장 받아들일지도 모르지, 나이가 95세라고 말하면 말일세." 어디선가 본 듯한 유머 한토막이다.

열왕기하 4장에 나타나는 우리의 헤로인은 늙은 부자 남편 덕에 호강하는 젊은 여인이었다. 요즘 세상이라면 아마도 색안경을 끼고 보는 사람들이 많았을 것이다. 게다가, 이건 전혀 근거 없는 필자의 상상이지만, 짐작컨대 남편 보다는 젊었음직한 성직자를 돕는 일에 앞장을 섰다면, 그리고 그 성직자가 일년 후 아들을 보리라고 예언을 했다면, 어쩜 호사가들의 상상의 세계에서부터 모종의 스캔들이 생산되었을 수도 있었을 것이다. 그런데, 신기하게도 엘리야와 사르밧 과부, 엘리사와 우리의 헤로인 사이의 스캔들을 지어낸 스토리는 아직 없다. 아마 예수님이나 솔로몬만큼 잘 알려지지 않아서인지도 모르겠다. 어쨌거나, 당시의 세상은 지금과는 달랐다. 다윗과 밧세바의 스캔들은 적나라하게 밝혀놓은 성경이 엘리사와 이 여인 간의 스캔들은 말하지 않고 있다면, 우리는 이들의 관계가 여호와 신앙을 바탕으로 한 주 안에서의 사랑이었다는 점을 믿어야 할 것이다.

"곳간에서 인심 난다."는 옛말이 있다. 가난한 사람이라고 남을 전혀 도울 수 없다는 뜻은 아니겠지만, 그래도 살림이 넉넉해야 남에게 베풀어줄 수 있는 마음의 여유도 생기나 보다. 바로 이 여인이 그 좋은 예이다.

이와 관련해 사도 바울의 한 가르침을 되새겨 보자.

> 도적질하는 자는 다시 도적질하지 말고 돌이켜 빈궁한 자에게 구제할 것이 있기 위하여 제 손으로 수고하여 선한 일을 하라.(에베소서 4:28)

이웃에게 베풀고자 한다면 부지런히 일해야 한다는 말이다. 열심히 일해서 모아놓은 것이 없이는 제대로 선을 행할 수가 없다. "하나님과 재물을 동시에 섬길 수 없다."는 예수님의 가르치심을 극단적으로 해석해서 절대가난이 참 진리의 길인 양 착각하는 사람들도 더러 있다. 그러나 재물을 섬기는 것과 소유하는 것은 구별되어야 한다. 재물을 섬김의 대상으로 삼는다면 하나님께서 싫어하시지만, 이를 섬김의 도구로 삼는다면 하나님의 의를 이루게 된다.

그러면, 가진 재물로 제일 먼저 누구에게 베풀 것인가? 제일 먼저 내 가족과 친족이며, 함께 예수의 제자 된 형제자매들이다. 얼굴도 모르는 외지 선교사들에게 베풀기 전에 자신이 속한 사랑의 공동체인 개 교회 교역자들과 가난한 이웃들을 먼저 돌보아야 할 것이다. 사업주들은 큼지막한 수표와 함께 찍은 사진으로 신문에 얼굴을 내기 전에 자신을 위해 일해 주는 피고용인들에게 먼저 베풀어야 할 것이다. 세 영의 안내로 자신을 돌아보고 크리스마스 아침에 새사람으로 깨어나 사무원 보브의 급여부터 올려주었던 스크루지처럼 말이다.

발을 붙잡으니라.

　그런데, 이런 훌륭한 여인에게 어느 날 갑자기 불행이 닥쳤다. 선지자를 정말 잘 후원해 주고 축복으로 얻은 아들이 죽었다. 사양했는데도 억지로 주신 선물이었다. 차라리 얻지 않았더라면 눈물 흘릴 일은 없었을 텐데. 이런 지경에서 앞뒤 순서 가리게 생겼나? 이리 재고 저리 재는 합리주의도 필요 없다. 예절이고 체면치레고 생각할 경황이 없다. 남들이 뭐라던 남편이 뭐라던 대꾸할 시간이 아깝다. 무조건 마차에 몸을 싣고, 종들을 재촉했다. 그리고 엘리사를 만나 다짜고짜 발을 붙잡은 것이다. 아들을 살리기 위해서는 하나님의 사람에게 매달릴 수밖에 없다는 단 한 가지 생각뿐이었다. 멋진 문장, 미사여구 따위가 무슨 소용인가? 속에서부터 솟구치는 고통을 그대로 토해낸 것이다.

　　　내가 내 주께 아들을 구하더이까? 나를 속이지 말라고 내가 말하지
　　아니하더이까?(열왕기하 4:28)

　그리고 보니 아들을 잃은 또 다른 한 여인이 생각난다. 검은 상복을 입은 이 여인은 마틴 브로디 경찰서장에게 접근했다. 절망과 분노로 범벅이 된 표정으로 다가선 여인의 손바닥이 허공을 가르자 "쩐" 소리와 함께 마틴의 얼굴이 한쪽으로 휙 돌아갔다. "(식인상어인 줄) 이미 알고 있었다고 하더군요. 내 아들이 죽었소. 당신이 어쩔 수는 없는 일이라는 걸 잘 아오. 다만, 이걸 알려주고 싶을 뿐이오. 내 아들이 죽었소." 그리곤 천천히 사라졌다. 식인상어 영화 〈조스〉(Jaws. 1975)의 한 장면이다.

　겉으로 토해놓은 감정을 비교해 보면 별반 다를 바가 없어 보인다. 언어로만 치자면 오히려 〈조스〉의 여인의 언어가 그래도 비교적 교양미가 있는

것 같다.

"부활의 주님이시여, 내 아들을 살려주실 줄 미쎱니다! 미쎱니다! 미쎱니다! 슬픔이 변하여 기쁨이 되게 하씨옵쑈셔! 할렐루야!" 기도가 이쯤은 돼야 다시 살려주실 생각이 드실 텐데, 세상에, 하나님의 사람 앞에 이게 무슨 말버릇인가? 원망과 불평이 가득 찬 언어를 감히 하나님의 사람에게 내뱉다니? 이런 비난의 화살이 날아옴직한 언사이다. 그러나 우리는 이 여인의 마음을 잘 알 수 있다. 그것은 그녀가 선지자의 멱살을 잡은 것이 아니라, 〈조스〉의 여인처럼 빰을 한 대 갈긴 것도 아니라, 그의 발을 붙잡았다는 데서 느낄 수 있다. "자기 사람들을 끝까지 사랑하신" 예수님을 닮았던 엘리사의 마음이 움직이지 않을 리가 없었다.

예나 지금이나 우리네 여인들의 종교심은 남성들의 그것과 비교될 수 없었나보다. 남자들에게 주도권을 완전히 빼앗기고 억울한 일, 억장이 무너지는 일들을 수없이 겪었던 우리네 할머니들. 추운 겨울에도 찬물에 깨끗이 목욕하고 새 옷은 아닐지라도 깨끗이 빤 옷 차려입고, 뒤뜰에 정화수 한 사발 떠 놓고 천지신명께 피맺힌 한을 풀어놓았다. 복음이 전파되기 전, 그 '천지신명'이 누구인지조차 잘 모르면서 한을 풀어달라고 기도할 때, 혹시라도 노여움을 살까봐, 혹시라도 지성이 부족하다고 돌아보시지도 않을까봐, 입조심, 말조심, 몸조심, 그렇게 기도해 왔었다. 불교가 전파되자 부처님에게 또한 그렇게 해왔었다. 그런 할머니들의 자손들이라 그런지, 크리스천이 된 후에도 기도할 때면, 혹시 믿음이 부족한 기도라고 퇴짜 놓으시지 않을까, 하나님의 영광이 아니라 자기 욕심을 위한 기도라고 접수조차 안하시면 어쩌나, 간절히 구하는 기도가 아니라고 점수 잃을까, 이런 저런 염려가 많아서인지, 유달리 "믿사오니" "내 욕심대로 구하는 게 되지 말게 하옵소서." 이런 미사여구들을 수없이 갖다 붙이게 된 것일지도 모른다.

리처드 포스터는 오늘날 뭔가 잘못된 기도에 관한 인식에 대한 우려를 나타내고 있다. 즉, 우리의 선배 신앙인들은 주께 나아갈 때에 마음속에 있는 게 원망이건 불평이건 있는 그대로 하나님께 토해냈으나, 오늘날 기독인들은 그런 기도는 하나님이 싫어하실 것으로 생각한다는 것이다.[87] 그러나 그게 그런 게 아니다. 우리의 기도를 들으시는 하나님은 우리의 아버지이시다. "무서워하는 종의 영"이 아니라 "양자의 영"을 받은 우리들이다.(로마서 8:15) 거리낄 것이 없다. 이것저것 너무 따질 필요도 없다. 아프면 "악!" 소리 지르고, 배고프면 칭얼대고, 화가 나면 원망의 소리를 내뱉고, 약해질 때는 믿음 없는 자 같은 언어로 심경을 토로해 내어도, 우리의 아버지는 먼저 아시고 우리를 돌아보아 주신다.

지팡이 대신 자신을

그럼 사랑의 선지자 엘리사가 이 여인의 아들을 살려내는 과정을 따라가 보자. 사환 게하시에게 자신의 지팡이를 주면서 빨리 가라고 재촉했다. 허리를 묶고 사람들을 만나도 인사할 겨를도 없이 곧장 달려가 지팡이를 아이 위에 놓으라고 명했다. 그런데 스토리 진행 과정에서 한 가지 이상한 점이 발견된다. 분명히 시키는 대로 했는데 아이가 살아나지 않은 것이다. 왜 그랬을까? 엘리사는 성공할 것으로 기대했는데 실패한 것일까? 아니면, 미리 알고 있었으면서 일부러 그렇게 했을까? 만일 일부러 그랬다면 왜 그랬을까?

이 같은 질문에 대해 여러 가지 다른 의견들이 있을 수 있겠다. 그 중 이 실패는 예기치 않았던 실패였던 것으로 보는 이들이 있다. 가령 18세기의 고전 주석가 매튜 헨리는 비숍 홀의 말을 인용해, 엘리사가 인간적인 자만심으로 이같이 시도한 것이 실패로 돌아갔다고 말한다.[88] 그의 말대로라면

---

87) *Prayer*, 9.

엘리사가 잘못한 것이 된다. 반면, 서울의 한 영향력 있는 목사는 십수 년 전에 한 설교에서 게하시는 엘리사만큼 깊은 사랑이나 열정이 없었기 때문에 실패한 것이라고 설명했다. 그의 말이 맞는다면 게하시가 잘못한 것이 된다.

그러나 필자가 보기엔 엘리사도 게하시도 잘못한 게 없다. 게하시는 시키는 대로 충실히 이행했고, 사랑의 엘리사가 편법으로 넘어가려고 했을 것 같지도 않다. 그러면 왜 그랬을까? 아마도 무언가 특별한 교훈을 주기 위한 각본이 아니었나 하는 생각을 해봄직하다. 그렇다면 그 교훈은 무엇일까? 이와 관련해 위에 소개한 매튜 헨리의 해석을 한번 들어보자.

> 아마도 하나님은 우리의 주인이신 창조주 하나님만 감당하실 수 있는
> 일을 피조물인 그의 종들에게 맡기지 말라는 교훈을 주는 것 같다.[89]

헨리의 이 해석은 일리가 전혀 없어 보이진 않는다. 그러나 필자는 헨리의 이 같은 윤리적 해석 보다는 신약 성도들에게 주시는 보다 근원적인 교훈을 찾아보기 위해서, 이 사건을 신약시대와 구약시대의 대조라는 큰 틀 속에서 이해해 보고 싶다.

자, 잠깐이면 될 테니까 지금부터 약간만 읽는 속도를 늦추고 곰곰이 생각하면서 읽어 가시기 바란다. 사실 그다지 어려울 것은 없다. 우선은 왜 필자가 게하시도 엘리사도 잘못이 없다고 말하는가 하는 점부터 풀어보기로 하자. 필자는 이것을 엘리야와 엘리사가 닮았다는 사실에 근거해서 변증

---

88) Matthew Henry, Commentary on the Whole Bible, in 6 vols. (Revised. Old Tappan, NJ: Fleming H. Revell Co., 1706~1721 〔1708〕) 2:729. 참고로 매튜 헨리의 전 주석이 웹사이트에 올라와있다. 주소는 http://www.ccel.org/h/henry / mhc2/MHC00000.HTM.

89) Ibid. 원문: "Perhaps God intended hereby to teach us not to put that confidence in creatures, that are servants, which the power of the Creator, their Master and ours, will alone bear the weight of."

해 보고 싶다. 가령, 우리가 이미 위에서 살펴본 대로, "내 아버지여, 내 아버지여, 이스라엘의 병거와 마병이여!" 라는 외침(열왕기하 2:12 와 13:14 비교)이 두 사람에게 다 적용되었다는 점 등이 이를 뒷받침한다. 또 엘리사가 게하시를 파견 보내고 나자마자 여인이 한 말도 이와 관련된다.

여호와의 사심과 당신의 혼의 사심을 가리켜 맹세하노니 내가 당신을 떠나지 아니하리이다.(30절)

이 구절은 바로 2장에서 엘리사가 엘리야에게 한 말이었다. 그것도 세 번씩이나.(2, 4, 6절) 엘리사의 경우 이 말은 마지막 승천을 앞둔 엘리야에게서 하나님의 영감을 전수받기 위해 끝까지 따라붙으면서 한 말이었다. 그런데 이번에는 이 여인으로부터 같은 말을 듣게 된 것이다. 여인은 기어코 다시 살리고자 하는 아들을 위해 끝까지 엘리사에게 매달리는 것이었다. 즉 엘리사가 엘리야와 닮은꼴이란 사실을 재확인하는 말인 것이다. 그렇다면 죽은 아이를 살리는 일에서도 같은 방식으로 살리게 될 것이라는 생각을 해볼 수가 있을 것이다. 즉 엘리야가 사르밧 과부의 아들 위에 자기 몸을 세 번 펴서 엎드렸던 것(열왕기상 17:21)과 같은 방식으로 엘리사도 수넴 여인의 아들을 살릴 것이란 점은 이미 처음부터 각본에 그렇게 되어있었다고 볼 수 있지 않을까? 그렇다면 게하시도 엘리사도 자기 배역을 충실히 수행한 것이고, 게하시의 시도가 실패로 돌아간 데는 어떤 다른 교훈이 숨어있을 것이란 기대를 가져볼 수 있을 것이다.

그렇다면 게하시의 시도가 실패한 사건이 주는 교훈은 무엇일까? 필자는 이 점을 이미 논급한 대로 "시대적인 대조"라는 관점에서 해석해 보고 싶다. 즉, 게하시가 아이에게 얹은 지팡이와 엘리사가 아이에게 얹은 자신의 몸의 대조가 구약시대와 신약시대의 대조와 어떤 관련성이 있지 않을까 하는 점이다.

이를 좀더 확실히 확인하기 위해 구약과 신약에 나타나는 '지팡이'의 의미를 살펴보자. 한글판개역 사이트에서 '지팡이'란 단어가 나오는 구절을 조사해 보면. 구약에서는 약 54개 구절, 신약에서는 약 6개 구절 정도가 검색된다. 그중 다수는 단순한 지팡이(창세기 31:10 등)를 말하거나 좀 나아가서는 성도는 이 땅에서 나그네라는 사실의 상징(히브리서 11:21)으로 나타난다. 또 구약의 어떤 구절에서는 왕이나 지도자의 권위를 상징하는 것으로 나타나며(창세기 32:10, 49:10 등), 같은 주제가 신약에서는 특히 고난 받으시는 예수님께 강제로 들린 갈대 지팡이(마태복음 27장) 등에서 발견된다. 그런데, 지금 다루고 있는 주제와 관련된 지팡이의 주제는 구약에서는 가령 모세의 지팡이 같이 기적을 일으키는 지팡이, 혹은 시편 23편에 나타나는, 우리를 안위하시고 인도하심을 상징하는 지팡이 등인데, 신기한 사실은 신약의 불과 몇 안 되는 구절 중 이 주제가 나타나는 지팡이란 단어는 찾아볼 길이 없다는 점이다. 무언가가 없다는 사실을 바탕으로 논리를 전개해 나갈 때는 항상 조심해야 하겠지만, 필자는 바로 이 점에 무언가 중대한 의미가 있지 않나 생각해 보는 것이다. 즉, 구약시대가 지팡이의 시대였다면, 신약시대는 주님께서 자신의 몸을 우리를 위해 주신 시대라는, 강한 시대적 대조를 말해주는 것이 아닐는지.

이점은 또한 구약에서 지팡이가 하나님의 상징인 '목자'의 은유와 연결된 구절들을 신약에 나오는 '목자'의 상징을 담은 구절들과 비교해 보면 더욱 확실해 진다. 가령 구약의 시편 23:4와 미가 7:14를 보라.

> 주의 지팡이와 막대기가 나를 안위하시나이다.(시편 23:4하)

> 원컨대 주는 주의 지팡이로 주의 백성 곧 갈멜 속 삼림에 홀로 거하는 주의 기업의 떼를 먹이시되 그들을 옛날같이 바산과 길르앗에서 먹이소서.(미가 7:14)

이 두 구절은 목자로 상징되는 여호와께서 양으로 상징되는 성도 개인 혹은 성도의 무리를 지팡이로써 안위하시고 보호하시고 인도하시는 모습을 그리고 있다. 이번엔 신약에서 주님을 목자로 상징한 구절 중 가장 두드러진 요한복음 10:11~18을 보라. 예수님은 자신을 "선한 목자"라고 하셨다. 그러나 상징이든 실물이든 지팡이는 등장하지 않는다. 대신 주님은 이렇게 말씀하신다.

> 나는 선한 목자라. 선한 목자는 양들을 위하여 목숨을 버리거니와,(11절)

> 나는 양을 위하여 목숨을 버리노라.(15절 하)

무슨 뜻으로 주님은 목숨을 버리신다고 하셨는가? 이 말씀은 "죽어도 좋고 안 죽으면 더 좋다."는 뜻이 아니다. 주님이 양떼인 성도를 지키기 위해 목숨 걸고 싸우신다는 뜻이 아니다. 죽으실 각오로 우리를 인도하신다는 뜻도 아니다. 그보다 훨씬 더 높은 차원이다. 그는 실제로 목숨을 버리신다는 말씀이다. 누군가가 그와 싸워 이겨 그를 죽이는 것이 아니라, 아버지의 명령에 따라, 양떼인 우리를 위해 스스로 목숨을 버리신다는 말씀이다.(18절) 지팡이 대신 자신의 몸을 주시는 것이다.

이제 이 교훈들을 종합해 보자. 하나님은 예수께서 친히 오시기 전에 게하시로 상징되는 많은 선지자들과 하나님의 사람들을 보내셨다. 그 손에 들려 보내신 지팡이로 기적을 일으키시기도 했고 구원하시기도 했다. 그러나 이 모든 것은 "더 좋은 일의 그림자"(히브리서 10:1 참조)였을 뿐, 완전한 것이 못되었다. 예수님이 친히 오시고 십자가에서 자신의 몸을 드리시고 무덤을 깨뜨리시고 부활하셨을 때 진정한 부활의 시대의 문이 활짝 열린 것이며, 수넴 여인의 아들의 일시적인 부활은 그 그림자가 된 것이다.

히브리서 기자는 우리가 이미 받았으나 한편으로는 미완성인 채 남아있는 "더 좋은 것"을 향해 믿음의 투쟁의 길을 계속하라고 격려하면서, 그 "약속"을 받지 못하고 바라보기만 했던 우리 선배들의 발자취를 소개하고 있다. 그가 털보와 대머리의 믿음의 길은 소개하지 않았으나,[90] "여자들은 자기 죽은 자를 부활로 받기도 했다."(11:35)고 기록하고 있다. 그런데, 이 구절을 자세히 보면 상반절의 "부활"과 하반절의 "더 좋은 부활"이 대조를 이루고 있다.

　　　여자들은 자기의 죽은 자를 부활로 받기도 하며　또 어떤 이들은 더
　　좋은 부활을 얻고자 하여 악형을 받되 구차히 면하지 아니하였으며

사실 필자가 보기엔 35절 하반절은 어떤 의미에서 믿음의 용사들 소개가 끝나는 38절 뒤에 갖다 붙여도 될 것 같은데 굳이 35절 상반절에 이어놓은 이유는 어쩌면 "부활"과 "더 좋은 부활"을 바로 붙여놓아 강하게 대조시켜 우리의 눈길을 끌고자 하는 히브리서 기자의 의도가 숨어있었던 게 아니었을까 싶다. 그렇다면 이 사실은 무엇을 말하는가? 열왕기 기자가 전한 두 여인의 아들의 부활 사건을 통해 그보다 더 좋은 부활을 바라보라는 교훈이 아니겠는가? 그렇다면 "더 좋은 부활"이란 무엇인가? 이 문제는 앞으로 남은 몇 개의 장에서 다루게 될 것이다.

---

90) 참고. F. F. Bruce, *The Epistle to the Hebrews*, NICNT (Grand Rapids: Eerdmans, 1964) 335. 브루스는 히브리서 기자가 34절의 "칼날을 피하기도" 했던 사람들 중 엘리야와 엘리사가 포함되었을 가능성이 있다고 보고 있으나　확정적이라고 보기는 어렵다.

대머리는 삭발이 필요 없다

- 열왕기하 5:1~27 -

햇볕정책의 원조는 하나님

길가는 나그네의 겉옷 벗기기 시합이다. 먼저 바람이 강하게 불어댔다. 나그네는 겉옷자락을 더욱 꼭 붙잡고 길을 갔다. 다음은 해님이 따사로운 빛을 쬐어 주었다. 더워진 나그네는 스스로 겉옷을 벗었다. 해님의 승리이다.

냉전 시대가 끝나고 공산 종주국인 소련까지 무너진 후에도 여전히 문을 굳게 잠그고 있는 북한에 대해 겁을 주고 제재를 가하면 더욱 움츠려들 것인즉, 쌀 퍼 주고, 옷 입혀 주고, 공장 세워주고, 소 떼 몰아다 주고 해서 스스로 문을 열게 해야 한다는 게 김대중 전 대통령의 소위 '햇볕정책'이었다. 그래서 아버지 같은 대통령이 먼저 아들 같은 국방위원장을 찾아가 인사를 나누고, 쌀 퍼다 주고 소 떼 실어다 주고 옷가지 모아 보내 주었다. 그러나 뜸북새 울 때 비단 구두 사가지고 오신다던 서울 가신 오빠처럼 기러기가 울 때가 되었어도 김정일 위원장의 답방 소식은 없고, 오히려 2002년 월드컵으로 떠들썩한 틈을 타 우리 해군 함정에 총을 쏘아댔다. 그럼에도 불구하고 여중생을 "실수로" 죽인 미국에 대해서는 대대적인 촛불시위를 벌이던 시민들이 우리 해군을 고의적으로 죽인 북한에 대해서는 이처럼 관대할 수 있을까? 같은 해 가을 아시안 게임에 잘 다녀가라고 돈 대 주고, 다른 나라 선수들의 불만까지 감수해 가며 잘해 주었더니, 김정일은 핵무기를 가지고 미국의 부시 대통령과 배짱 경쟁을 벌여 남한을 비롯한 온 세계를 초조하게 만들었다. 그럼에도 불구하고 이듬해는 유니버시아드 게임에 잘 다녀가라고 온갖 배려를 다해 주었고, 그들을 꼴사납게 여긴 햇볕정책 반대자들 때문에 심사가 뒤틀린 그들에게 대통령이 나서서 사과하기까지 했다.

북한이 남한과 세계를 실망시키는 일이 일어날 때마다 한국에선 "햇볕정책은 그만둬야 한다."는 소리가 높아진다. 게다가 북한을 "악의 축" 중 한 나라로 지목한 부시 대통령의 공화당이 예상을 깨고 2002년 중간선거에서 대승을 거둔 이후 북한에 대한 압박의 강도를 더욱 높인 부시 대통령의 정책도 햇볕정책의 앞날을 불투명하게 하는 데 일조했다. 급기야 부시 대통령의 명령으로 북한에 중유 공급이 중단된 이후, 북미관계가 일촉즉발의 위기를 맞으면서 햇볕정책은 완전 실패가 아니냐는 생각이 들기 시작했다. 김 전대통령에게는 나뭇잎만 우수수 떨어지는 처량한 상황이 그의 임기 말년을 더욱 침울하게 했다. 김대중 정부와 두 번째 주자인 노무현 정부의 햇볕정책에 대한 진정한 평가는 좀 이른 감이 있지만, 어쩌면 실패가 아닌가 하는 생각이 든다.

그런데…… 사실 햇볕정책은 김대중 대통령이 제일 먼저 시작한 것이 아니다. 미국보다 더 큰 힘을 가지신 하나님은 힘의 외교 보다는 햇볕정책을 택하신지 오래 됐다. 그 때문에 무력으로 유럽을 일시 정복했다가 야망을 다 이루지 못하고 죽어가던 나폴레옹은 사랑으로 세계를 정복한 예수의 이름을 불렀던 것이다. 예수님은 "원수를 미워하라."는 당시의 통념을 깨뜨리시고 "원수를 사랑하라."는 계명을 주셨다. 선인과 악인에게 햇빛과 비를 골고루 주시는 천부처럼.(마태복음 5:43~47) 은혜의 시대의 성격을 규정하는 새로운 일면이었다.

그러면 구약 시대는 이와 같은 은혜시대의 모습과 원수사랑이란 없었는가 하면, 그렇지 않았다. 구약 시대에도 하나님의 백성은 이방의 빛이었다. 이 빛이 있었기 때문에 이방 여인 룻은 시어미 나오미와 함께 보아스를 찾았고, 나라가 융성했던 솔로몬의 시대에는 시바의 여왕이 그의 지혜를 들으러 찾아왔던 것이다. 그런데 나라가 어렵거나 망했을 때는 이방의 빛이란 의미가 퇴색되지 않았겠나 싶을 것이다. 그러나 나라가 망한 후 잡혀간 이국땅에서 다니엘과 세 친구는 여호와만이 참 신이심을 보여 주었다. 그리고 자신들을 잡아간 왕들에게 충성해 나라를 굳건히 세워 주었다. 원수 사랑이 실천되었던 것이다.

그리고 또 한 가지, 예수님을 많이 닮은 대머리 엘리사는 원수를 사랑해 문둥병을 고쳐주는 일에도 닮은꼴임을 보여 주었다.

여기서 잠시, 구약의 '문둥병'의 성격에 대해 언급해 두는 것이 좋겠다. 최근 고병리학자(古病理學者. paleopathologists)들 가운데는 구약 성경에서 "저주받은 병"으로 알려져 왔던 소위 '문둥병'이란 게 요즘 사람들이 생각하는 문둥병과는 다른 것이었다고 주장하는 학자들이 있다. 이들의 주장에 의하면, 당시 중동지방에서는 현대 문둥병과 같은 병이 있었다는 가설을 뒷받침할 만한 증거가 나타나지 않고 있으며, 레위기 13~14장에 설명되어 있는 '문둥병'의 증상이 현대 문둥병의 증상과는 차이가 많다고 한다. 즉 현대 문둥병은 피부와 심한 경우 뼈까지 썩고 신경이 죽어 감각을 잃으며 발병과 진전 속도는 엄청나게 느린 반면, 레위기에 묘사된 피부의 색깔 변화, 머리털 등과는 관계가 없고, 한두 주간에 병세가 달라질 수는 없다는 것이다. 또 옷이나 건물이 문둥병에 걸린다는 것은 정말 상상하기 어렵다는 것이다. 그래서 영어 번역 중 뉴 리빙 번역(NLT) 혹은 한국어 표준새번역 등은 아예 이를 "악성 피부병"으로 번역하기도 했다.

이에 관한 깊은 연구는 고병리학자들에게 맡기는 것이 옳겠지만, 우리가 '문둥병'으로 알고 있는 질병에 걸린 사람이 장군 노릇을 한다는 건 좀 이해가 가지 않는 것은 사실이다. 어쩌면 "악성 피부병"이란 좀 광범위한 병명이 오히려 적합할 것 같기도 하다.[91] 어쨌거나 중요한 점은 그가 이스라엘의 선지자 엘리사를 찾았고, 엘리사는 적장의 병을 고쳐주었다는 사실이다.

대머리는 삭발이 필요 없다.

그런데, 이스라엘은 "대아람 햇볕정책" 같은 것을 공식화한 일이 없었다. 그저 선지자 엘리사에 의 해 자연스럽게 이루어진 일이었다. 나아만의 집에 이스라엘 출신 소녀가 있었다. 그의 병을 안타깝게 생각한 소녀가 사마리아에 사는 선지자를 찾아가 보라고 권했다. 나아만은 귀가 솔깃했을 것이다. 그래서 임금께 허락을 받고, 이스라엘 왕에게 부탁하는 친서까지 받아들고 이스라엘 조정을 찾았다. 그저 그렇게 자연스레 진행된 일이었다. 왕으로선 황당한 일이었다. 그 저의가 무엇인가 고민이 될 수밖에 없었다. 그래서 왕은 엘리사의 권고에 따라 나아만을 그에게로 보냈고, 엘리사는 그에게 햇볕을 비추어준 것이다.

자 이제 나아만의 움직임을 따라가 보자. 무대가 바뀌었다. 그는 대머리 선지자를 찾아왔다. 그런데 엘리사는 콧등도 보이지 않고, 사환을 시켜 "요단강에 가서 일곱 번 씻으라."(10절)는 말만 전했다. 자존심이 상했다. 적어도 외국의 거물급 군사 지도자가 방문했으면 거기 걸맞은 예우를 갖추어

---

91) 참고: http://instruct1.cit.cornell.edu/courses/nes263/spring99/example4/ leprosy .html.

야지. 그러나 자존심이 병 고쳐주나, 측근들의 간곡한 설득에 마음을 고쳐먹고 요단강을 찾았다. 이스라엘이 가나안에 들기 위해 건넜고, 훗날 예수께서 세례를 받으심으로 기독인들에게는 죄 씻음과 구원의 상징이 되어버린 그 강물로 그는 일곱 번 씻었다. 정말 병이 나았다. 감사의 표시가 없으면 사람이 아니지. 그래 다시 찾아왔으나 엘리사는 고사했다. 여호와께 맹세하면서까지 일전 한 푼 받지 않았다. 그냥 떠날 수밖에 없었다. 그러나 그는 여호와만이 참 신이심을 고백했고, 고국에 가서도 여호와께만 제사를 드리겠다고 약속했다. 햇볕정책이 성공을 거둔 것이다. 다만, 정치적인 신분 때문에 국가적 종교의식에서 왕을 보필하는 일은 눈감아 달라고 부탁했다. "알지 못하던 시대에는 하나님이 허물치 아니하셨다."(사도행전 17:30)는 바울의 말이 다시 떠오른다. 엘리사는 그에게 "평안히 가라." 하였다. 아직은 때가 차지 않았던 것이다.

그런데 여기서 재미있는 생각 하나가 떠오른다. 대머리가 아닌 사람도 삭발을 하고 면도날로 싹 문지르면 얼마동안은 광이 날 것이다. 그러나 머리털은 곧 다시 자라나고, 번쩍이던 광채는 사라질 것이다. 엘리사는 대머리였다. 언제나 광이 나는 머리였다. 삭발이 필요 없었다.

무슨 엽기적인 비유냐고 너무 나무라지 말기 바란다. 그냥 하나님의 빛은 그의 본성에서 나오는 자연스런 빛이란 사실을 강조하고 싶을 뿐이다. 다만 공중의 권세 잡은 자의 구름에 가려 그 빛은 지상까지 제대로 도달하지 못했던 것이다. 그러나 예수의 부활로 사탄의 세력이 분쇄되고 햇빛을 가렸던 구름이 걷혀진 새 시대는 하나님의 빛이 이 세상 누구에게나 비치고 있다. 예수님은 로마군 장교의 하인을 살려주시고,(누가복음 7:2~10) 사마리아인의 문둥병을 고쳐주시며,(누가복음 17:11~19) 그를 잡아가려고 온 원수의 귀를 고쳐주셨다.(누가복음 22:47~51) 처음엔 소용이 없는 것 같았다. 수백 년이 가도 주님의 햇볕정책은 실효를 거두지 못하는 것 같아 보였으나, 실상은 땅 밑에서 돋아나는 천국의 싹들을 키웠고, 수백 년이 지난 후 로마 제국 전체를 그의 햇볕을 사모하는 나라로 바꾸어 놓았다. 그렇다. 햇볕정책은 시간이 필요하다. 하루를 천년 같이 기다리시며 죄인들이 회개하고 돌아올 때까지 하나님의 따사로운 햇볕은 계속 쬐일 것이다. 그리고 성도들도 하나님의 햇볕을 반사해 비추는 작은 빛들이 되어야 한다. 변화받지 못한 심령도 잠시 광채를 발할 수는 있겠지만 오래가지 못한다. 그러나 진정으로 변화 받은 심령은 그 변화된 본성에서부터 그리스도의 광채가자연히 반사되어 어두움을 밝히고, 언제까지나 포근한 사랑으로 추위에 떠는 이웃들을 감싸줄 수 있다.

어떤 의미에서 김대중 정부의 햇볕정책도 자연스럽게 형성된 일면이 있는지도 모르겠다. 춥고 배고프면서도 할 말 못하고 사는 북녘 땅의 부모형제를 만나 회한을 풀고 따뜻한 밥 한 그릇이라도 나누고 싶었던 실향민들의 가슴 속에서 햇볕정책은 사실상 자연스레 자라나고 있었다고 볼 수도 있을테니까. 그러나 그것이 국가적 차원의 정책으로 공식화되면서 가족 제일주의의 순박한 한민족의 정서 이상의 것이 되어 버렸다. 아무 대가도 바라지않던 순수한 정서에 사업적 계산이 따라붙기 시작했다. 판문점을 통과하던소 떼의 행렬 뒤로 금강산 개발권을 따내려는 계산이 뒤따랐다. 한 핏줄 한동포가 하나 되자는 거룩한 이념 뒤로 대기업들과 땅 투기꾼들의 계산이 그림자처럼 깔렸다. 그리고 4천억에 달하는 뇌물을 주고 남북정상회담을 "샀다"는 풍문이 사실로 밝혀졌다. 관련자들은 결국 유죄를 선고받았고, 고 정주영 왕회장의 후계자인 정몽헌 회장의 자살은 이와 직접 관련이 있었다는게 대부분 분석가들의 견해이다.

정치적 혹은 사업적 계산이야 있을 수도 있겠지만, 다만 주객이 전도되어 이런 계산들이 우리 민족의 순수한 정서를 흐리게 할 가능성이 염려된다는 말이다. 지긋지긋한 가난을 벗어보려고 '남한'이란 이름의 형제의 집에서 눈칫밥이라도 얻어먹으려고 찾아온 조선족 동포들의 눈에서 눈물이 쏟아지게 만든 일들도 많았다. 혹은 코리언 드림을 안고 남한에 와서 온갖 힘든 여건 속에서도 묵묵히 땀 흘리며 일해 준 외국인 노동자들이 꿈을 모두 빼앗긴 채 결국 빈손으로 고향으로 돌아가게 만들기도 했다. 어떤 이들이 탈북자들을 위해 목숨 걸고 뛰든 말든, 정부 당국은 김정일 국방위원장 눈치 때문인지 그들의 입국에 난색을 표하곤 했다. 없으면 없는 대로 있으면 있는 대로 모든 것을 함께 나누던 백의민족의 순박한 이웃사랑 다 어디로 갔는가? 돌이켜보라. 불과 수십 년 전 우리도 춥고 배고파 자존심 상해가며 미국으로부터 동냥밥 얻어먹지 않았던가. 햇볕정책의 성패는 결국 북한의 마음에서 우러나오는 반응에 달린 것일진대, 감동적인 수사 뒤에 가려진 정치적인 암수(暗手)를 통해서 스스로 고립의 외투를 벗어버리게 할 수 있을 것으로 믿는 것은 착각이 아닐까? 엘리사의 햇볕정책은 이 같은 남한 정부와 한민족들로 하여금 그들의 햇볕정책 수행상의 문제점들을 돌이켜보도록 교훈을 주고 있다.

여호와의 햇볕정책은 하나님의 본성에서 자연히 우러나오는 선택이었다. 마치 삭발하지 않아도 엘리사 선지자의 머리가 번쩍번쩍 광이 났듯 자연스레 내리쪼이는 햇볕이란 말이다. 그런데 하나님의 햇볕정책이 본성에서 자연히 우러나온다는 점에서 파생되는 또 한 가지 중요한 점이 있다. 그것은 베푸는 사랑으로서 대가를 바라지 않는다는 점이며, 바로 이 점에 비추어볼 때 남한의 햇볕정책의 문제점이 드러나는 것이다.

거저 받았으니 거저 주라

그런데, 엘리사가 뇌물이 아닌 감사의 표시로 주는 선물을 하나도 받지 않았다는 사실에는 납득하기 약간 어려운 면이 있다. 물이 너무 맑으면 고기가 모이지 않는다고 했는데, 이건 지나치게 외골수 적인 생각이 아니었나 싶기도 할 것이다. 크고 작은 인사치레에 익숙해진 우리네 배달민족 뿐 아니라 엘리사의 사환 게하시가 보기에도 너무했던 것 같다. 그래서 그는 마음속으로 여호와의 이름으로 맹세까지 하면서 그 뒤를 좇았다. 이 무슨 엽기적인 대조인가? 선지자는 안 받겠다고 맹세하고, 사환은 받아내겠다고 맹세하고. 햇볕정책으로 인한 남한의 '남남갈등'의 그림자인가? 하여간 그는 기가 막히게 잔머리를 잘 굴려 약간의 재물을 받아냈다. 엘리사의 이름을 판 것이다. 그가 재물을 자기 집에 감춰두고 시치미 뚝 떼고 정상업무로 돌아갔으나, 하나님의 사람 엘리사는 훤히 알고 있었고, 그는 저주를 받아 나아만 대신 문둥병자가 되었다. 이렇게 함으로써 엘리사는 자신의 측근을 철저히 관리하는 멋진 지도자임을 입증해 주었다.

그럼 왜 한 푼도 받지 않았을까 하는 의문을 가지고 26절의 엘리사의 책망의 말을 읽어보자.

> 그 사람이 수레에서 내려 너를 맞을 때에 내 심령이 감동되지 아니하였느냐? 지금이 어찌 은을 받으며 옷을 받으며 감람원이나 포도원이나 양이나 소나 남종이나 여종이나 받을 때냐?

이 구절에서 특히 '때'란 단어에 주목하는 독자들이 받는 첫인상은 "아하, 사실은 선물 받는 게 나쁜 건 아니지만, 시국이 시국이니 만큼 지금은 안 된다, 이런 뜻인가?" 하는 생각일 것이다. 사실 앞서 이미 소개한바 열왕기하 8장에서 그가 다메섹을 방문했을 때 병석에 누운 아람 왕 벤하닷의 회복 여부를 묻기 위해 찾아온 하사엘의 선물을 고사했다는 기록이 없다는 사실에 비추어 볼 때, 선물을 받느냐 안 받느냐 하는 것은 어떤 절대적인 규율이 있다기보다는 때와 상황에 따라 달라질 수 있는 게 아닌가 싶다는 생각이 들만도 하다. 그래서 우리를 더욱 헷갈리게 한다. 고전적인 주석가 카일은 이에 대해, 그 당시 자신의 사리사욕을 추구하는 거짓 선지자가 많았으므로 그들과 분명한 차별화를 도모했어야만 했다고 주장한다.92) 특히 꼬투리 잡히면 지극히 난처한 적국의 장수에 대해서는 더욱 그랬을 것이다.

그런데, 사실 이 문제는 이 구절에 내포된 사본비평학적인 문제와도 관련이 있는 듯하다. 본문의 '때' 라는 말에 해당하는 히브리어 '에트'가 헬라어 역본에는 "카이 눈" 즉 "그래서 지금……." 이런 뜻으로 번역이 되어 있다. 그러니까, "게하시, 자네 지금 뭐 하는 짓거리야? 뇌물에 정신 팔렸냐?" 이런 뜻에 가깝단 얘기이고, 다시 말해서, 게하시가 저지른 짓은 시기적으로 적합하지 않았다는 정도로 가볍게 볼 게 아니라 그의 탐욕을 질타한 말이라는 생각을 해보게 된다. 글쎄, 솔직히 말해서 잘 모르겠다. 그 때가 시기적으로 선지자가 냉수 한 그릇도 함부로 마실 수 없었던 때였을 수도 있다. 그러나 필자의 마음은 엘리사의 표현은 시대를 초월해서 뇌물 수수에 관한 일반적인 교훈을 준다는 쪽으로 더 기우는 것 같다. 나아만이 운반해 올 수 없었던 감람원이나 포도원 등도 열거된 사실을 보면 더욱 그렇다.

확실한 것은 여기서 나타난 엘리사의 모습은 측근의 이권개입을 제대로 다스리지 못해온 대부분의 대한민국 역대 대통령들과 대 북한 햇볕정책을 자신들의 이익을 위한 절호의 기회로 삼으려는 기업들과 일반 시민들과는 너무나 대조적인 모습이라는 점이다. 무언가 베풀어주면 그만큼 생색을 내려고 하고 무언가 대가를 바라는 한 햇볕정책은 실효를 거두기 어렵다. 주님은 "거저 받았으니 거저 주어라."(마태복음 10:8) 라고 하셨다. 이 말씀은 우선적으로 복음 전파 문제에 적용되어야 하겠지만, 헐벗고 굶주린 지구촌 가족들의 세속적인 필요를 돕는 일에도 적용되어야 할 것이다.

한 손엔 성경을, 다른 손엔 "테러와의 전쟁" 을?

---

92) Keil, "The Second Book of Kings," 319f.

본문과의 직접관련성은 약할지도 모르지만, 최소한 엘리사의 햇볕정책에 관한 광범위한 교훈과 관련해 선교 분야에서 언급하고 싶은 것이 있다.

우선 미국의 예를 또 들어보자. 미국의 보수 교계 지도자들이 부시 대통령의 이라크 전을 지지한 이면에는 이슬람권에 대한 선교에 열정이 일부 작용한 듯하다. 가령 미국 남 침례교 신학원의 앨버트 몰러는 「타임」지 기자와의 인터뷰를 통해 그가 기대하는 이라크 선교의 결실은 신자를 얻는 형태보다는 종교의 자유를 얻도록 하는 데 있다고 밝혔다. 이라크 전이 미국의 승리로 끝날 듯했던 2003년 봄, 수많은 장애요인과 이슬람권 선교에 대한 비관적인 견해에도 불구하고 구호물자와 복음을 가지고 이라크로 가려고 준비 중이던 그는 이를 뒷받침하는 역사적인 예로서 제2차 세계대전 후의 유럽과 일본을 들었다.93)

그의 선교의 열정은 인정받을 만하다. 그러나 그의 선교학적 진단은 크게 두 가지 면에서 문제에 부닥친다. 우선은 선교지에서의 "종교의 자유"에 관한 문제이다. 무력의 도움을 받아 쟁취한 종교의 자유가 선교사들이 활동하기에는 편한 토양을 제공할지 모르지만, 결실 면에 있어서도 그러할까? 그 답은 아마도 부정적일 것이다. 우선 그가 예로 든 유럽과 일본의 현실을 보자. 전체주의 국가에서 누리지 못했던 종교의 자유를 누리는 동안 교회가 얼마나 성장했는가? 유럽의 교회는 거의 힘을 잃고 있고, 일본의 교회는 지난 60년간 겨우 1퍼센트 정도의 신자를 얻는 데 그쳤다는 사실은 그가 말하는 "종교의 자유"란 것이 정작 영혼을 얻는 데 크게 도움이 되지 않는다는

---

93) Broward Liston, "Interview: Missionary Work in Iraq," *Time*, Apr. 15, 2003. http://www.time.com/time/world/article/0,8599,443800,00.html 에서도 볼 수 있음. 원문은 다음과 같다: "Victory [of missionary works] will come not in the form of conversions, but in the introduction of religious freedom" to Islamic world, of which the classic example would be "rebuilding of Europe and Japan after WWII."

사실을 반증하는 것이 아닐까?

그런데 사실상 종교의 자유에 관한 사안보다 더 심각한 문제는 선교사들이나 미국 교회들의 자세와는 관계없이 미국 내 소위 "네오콘"이라고 불리는 강경파들과 이를 경제적 이익을 거둘 수 있는 절호의 기회로 삼으려는 기업들의 욕심이다. 물론 미국 교회의 관점에서 보기엔 이라크 인들을 죽이는 것은 군인들이고 이 지역의 주도권과 석유를 차지하려는 것은 정부와 기업이며 복음을 전하는 것은 선교사들일 것이다. 그런데 이라크 인들도 이처럼 여러 종류의 미국인들을 뚜렷이 구별할까? 아닐 것이다. 그들 눈에는 "똑같은 미국 놈들"이 아닐는지?

이 두 가지 문제점들과 관련해서, 사실상 선교역사상 거의 유일하게 성공적인 경우로 여겨지는 19세기 말과 20세기 초 서방의 한국 선교의 역사를 돌이켜보자. 그 성공 비결은 무엇이었는가? 우선 일부 한국인 지도자들이 예수의 도리가 민족을 살릴 길이라 생각해서 적극적으로 받아들인 점, 서양 선교사들이 입국하기 전에 이미 성경이 배포되고 있었다는 점, 또한 선교사 찰스 알렌 클락이 잘 요약한 대로, "자력전도(자력전도; self- propagation), 자치제도(자치제도; self-government), 자급운영(자급운영; self-support)"을 추구하던 소위 네비우스 방식의 선교전략94) 등을 들 수 있다. 그런데, 이 외에 중요한 요소로 작용했던 것들이 더 있다. 한반도는 미국의 식민지가 아니었으며, 서양 선교사들 중 다수가 일본의 압제 하에 고난 받던 한국의 성도들과 함께 기꺼이 십자가를 지고 갔다는 점도 생각지 않을 수 없다. 물량공세가 아니었다. "종교의 자유"를 위한 투쟁도 아니었다. 주를 위해 고난을 함께 지고 감으로써 한국 선교는 성공할 수 있었던 것이다. 이런 이유들로 해서 당시의 한국인에게 미국은 한자 표기 그대로 "아름다운 나라"였던

---

94) Charles Allen Clark, *The Korean Church and The Nevius Methods* (New York: Fleming H. Revell Company, 1930) 83.

것이다.

　그러나 광복과 함께 반미 분위기가 태동하기 시작했다. 이라크에서와는 달리, 미군이 한반도로 진군하자 대부분의 국민들은 그들을 "해방군"으로 환영했으나, 한반도를 미국의 영향력 아래만 두려는 그들의 진정한 의도를 의심스러워하던 극소수의 국민들은 "양키즈, 고 홈!"을 외치기 시작했다. 한국전쟁이 발발하자 대부분의 국민들은 그들을 혈맹으로 받아들이고 감사했으나, 미군들의 부녀자 강간, 무고한 민간인 살해, 그리고 오천 년의 역사를 가진 한민족을 무시하는 언동의 소문들을 접하면서 일부 국민들은 분노하기도 했다. 대부분의 한국인들이 미국이 갖다 준 옷이며 강냉이며 쌀이며 각종 구제품들을 고맙게 받아갔지만, 어떤 국민들은 그 뒤에 도사리고 있을지도 모르는 한반도의 경제식민지화의 야심을 의심하기 시작했다. 한강 상류에 폐유를 몰래 흘리고, 사고이긴 했지만 탱크에 깔려 피어보지 못하고 비명에 간 두 여중생 사건에 대해 보여 왔던 미국의 무성의한 태도 등으로 한국 내 반미감정은 점점 무르익어갔고, 그래도 미국을 옹호하는 보수 교회들은 민심을 잃어가고 있는 듯한 것이 한국의 슬픈 현실이다. 미국이 이라크와 동유럽에서 같은 과오를 되풀이하지 않기만을 바란다.

　"한 손에는 칼을, 다른 손에는 코란을!"-요즘은 이 말의 진의가 서방세계의 편견으로 잘못 전달되어 왔다는 주장이 힘을 얻고 있지만, 좌우간 칼로써 그들의 도리를 전했던 것으로 알려진 중세기 이슬람과 한국과 미국의 기독교가 무언가 달라야 하지 않겠는가? 부수고 죽이고 물리치고 나서 물량공세와 함께 복음을 들고 가는 것은 십자가를 지고 주를 따르던 사도들의 복음전파 전략과 비슷한 데라곤 하나도 없는 것 같다. 그들은 예수를 전하기 전에 "종교의 자유"를 전하려고 하지 않았다. 그런데 종교의 자유가 없었던 그 시절 뿌려진 복음의 씨는 그들의 희생의 땀과 사랑의 눈물과 순교의 피로 옥토로 변한 마음 밭에서 무성하게 자라났다. 그 마음 밭은 오히려 "종교의 자유"라는 비료를 뿌리면 옥토가 되기보다는 오염될 가능성이 더 많은 신비스런 토양이다. 이것이 바로 "고난의 신비"의 일면이 아니겠는가?

자 그럼 이제 국내외 한인교회들의 선교의 문제점들을 미국의 경우와 비교, 검토해보자. 한 좋은 예가 생각난다. 근 십년이 지났나보다. 러시아 선교사 한 분이 러시아 여 성도들로 구성된 합창단을 이끌고 애틀랜타의 한 한인 교회를 방문했다. 한복을 입은 단원들이 발음이 서툴지만 한국어로 찬송을 부르자 성도들은 많은 감동들 받는 듯했다. 강단에 오른 선교사는 당시 공산 소련이 무너진 후의 피폐한 그들의 삶을 소개하고, 한국의 경제지원과 선교활동 등을 자랑스럽게 소개했다. 그는 또 당시 러시아인들이 한국인들 앞에서 "코가 납작해 졌다."고 말해 한인 성도들에게 자부심을 심어주었다. 어쩜 그래서 그들은 더욱 힘을 내어 선교헌금을 쏟아놓았을 것이다. 그러나 필자는 어떤 묘한 갈등을 마음속으로 느꼈다. 합창단이 왜 한국어로 찬송해야 하는가? 한인 성도들에게 잘 보여 선교헌금을 더 많이 얻기 위해서라면, 이건 선교헌금이라기보다는 거지 동냥이라는 의미가 더 짙은 것이 아니었을까? 이들이 한국어를 모르기 때문에, 혹은 당시로선 정말 "코가 납작해 졌기" 때문에 문제가 되지 않았는지 모르지만, 러시아가 어떤 나라인데, 저런 마음가짐으로 무엇이 전해질 수 있을까 싶은 의혹이 생겼던 것이다.

러시아는 반세기동안 미국을 견제했던 초강대국이었을 뿐만 아니라, 각 분야에서 수많은 노벨상 수상자를 배출했고, 세계적인 문호, 음악가, 과학자, 발레단, 운동선수단 등을 낳았으며, 미국보다 먼저 유인우주선을 성공시켰던, 한국과는 비교 상대가 되지 않던 나라였다. 공산 통치라는 불행한 과거만 없었더라면 그토록 "코가 납작해 질" 일이 없었던 나라가 어쩌다 잠시 약해졌기로서니, 그들을 비하함으로써 한인 성도들의 우월감을 부추기는 것이 선교사의 가질 마음가짐은 아니었을 텐데. 물론 미국의 경우보다는 좀 나을지 모르겠다. 최소한 한국이 러시아를 공격하지는 않았으니까. 그러나 우리가 오만한 졸부의 모습을 지니고 그들에게 접근한다면, 그렇게 해서 전파되는 것은 무엇일까? 한강의 기적을 자랑하는 세속적인 한국교회의 모습일까, 아니면 칠십 년 세월을 신음하는 동안에도 변함없이 그곳의 성도들을 끝까지 사랑하셨던 예수의 모습일까?

진정한 햇볕정책은 정치적 햇볕정책 이상의 것이어야 한다. 세속적 차원의 햇볕보다 더 강한 하나님의 햇볕이 북녘 땅을 녹여주기 바라며, 복음의 빛이 환히 밝혀지고, 탈북자들 대신 복음이 압록강과 두만강을 넘어 만주 땅과 중국과 세계로 전파되기 바란다. 남한의 교회들이 마지막 때에 하나님이 택하신 선교국가라는 사명감을 버리지 않는다면, 선교사가 군대나 물량 공세를 뒤따라 들어가던 식민주의적 선교방식으로 북한이 열리기를 기대하지는 말았으면 한다. 평화를 사랑한다는 백의민족의 정신이 성경 전체를 통해 맥맥이 흐르는 "고난의 신비"와 결합되어 하나님의 좋은 도구로 사용되기를 바랄 뿐이다.

우리와 함께한 자가 더 많으니라

- 열왕기하 6:8~23 -

중국계의 피가 흐르는 하와이 출신 배우 켈리 후. 그녀는 영화 〈스콜피온 킹〉(Scorpion King, 2002)에서 미모의 마법사 카산드라로 분한다. 전쟁의 승패 여부를 예견하는 그녀의 신통력을 힘입은 포악한 정복자 멤논은 소돔과 고모라가 건재하던 옛 시절 이웃 나라들을 계속 정벌해 나간다. 잔당들이 모여 숙의 끝에 나중 "스콜피온 킹"이 될 저격수 마테우스를 침투시켜 마법사를 죽이려고 한다.

이스라엘의 선지자 엘리사는 일종의 신통력을 가졌나보다. 여호와의 신이 주신 것이니까 카산드라의 신통력과 비교도 안됐을 것 같다. 시리아가 아무리 좋은 작전을 수립해도, 그는 천리 밖에서 미리 알고 이스라엘 왕에게 전해준다. 이런 한심한 노릇이 있나. 틀림없이 스파이가 있다고 단정한 시리아 왕이 부하들을 다그치자, 그들은 이 모든 게 선지자 엘리사 때문이라고 아뢴다. 시리아 왕은 우선 엘리사부터 죽여야 한다는 결론을 내린다. 그리하여 그들은 도단 성을 포위했다. 몇 명의 암살 특공대가 아니라 대규모 병력이다. 이를 본 사환 게하시는 간담이 서늘해 졌다. "아아, 내 주여 우리가 어찌하리이까?"(열왕기하 6:15) 그러나, 우리의 대머리 제다이 엘리사는 담대하기만 하다. "두려워하지 말라. 우리와 함께한 자가 저와 함께

한 자보다 많으니라."(16절) 이세벨에게 쫓기다가 호렙 산에 이르러 "이젠 혼자 남았다."(열왕기상 19:10, 14)고 낙담하던 털보 엘리야의 모습과는 너무나 대조적이다.

우리와 함께한 자가 저와 함께한 자보다 많으니라

마틴 루터 신부는 마틴 루터 킹 목사보다 수백 년 앞서 살았던 사람이다. 그도 킹 목사처럼 혁명가적 기질이 있었다. 그는 로마 교황청의 면죄부 판매에 반대해 노여움을 샀다. 그러나 청문회가 열리는 신성로마제국의 보름스 국회 의사당의 "기왓장보다 많은 사탄들"을 상대로 싸울 때 그는 믿었다.

우리와 함께한 자가 저와 함께한 자보다 많으니라.

그가 실제로 보름스로 행진하는 동안 시민들의 약 사분의 삼이 그와 함께했다고 역사가인 스피츠는 말한다.95) 청문회가 끝난 후 그는 프레드릭 공이 보낸 것으로 보이는 사람들에게 붙잡혀 눈이 가려진 채 어디론가 납치됐다. 그가 은거한 곳은 비밀에 부쳐진 채, '루사모'(?)의 도움으로 그의 종교개혁은 착착 진행되어갔다. 그와 함께한 자가 사탄과 함께한 자들보다 많았던 것이다.

아아, 노 후보여 우리가 어찌하리이까? 당신은 자격이 안 된다고 자꾸만 떠나고 있나이다. 반대파들이 우리 주위를 빽빽이 둘러싸고 있나이다.

그러나 그는 믿었다.

두려워 말라. 나를 후보로 뽑아준 국민들이 후단협 등 반대파보다 많으니라.

이번에는 철새들이 눈이 멀었다. 결국 그가 질 것이란 전망을 믿고, 약삭

---

95) Lewis W. Spitz, *The Renaissance and Reformation Movements: Vol. 2. The Reformation* (St. Louis: Concordia, 1971) 329f.

빠르게 살 길들을 찾아 이동했다. 눈앞이 캄캄했다. 그런데, 이게 뭐야, 그들을 더 넓게 둘러싸고 있는 '노사모'란 이름의 불 말과 불 병거들이 그의 눈에 보였다. 격려가 쇄도하고, 희망돼지저금통들이 그에게로 모여들고 노모의 라식 수술비가 진로를 바꾸어 그에게로 날아들었다. 그는 결국 이겼다. 박진감 넘쳤던 2002년 한국의 연말은 그렇게 피날레를 장식했다.

사실, 신앙세계에서의 일과 세속 정치에 속한 일을 비교한다는 게 좀 엽기적이긴 하지만, 종교개혁을 일으켰던 루터의 투쟁의 시대와 소위 시민정치 시대를 열었다고 평가되는 노무현 대통령의 선거유세 시절이 한 가지 닮은 점이 있는 것 같다. 그것은 정보전달 기술 혁신이 일어났다는 점이다.

우선 루터의 시대를 뒤돌아보자. 교회사가들의 말을 빌리자면, 루터의 종교개혁의 성공 원인 중 하나가 인쇄술의 발달이었다고 한다. 구텐베르크가 발명한 활자로 당시로서는 상상을 초월하는 문서의 대량생산이 가능해졌고, 모든 출판물의 가격이 엄청나게 싸졌으며, 결국 참 하나님의 모습을 볼 수 있는 눈을 일반 성도들에게도 제공해 주었던 것이다. 이전에는 귀로 듣기만 하던 말씀을 이젠 눈으로 직접 읽을 수가 있게 되자 교황청을 중심으로 한 기득권층이 성경을 얼마나 엉터리로 가르쳐왔는지, 그들의 타락상이 얼마나 심각했는지 드러나기 시작했으며, 에라스무스의 「우신예찬」 등 부패한 가톨릭을 풍자하는 글들이 민간에 널리 퍼져나갔던 것이다. 그리하여 기득권층에 대한 비판의식이 고조되면서 루터가 공포한 교황청의 면죄부 판매에 대한 95개 조항의 반박문이 대중적인 지지를 얻게 된 것이었다.

이번엔 노무현의 시대를 살펴보자. 새로운 정보 전달의 매체로 등장한 것이 인터넷이다. 특히 한국의 정보산업은 어느 나라에도 뒤지지 않는 수준을 유지하고 있다. 젊은 세대들을 주축으로 하는 네티즌들의 인터넷을 통한 정보교환은 줄타기나 특정 정당 내에서의 세력 확보가 부족해도 국민들의 일반적인 지지기반을 넓혀갈 수 있는 새로운 토양을 조성해 주었다. 그를 빽빽이 둘러싼 후단협을 비롯한 반대세력들을 엄청난 숫자의 IT 세대 불 말과 불 병거가 둘러싸고 있었던 것이다. 글쎄, 노무현 후보는 그것을 실제로 보았을까, 아니면 게하시처럼 보지 못했을까? 본인 외에는 아무도 모르겠지만, 그래도 끝까지 신념을 굽히지 않았다면 최소한 어떤 기대는 있었지 않았겠나 싶다.

그러면 이 점이 엘리사와 게하시의 경우에는 어떻게 나타나며, 이를 통해 우리에게 주시는 교훈은 무엇인가 생각해 보자. 엘리사의 눈에는 하늘의 군대가 보였다. 그런데 게하시의 눈에는 보이지 않았다. 어떤 사람에게는 보이고, 어떤 사람에게는 보이지 않는 것일까?

게하시의 상황을 일제 말기 춘원 이광수 씨의 처한 상황과 비교해 보자. 그가 조국광복을 보았다면 일본의 주문대로 한국 청년들을 선동하는 일은 하지 않았을 것이고, 그 때문에 광복 후 곤욕을 치르지도 않았을 터인데. 어쩌면 태평양 전쟁의 전황이 그에게 전달되지 않았거나, 잘못 전달되었거나, 소문을 들었더라도 잘못 해석함으로써 한민족은 결국 일본인과 함께 살아갈 수밖에 없다는 결론에 도달했기 때문이었는지도 모르겠다. 게하시도 어쩌면 춘원과 비슷한 상황에 처했었는지 모르겠다. 눈이 열리기 전에는, 그래서 엘리사가 본 천군 천사들을 보기 전까지는, 절망적인 생각에서 벗어날 수가 없었을 것이다. 헷갈리는 세상을 살아가는 성도들의 눈도 또한 이런 상황에 처할 수 있을 것이다. 우리를 돕는 천군들을 보는 믿음의 눈이 있다면, 힘들고 어려운 길일지라도 믿음으로 싸우며 나아갈 터인데. 분명 보여야 할 텐데 믿음이 없어 보지 못하는 것일까? 아니면, 사실상 허구에 불과한 것일까? 하나님이 약속하신 승리가 눈에 보이지 않기 때문에 오늘도 사탄의 협박과 유혹에 넘어가 변질된 신앙의 길로 슬그머니 발을 들여놓는 모습이 오늘날 우리 성도들의 자화상인가? 그러나 이런 절망적일 것만 같은 상황에서도 주님은 우리를 거스르는 그 어떤 세력보다 더욱 크신 능력으로 우리를 도우신다는 사실을 볼 수 있는 영적인 눈을 가진다면 얼마나 좋겠는가?

엘리사는 불안에 떠는 게하시를 격려하기 위해 그의 눈이 열리게 해달라고 기도했다. 결국 게하시는 하늘 군대를 보았다. 그리하여 엘리사와 게하시 사이에 필요한 정보 전달이 효과적으로 이루어졌고, 여호와와 천군들, 그리고 엘리사와 게하시 등 하나님의 사람들이 하나가 되어 아람과의 싸움을 승리로 이끌게 된 것이다. 이와 같이 선한 싸움을 함께 싸우며 나아가야 할 성도들이 주를 모신 가운데 하나가 되고, 바른 진리와 신령한 지식을 함께 나누며 서로 격려하여 모이기를 힘쓰기를 마지막 승리의 날까지 계속해야 할 것이다.(참고. 히브리서 10:23~25)

자 이제 엘리사의 실제 작전수행으로 눈을 돌려보자. 게하시의 눈을 열게 해 달라고 기도했던 것과는 정반대였다. 시리아 군대는 눈이 멀도록 해 달라고 기도했다. 그대로 되었다. 그리고 그들은 엘리사의 기만 작전에 말려들었다. 게하시의 경험대로 그들도 눈을 떠 보니 사마리아 성 안에서 독 안에 든 쥐 꼴이 되어 있었다.

주님은 선지자 이사야의 말씀(6:9~10)을 인용해, 어떤 사람은 눈이 열려 복음의 빛을 바라보고, 어떤 사람은 눈이 멀어 이를 못 보게 하시려고 진리를 비유로만 전하신다고 말씀하신 적이 있다.(마태복음 13:10~17) 그렇다. 주를 대적하는 사람들은 눈을 어둡게 하시고, 고난 중에서도 주를 바라보며 선한 싸움을 싸워 이기기를 도모하는 성도들은 눈을 열어 보게 하신다. 따라서 성도들은 승리하신 주님이 함께하심을 보고, "우리가 사방으로 우겨쌈을 당하여도 싸이지 아니하며 답답한 일을 당하여도 낙심하지 아니한다."(고린도후서 4:8)는 사도 바울의 확신을 함께 나누게 되는 것이다.

적군에게도 햇볕을

미국의 보수 교계 지도자들 중 많은 이들은 "원수를 사랑하라," 혹은 "오른 뺨을 치는 자에게 왼편 뺨도 들이대라."는 등의 말씀은 개인적인 차원에서만 적용되는 것이며, 국가적인 차원에서 자국민을 보호하기 위한 전쟁은 하나님이 그 정당성을 인정하는 것이라고 가르치면서 부시 대통령의 대 이라크 전쟁을 지지해 왔다. 이러한 사상은·카르타고의 성자 어거스틴이 정립하고 루터, 캘빈, 쯔빙글리 등 종교 개혁가들이 발전시켰으며, 그 후 유니언 신학교 교수 라인홀트 니버 등 수많은 신학자들에 의해 이어져온 소위 "정당한 전쟁론"(Just War Tradition)[96]에 입각한 주장이었다. 정당한 전쟁론이란, 이를 주장하는 이마다 조금씩 표현을 달리하고 있지만, 모든 평화적인 수단을 다 사용했으나 결국 실패했을 경우 각 나라의 최고 책임자의 결정으로 악을 제거하기 위한 마지막 수단으로 전쟁이 사용될 수 있다는 논지로 요약될 수 있겠다. 사실, "정당한 전쟁"을 빙자해 일으켰던 중세기 십자군 전쟁 등 수많은 전쟁의 역사를 뒤돌아보면 정당하지 않았던 면면들이 많

---

96) 정당한 전쟁론(Just War Tradition)에 관한 입문은 다음 자료들로 시작: 김대진, "기독교와 평화 (1) -이라크 전을 회고하며," http://www.goodculture21.com/p 039001. html; 강사문, "정당 전쟁론에 대한 성경적 해석," 문진섭 편, 선교전자산문 중 "평화에 관한 글들"의 부록. http://iwmu.com/kochuch1/peace/peace18.htm. 1991년 걸프전을 계기로 작성된 듯한 이 두 문서들은 정당한 전쟁론을 대체로 수긍하지만 실제 수행의 복잡성과 수행상의 오류 및 잘못된 동기 등도 지적하고 있다. 영어로는 "Just War Tradition," in "The Pew Forum on Religion & Public Life," http://pewforum.org/just-war/. 이 문서 말미의 정당한 전쟁론에 대한 주요 문헌 색인 참조. 특히 2차 이라크 전과 정당한 전쟁론을 직결시킨 경우는 Charles Colson, "Just War in Iraq: Sometimes going to war is the charitable thing to do," Christianity Today 46/13 (Dec. 2002) 72. 및 Jean Bethke Elshtain, "Just Way Theory: More Relevant than Ever," http://www.beliefnet.com/story /123/ story_12305_1.html 등에서 볼 수 있다.

았다는 지적도 있지만, 어쨌거나 이 이론은 대체로 적합하다고 생각된다.

문제는 미국의 이라크 공격이나 북한에 대한 위협 등이 정당한 전쟁이란 평가를 받을 수 있는가 하는 점이며, 설령 그렇다 하더라도 성경적인 전쟁론이 그대로 실현되고 있는가 하는 점이다. 사실, 그동안 미국과 영국이 전쟁 명분으로 내세웠던 이라크의 대량 살상무기 소유 여부 등에 관한 문제들이 그들이 처음 주장했던 정보와는 사뭇 다른 모습을 나타내게 됨에 따라 정당성이 있다는 주장은 빛을 잃어갔다. 어쨌거나 이라크 문제는 엎질러진 물이 되어버렸다. 독자들이 이 책을 읽으실 즈음이면 이 엎질러진 물이 어떤 형태로든 일단 주워 담겨진 후일 수도 있겠지만.

하여간, 독안에 든 쥐가 된 아람 군대에 대한 엘리사의 태도는 미국의 국익을 위해 전쟁이란 수단에 지나치게 의존해온 부시 대통령과 강경파들, 그리고 그를 적극 지지하던 미국의 교계 지도자들로 하여금 "정당한 전쟁론"의 진정한 의미와 실제를 다시 한번 돌이켜 생각해 보도록 도전을 주고 있다.

그럼, 그 때의 사마리아 성으로 다시 가 보자. 왕이 물었다. "칠까요?" 그런데 만일 독자가 엘리사라면 어떻게 권고했겠는가 생각해 보라. 그건 기원 후 3천년기가 아니라 기원전 1천년기였다. 포로의 기본권을 보장하기 위한 제네바 협정 같은 것도 없었고, 전투요원과 비 전투요원의 구별이나 심지어 군인과 민간인의 구별조차 신경을 쓰지 않았던 때였다. 전략에 따라서는 군인 뿐 아니라 민간인까지 전멸시키기도 했던 시절이었다. 어떤 의미에선 이들을 전멸시키는 것이 아람의 군사력을 약화시킬 수 있는 절호의 기회가 될 수도 있지 않았을까? 게다가 그들이 공격한 대상은 엘리사 자신이었다. 그러나 엘리사는 반대했다. 이미 나아만 장군을 상대로 햇볕정책을 펼쳤던 그는 이번에도 그들에게 따사로운 햇볕을 쬐어줄 것을 권고했다.

치지 마소서. 칼과 활로 사로잡은 자인들 어찌 치리이까? 떡과 물을 그 앞에 두어 먹고 마시게 하고 그 주인에게로 돌려보내소서.(22절)

이스라엘 왕은 엘리사의 말을 따랐고, 그 후 시리아 군대는 더 이상 이스라엘 지경을 넘보지 않았다. 햇볕정책이 성공한 것이다. 최소한 얼마동안은 그랬다.

다섯 마리의 고양이와 한 마리의 쥐

이제 눈길을 돌려 엘리사의 이 권고안이 우리의 가장 중요한 관심사가 되는 북한의 핵 위기에 관련된 미국과 한국의 자세에 어떤 교훈을 주는지 생각해 보자. 미군의 이라크 공격이 시작되기 전부터 미국과 첨예한 대립 양상을 보이고 있었던 북한은 특히 후세인이 체포된 2003년 12월 초부터 더욱 불안해 졌을 것으로 생각된다. 미국은 애써 "북한은 이라크와 다르다." 라는 말로 남한 사람들을 일단 안심시켜 왔다. 한동안 "한 판 붙어 봐?"라 며 공갈 뻥뻥 치던 럼스펠트와는 달리 부시 대통령과 외교 관계자들은 "공격할 마음이 없다."는 말을 거듭하고 있긴 하지만, 그러나 사람들은 불안해 했다. 미국이 결국은 북한을 공격하지 않겠는가 하는 불안감이었다.

이와 관련해 지난 2003년 10월 20일 방콕에서 노 대통령과 부시 대통령이 주고받았다는 "쥐와 고양이" 은유 게임은 양국 정상의 견해차를 잘 반영했다. 중앙일보 강찬호 기자는 그 내용을 다음과 같이 보도했다.

지난 20일 태국 방콕에서 열린 한·미 정상회담에서 노무현(盧武鉉)대통령과 조지 W 부시 미 대통령이 북핵을 둘러싼 상황과 관련국 간 관계를 '쥐와 고양이'에 빗대며 각자의 속내를 주고받은 것으로 밝혀졌다. 23일 서울의 외교 소식통에 따르면 盧대통령은 부시 대통령과 북핵 문제를 놓고 대화하던 중 우리 속담을 인용, "쥐(북한 지칭)도 도망갈 구멍이 없으면 고양이를 물 수 있다."는 취지의 언급을 했다. 이에 대해 부시 대통령은 "고양이가 5마리(한·미·일·중·러 5개국 지칭)나 있으니까 (쥐에게 당할) 걱정 없다"는 식으로 응답했다고 한다. 그러자 盧대통령은 다시 "그중 가장 먼저 물릴 고양이가 한국"이라고 얘기했고, 부시 대통령은 "힘센 고양이(미국 지칭)가 있으니 걱정할 것 없다"는 발언으로 대화를 마무리했다는 것이다.(하략)[97]

맞는 말이다. 북한은 지금 궁지에 몰린 쥐이다. 반면 북한이 미국이 말하는 "악의 축" 중 하나라는 점도 전면 부정할 수는 없다. 그러므로 햇볕정책과 안보 소홀을 동의어로 여겨서는 안 된다. 이는 마치 햇볕정책의 대부인 엘리사가 아람 군대의 움직임을 낱낱이 모니터링해 주는 여호와의 레이다망이 되어준 것과 같은 이치이다. 그러나 오늘날 민주 국가들은 극악무도한 형사범에게도 자기변호의 권리는 인정해 주는 것과 마찬가지로, 아무리 악한 나라라 하더라도 궁지에 몰린 절박한 상황에서 자기 방어를 위한 처절한 노력을 할 권리는 인정해 주는 것이 옳은 것 같다.

한 가지 지적하고 싶은 사실은 양국 정상의 대화 속에서 고양이들의 안전에 대한 관심은 잘 드러나고 있는 반면 한 마리의 쥐의 상황에 대한 관심은, 최소한 대화 속에서는, 잘 보이지 않는다는 점이다. 그러나 생각해 보라. 한 마리의 힘센 고양이와 네 마리의 건장한 고양이들을 상대해야 하는 쥐 한 마리가 그중 어느 한 마리 고양이를 물면 아프긴 하겠지만 죽지는 않을 것이다. 그러나 다섯 마리의 고양이들이 한 마리의 쥐를 잡기란 식은 죽 먹기가 아닌가? 그들에게는 존망의 기로인 것이다.

최악의 경우 김정일 정권이 갑자기 무너지고 탈북자들이 이웃 나라들로 대거 쏟아진다고 치자. 물론 베를린 장벽이 무너진 후 수년간 힘겨웠던 독일의 예를 생각하면 달가운 일은 아니겠지만, 불쌍한 쥐 한 마리를 위해 잠

---

97) 강찬호, "盧 고양이와 쥐 禪문답 부시" 중앙일보 2003년 10월 24일자, 2면
http://find.joins.com/joinsdb_content_f.asp?id=DY0120031024 0173.

시만 고생하면 되지 않겠는가? 수년간 경제적으로 힘겨워지고 사회적으로 약간 더 복잡해지겠지만, 결국은 독일처럼 다시 번영을 누리게 되지 않겠는가?

예로부터 우리 민족은 가족 간의 유대를 중요시해 왔다. 물론 지나친 나머지 재벌들의 족벌 경영 등 부작용도 낳았지만, 형제가 망해 길거리에 나앉게 되면 아무리 힘겹더라도 그를 받아들여 다시 일어설 때까지 한 지붕 밑에서 지내며, 없는 반찬 나누어 먹으며 어려움을 극복해 나가던 좋은 전통도 있지 않았는가? 그런데 가난하던 시절의 이 아름다운 전통이 돈을 많이 번 오늘날에 와서 오히려 더욱 빛나지 않는다면, 하나님이 그나마 축복하신 뜻을 어디서 찾을 수 있겠는가? 주께서 우리를 위해 가난해지셨고, 낮아지셨고, 공중의 새나 들의 짐승들과 달리 머리 두실 곳이 없이 지내신 뜻이 무엇일까? 우리를 부요케 하시고, 높이시고, 주 안에서 안식을 누리게 하심이 아닌가? 주님의 이 같은 축복을 받았다면 우리도 조금 가난해지고 약간 불편함을 견딤으로써 형제에게 희망을 줄 수 있지 않겠는가?

그를 바라보리라

- 열왕기하 6:24~33 -

미국의 헨리 키신저와 북베트남 즉 월맹의 레둑토는 1973년 1월 23일 파리에서 평화협정을 성사시킨 공로로 그 해 노벨 평화상 수상자가 되었다. 레둑토는 이를 거부했다. 그러나 미군이 철수한 후 1975년 4월 30일 사이공은 북베트남군에게 넘어가고, 베트남은 적화 통일되고 말았다.

므나헴 베긴 이스라엘 수상과 안와르 사타트 이집트 대통령은 1978년 9월 지미 카터 미국 대통령의 중재로 캠프 데이비드에서 중동평화협정을 성사시키고 그 공로로 그 해 노벨 평화상을 공동 수상했다. 그리고 또, 오슬로 협정(1993), 와이리버 협정(1998), 샤름 알 세이크 협정(1999) 등등 수많은 협정들이 그 뒤를 이었으나, 자살테러와 보복공격의 악순환은 21세기에 접어들면서 오히려 더욱 심화되었다. 미국의 부시 대통령이 2002년에 제안한 중동 평화를 위한 "로드 맵" 즉 단계적 평화안은 미국의 이라크 점령 이후 오히려 더욱 심화되는 테러와 보복의 연속으로 사실상 그 영향력을 상실한 상태가 되어버렸다.

이처럼 세상 평화는 오래 가지 못한다. 얼마나 흘렀을까? 나아만의 치료와 독안에 든 쥐를 방면하는 햇볕정책으로 한동안 잠잠해졌던 시리아의 도발이 재개됐다. 아마도 전면전이었던 모양이다. 시리아 군대가 이스라엘의 수도 사마리아를 포위했다. 먹을거리가 떨어졌다. 물가는 천정부지로 치솟고, 급기야 엄마가 자기 아이를 잡아먹는 지경까지 이르렀다.

최전방인 성곽을 시찰 중인 왕에게 한 여인이 억울함을 호소했다. 국고도 바닥이 난 판국에 임금인들 무슨 뾰족한 수가 있겠는가. 그런데, 그 여인의 호소가 어처구니가 없다. 어제와 오늘 자기 아이들을 번갈아 잡아먹기로 한 약속을 상대방이 어기는 바람에 자기 아이만 없어져 버렸다고. 세상에 이럴 수가. 어쩌다 이 나라가 이 지경까지 왔나. 도대체 선지자란 사람은 뭘 하는 거야. 이럴 때 능력을 발휘해 주지 않는 선지자, 전혀 도움이 안 돼. 가만 두나 봐라. 당장 목을 베어와! 그래서 엘리사 처형 특공대는 출동하고, 엘리사는 문을 걸어 잠가 이에 대비하고⋯⋯. 그리고 왕은 말한다.

이 재앙이 여호와께로부터 나왔으니, 어찌 더 여호와를 기다리리오.
(열왕기하 6:33)

이젠 우리가 알아서 해야 한다고?

환란과 고통이 닥칠 때, 억장 무너지는 괴롬으로 죽고 싶은 마음이 들 때, 혹은 아무리 외쳐도 하늘과 땅 사이가 너무 멀어, 하나님이 나를 버리신 것 같은 생각이 들 때, "이젠 어쩔 수 없다. 내가 알아서 할 수 밖에⋯⋯." 이런 생각이 들 수도 있을 것이다.

'볼테르'란 이름의 필명을 쓰던 프랑소와 마리 아루에(François Marie Arouet, 1694~1778)는 합리적 회의론자라고 불린다. 그의 「깡디드」(Candide. 1759)란 소설은 당시 유명했던 라이프니츠의 낙관주의에 냉소를 보냈다. "순진한 사람"이란 뜻의 이름을 가진 젊은 주인공은 사랑하는 여인과의 사랑을 이루지 못한 채 불합리가 가득 찬 세상에서 온갖 불행을 겪는다. 결국 추해 져 버린 그녀와 결혼해 정착생활을 시작하지만, 그의 결론은 "우리 스스로가 우리의 밭을 갈아야 한다."(⋯⋯ mais il faut cultiver notre jardin)는 것이다.

나치의 괴수 히틀러 암살계획에 가담했다가 발각돼 1945년 4월 8일 사형을 당한 디트리히 본회퍼 목사는 "독일인의 양심"으로 존경받다가 1996년 베를린의 한 법정에서 복권되었다. 그는 이것이 독일을 살리는 길이라는 신념에 충실했던 것이다. 그러나 지난 세기 중반 이후의 사신신학(死神神學) 등 다양한 현대신학 사조가 그에게서 비롯됐다는 것이 교회사가들의 일반적인 견해이다. 본회퍼 자신은 무신론자나 사신론자는 아니었다. 그러나 "하나님 없이, 하나님 앞에서, 하나님과 더불어"란 말로 요약될 수 있는 그의 신학이 「옥중서신」 등을 통해 전해지면서, 하나님 없이 "우리 스스로가 우리의 밭을 갈아야 한다."는 볼테르의 철학에 접근하는 사상들의 모체가 된 것이다. 그가 친구였던 에벨할트 베트게에게 쓴 1944년 7월 16일자 편지 속에 이런 내용이 나온다.

우리는 이 세상에 하나님이 계시지 않더라도 살아가야 한다는 점을 인식하지 않고는 솔직해질 수가 없다네. 그리고 바로 이 점은 우리가 하나님 앞에서 인식하는 것이지! 하나님 자신이 이걸 인식하라고 요구하신다네. 이리하여 다가올 시대는 하나님 앞에서 우리의 처한 위치에 대한 올바른 인식을 하게 될 걸세. 하나님은 그가 없이 삶을 영위해 나가는 어른답게 우리는 살아가야 된다는 점을 우리가 알도록 해주실 걸세. 우리와 함께 거하시는 하나님은 곧 우리를 버리시는 하나님이시라네.(마가복음 15:34) 우리가 하나님에 대한 현실적인 전제가 없이 세상에서 살아가도록 하시는 하나님은 우리가 그의 앞에 항상 서 있는 바로 그 하나님이시라네. 하나님 앞에서 그리고 하나님과 함께 우리는 하나님 없이 살아간다네. 하나님은 십자가 위에서 스스로를 세상으로부터 밀어내신다네. 그는 세상에서 약하시고 힘없으신 분이신데, 바로 이것이 그가 우리와 함께 하시고 우리를 도우시는 유일한 길이라네. 마태복음 8:17이 분명히 가르치는 대로 그리스도께서 우리를 도우시는 길은 그의 전능하심을 통해서가 아니라 약하심과 고난 받으심을 통해서라네.[98]

하나님은 아니 계신 것 같기도 하다. 계시더라도 최소한 우리의 일에 관심이 없으신 것 같다. 이와 같은 불행을 외면하고 계시는 분을 기대해서 무엇 하리. 차라리 어른스럽게 스스로의 운명을 개척해 나아가는 게 옳지 않을까? 열왕기하 6장에 등장하는 이스라엘 왕의 자포자기적 생각은 볼테르와 본회퍼의 이 같은 사상들과 같은 맥락인 것 같다. 아니, 한술 더 뜬다. 불행한 사태를 야기하신 장본인이 여호와이시란 점이다. 결자해지(結者解之)랬다. 여호와께서 나 몰라라 하고 계신다는 것은 어쩜 직무유기이거나 책임성이 전혀 없는, 믿지 못할 신으로 자신을 전락시키시는 것이다. 정말 화가난다. 전혀 도움이 안 되는 그의 대리자 대머리는 죽여 버리고, 이젠 인간이어른답게 주체가 되어 스스로 알아서 해결해 나갈 수밖에 없다는 결론에 도달했다.

그러나 이런 불합리한 세상에서도 어떤 이들의 기도는 전세를 뒤집기도하고, 사람의 마음을 바꾸어놓기도 하고, 세상을 변화시키기도 했다. 주의

---

98) Dietrich Bonhoeffer, Letters & Papers from Prison, ed., Eberhard Bethge, tr., Reginald Fuller et. al. (London: SCM, 1970 〔1962〕) 360f. 영어 번역본에서 필자가 번역. 영어번역문은 다음과 같음. 단 라틴어 구절의 영문 번역은 필자가 첨가했음: "And we cannot be honest unless we recognize that we have to live in the world etsi deus non daretur 〔even if there were no God〕. And this is just what we do recognize before God! God himself compels is to recognize it. So our coming of age leads us to a true recognition of our situation before God. God would have us know that we must live as men who manage out lives without him. The God who lives with us is the God who forsakes us (Mark 15.34). The God who lets us live in the world without the working hypothesis of God is the God before whom we stand continually. Before God and with God we live without God. God lets himself be pushed out of the world on to the cross. He is weak and powerless in the world, and that is precisely the way, the only way in which he is with us and helps us. Matt. 8.17 makes it quite clear that Christ helps us, not by virtue of his omnipotence, but by virtue of his weakness and suffering."

구원이 너무나 멀리 있다고 느껴지고, 주께서 다시는 우리를 돌아보지 않으실 것 같은 때, 바로 거기서 하나님을 바라봄으로써 놀라운 구원을 체험한 역사들이 있다.

미국의 아브라함 링컨 대통령은 기도의 사람이었다. 남북전쟁 중 전선을 시찰하던 링컨 대통령은 정해진 시간이 되면 흰 수건을 막사에 걸어놓았다고 전해진다. 기도하는 시간이니 출입하지 말라는 표시였다. 그의 기도는 전쟁을 승리로 이끄는 원동력이 되었다.

한국의 이승만 전 대통령도 기도의 사람이었다. 그는 무종교인이나 타종교인들의 반대를 무릅쓰고 첫 국회를 기도로 시작했다. 그는 독재자란 오명으로 한국의 헌정사에 오점을 남기기는 했으나, 6.25 전쟁 때는 기도로써 나라를 구한 위대한 업적을 남기기도 했던 것이다. 그 역사의 단편을 서울 주님의 교회 김수호 집사는 다음과 같이 기술했다.

…… 다시 한국 전쟁 당시 이야기로 돌아간다. 임시수도를 부산으로 옮긴 이승만 대통령은 그 당시 영남지역의 목사들을 불러 모아 구국기도회를 가졌다.

그날의 구국기도회의 주된 내용은 미 공군 B29 폭격기가 낙동강 전투에 작전을 할 수 있게끔 우리나라 상공에서 계속되는 악천후의 날씨를 쾌청하게 해달라는 기도였다. 낙동강의 왜관 전투와 다부 동 전투의 승패에 따라 국가의 운명이 풍전등화에 놓인 것이다. 목사들의 뜨거운 구국기도회가 끝나자 한국의 상공은 구름 한점 없는 쾌청한 날씨로 변하고 있었다. 이 때를 기다린 B29 폭격기 99대가 오키나와 기지를 이륙해 8월 16일 오전 12시경부터 4시간 이상 공산군 진지에 융단폭격을 감행함으로써 공산군의 낙동강 도강을 차단시켰다. 만일 당시 B29 폭격기의 출격이 하루나 이틀만 늦었어도 낙동강 교두보는 무너졌으며 이 나라는 영영 공산국가로 변했을 것이다. 그만큼 당시 이승만 대통령의 구국기도회는 낙동강 전투에서 풍전등화에 놓인 국가를 구해낸 잊을 수 없는 위대한 기도 모임이었다. 오늘날 나라의 어려움이 생기면 전 기독교인들이 구름 떼같이 모여 뜨거운 열정으로 통성기도회를 갖는 것도 그 시작은 이승만 대통령의 구국기도회가 효시이다.[99]

주께서 돌보시지 않으시는 것 같은 상황에서도 오히려 여호와를 바라고 기다리는 신앙은 구약 성경 곳곳에 잘 나타나고 있다.

특히 적군에게 패하거나 강국에 포로로 잡혀가면서, 그들 마음에는 아마도 볼테르나 본회퍼 같은 마음이 생겼을 것이다. 여호와는 자신의 이름을 걸고 우리의 영웅이자 그의 종인 다윗 왕과 약속하지 않으셨던가, 그 위가 영원하리라고? 그 약속이 어디 있는가? 그의 인자하심이 어디 있는가? 여호와는 도대체 어디서 무얼 하고 계신가? 이다지도 힘이 없는 신이셨던가? 이제 우리는 여호와 없이 우리가 알아서 해 나가야 하는 것인가?

이러한 의문들이 이스라엘을 더욱 괴롭힐 때마저도 여호와께 부르짖은 이스라엘의 모습이 시편 89편을 비롯한 수많은 시편들에 잘 나타나 있다. 그리고 우리의 제다이 털보와 대머리의 역사를 포함시켜 놓은 열왕기, 혹은 좀더 확대해 여호수아부터 열왕기하까지를 한데 묶은 소위 "신명기적 역사"도 이와 같은 질문에 답을 주려는 목적으로 저작된 책이란 점에 대부분의 구약학자들은 동의하고 있다.

그를 바라보리라

이처럼 여호와를 바라고 기다리는 신앙은 이사야 선지자의 글에서도 잘 나타난다. 다음 구절을 가만히 음미해 보라.

> 이제 야곱 집에 대하여 낯을 가리우시는 여호와를 나는 기다리며 그를 바라보리라.(8:17)

---

99) http://www.lord church.or.kr/weblord1/html/ham/ham37/ham_03 1.htm.

이 구절은 이스라엘이 필경 강국에게 망할 것을 예언하는 이사야의 예언시 가운데 나타나는 구절로서, 그런 풀무불 같은 고난을 통과하면서도, 이스라엘을 버리신 여호와가 또한 이스라엘을 구원하실 것을 믿는 참 이스라엘의 신앙을 보여주는 말씀이다. 이사야 기자의 어휘와 열왕기 기자의 어휘는 다르다. 그러나 이스라엘 왕의 불신앙적인 발언을 통해 열왕기 기자가 역설적으로 말하고자 하는 바와 이사야 기자가 예언시를 통해 말하고자 하는 바는 결국 같다. 이스라엘을 징계하신 바로 그 여호와가 또한 구원의 하나님이란 점을 굳게 믿고 그 손을 의지하라는 교훈이다.

세월이 흘러 하나님의 백성이 신 바빌로니아 즉 바벨론 포로에서 돌아와 얼마동안 자치권을 가지고 살다가 다시 알렉산더의 그리스와 시저의 로마에 사로잡혔던 시절, 오랜 세월동안의 고난 속에서도 여전히 이사야가 바라보았던 구원과 위로(40:1)를 기다리던 사람들이 있었다고 누가복음은 전한다. 그는 백성들이 "바라고 기다렸다."(3:15)고 말한다. 신약에서 사용된 어휘는 또 다르다. 그러나 그 진의는 같다. 예수께서 십자가를 지시던 날 그의 시신을 자기 무덤에 장사한 아리마대 사람 부자 요셉도 "하나님의 나라를 기다리던 자"라고 그는 소개한다(23:51). 예루살렘 성전에서 "이스라엘의 위로"를 기다리다가 "주의 그리스도"를 만난 후, "주의 구원"을 보았다고 증거한 늙은 신앙인 시므온을 누가는 소개한다(2:25~32). 즉, 그가 품에 안은 예수는 바로 그가 기다리던 "이스라엘의 위로"요 "주의 그리스도"시요 "주의 구원"이시란 말이다.

가장 중요한 것은 바로 이 예수 자신이 "바라고 기다리는" 참 이스라엘이셨다는 사실이다. 권능의 말씀과 병 고치는 기적과 떡을 주시는 고마움 때문에 사람들이 그를 따를 때뿐만 아니었다. 로마를 물리치고 "바라고 기다리던" 이스라엘의 회복을 이루어주실 줄 믿었던 그가 십자가를 지고 가심을 보고 백성들이 모두 실망하고 떠난 후에도, 심지어 끝까지 그와 함께하시던 아버지마저 그를 버리심으로 "엘리 엘리 라마 사막다니!"(마태복음 27:46) 라고 절규하시던 그 순간까지도 그는 아버지를 "바라고 기다렸다"고 히브리서 기자는 전한다. 그는 이사야의 말씀을 여기 인용해, 그를 향하여 낯을 가리우시던 아버지를 끝까지 바라고 기다리던 주님의 모습을 우리에게 상기시킨다.(히브리서 2:13) 그는 "육체에 계실 때" 즉 고난 받으실 때, "자기를 죽음에서 능히 구원하실 이에게 심한 통곡과 눈물로 간구와 소원을 올렸고, 그의 경외하심을 인하여 들으심을 얻으셨다."(히브리서 5:7)고 말한다. 그리하여 우리의 대제사장이 되신 예수는 우리를 능히 도우시며, 하나님이 너무나 멀리 계시고 우리의 절규에 전혀 관심이 없으신 것 같은 때에도 "바라고 기다림"으로 그가 받으신 구원에 동참하도록 우리를 격려하시는 것이다.

나라 살린 막가파

- 열왕기하 7:1~20 -

아름다운 소식

'막가파'란 말은 원래 고유명사였다. TV를 통해 소위 '지존파'의 행각을 동경하던 최정수란 젊은이를 중심으로 1996년 끔찍한 살인행각을 벌였던 "막가는 인생들"의 일당 이름이었다. 그런데 이 말이 이젠 보통명사가 돼 버렸다. 제멋대로 구는 아이 혹은 "될 대로 돼라"며 아무렇게나 살아가는 사람들 등을 일컫는 보통명사가 된 것이다. 혹은 지나치게 자유분방하게 살아가는 이들이 자신을 지칭할 때 더러 사용하는 말이기도 하다. 그런데 이 명사의 배경에는 '자포자기'란 어두운 그림자가 깔려있는 듯해, 한편으로는 연민의 정을 느끼게 하기도 한다.

그런데 이스라엘에 또 다른 막가파가 있었다. 네 사람의 문둥병자였다. 그런데 대부분의 번역 성경은 그들의 병을 '문둥병'이라고 칭한다. 어쩌면 헬라어 역본의 영향을 계속 받아온 결과일지도 모른다. 그러나 앞서 이미 논했듯이, 구약 성경이 묘사하는 증상들로 보아 요즈음의 문둥병과는 다른, 잘은 모르지만 일종의 악성 피부병 같은 것이었다고 보는 견해는 일리가 있어 보인다. 어찌 됐거나 그들은 소외된 사람들이었다. 평화 시에도 소외된 자들이 전쟁 통엔 오죽했으랴. 한창 전쟁 중인 상황에서 적군에 살며시 투항할 생각을 가진다면, 이건 즉결처분 감이 아닌가. 그러나 "식량이 바닥나 자기 아이까지 잡아먹는 세상에 우리 막가파 문둥이들, 에라 모르겠다, 조국 배신했다고 욕먹든 말든, 시리아 군대에 투항해 밥이나 얻어먹자고. 죽이면 어쩔 거냐고? 굶어 죽으나 칼 맞아 죽으나 죽긴 마찬가지인데 뭘 망설여?" 결심을 굳힌 네 문둥이들은 시리아 진영으로 찾아갔다.

그런데, 이게 웬 떡이야. 먹을거리며 옷이며 온갖 무기들은 그냥 두고 다들 없어졌구나. 이에 신이난 이들은 실컷 먹고 마시고 좋은 옷 챙기고, 그래서 이제 살 것 같으니까 조국과 동포들이 생각났다. "설움만 받아온 우리가 이걸 알려줄 이유가 어디 있어. 자기네들이 우리한테 뭘 잘해줬다고. 또, 우리 같은 사람들이 전해주면 듣기나 하겠나?" 이런 생각이 들 수도 있었을 텐데……. 그러나 그들은 이 아름다운 소식을 전하기로 했다. 전하지 않으면 천벌을 받을 것이란 생각이 들었던 것이다. 복음을 전하지 않으면 자신에게 화가 미칠 것이란 생각(고린도전서 9:16)을 가졌던 사도 바울과도 닮은 듯하다. 그리하여, 이들은 사회를 공포의 도가니로 몰아넣은 막가파가 아닌, 나라를 살린 막가파가 된 것이다.

굶주리는 성안 사람들에게 엄청난 양의 먹을 것과 입을 것이 버려져 있다는 소식은 "아름다운 소식"임에 틀림없다. 이 사건과 관련해 이사야의 한 구절이 떠오른다.

> 좋은 소식을 가져오며 평화를 공포하며 복된 좋은 소식을 가져오며 구원을 공포하며 시온을 향하여 이르기를 "네 하나님이 통치하신다." 하는 자의 산을 넘는 발이 어찌 그리 아름다운고.(이사야 52:7)

이사야서 저자가 이 구절을 통해 말하고자 하는 것은 바벨론에 포로로 잡혀갔던 하나님의 백성들이 구원을 받아 고향으로 돌아오는 모습이다. 저자는 그 귀향인들 중에 여호와께서 함께하심을 보았다. 그래서 이들의 귀환은 제2의 출애굽이라고 불리기도 한다. 이 장면에 비하면 열왕기하 7장의 "아름다운 소식"은 별 것 아니다. 그러나 그 소식을 전하는 자의 발은 아름다웠다. 그렇다고 신체적인 발이 잘 생긴 문둥이 네 사람이었다는 말은 아니다. 물론, 그들의 '문둥병'이 현대 문둥병과는 다른 것이었다면, "지까다비를 벗으면 발가락이 또 한 개 없어졌다."고 "전라도 길"이란 시에 썼던, 괴롬 속에서 살던 지난 세기 한국의 문둥이 시인 한하운 씨의 발보다는 아름다웠겠지만. 하여튼 하나님 보시기엔, 그리고 소식을 받는 사람들에겐 정말 아름다운 발이었다. 무좀 때문에 애쓰시며, 특히 여름이면 퉁퉁 부어오르지만, 주의 이름으로 성도들을 도우시던 울 엄마의 발 또한 아름다운 발이었다.

천사에게 의탁하지 않으시고

온 식구가 식탁에 모여 앉았다. 맨 상석에 앉으신 할아버지가 한 술 뜨시기 무섭게 식구들의 취식동작이 시작됐다. 꼬마가 말문을 열었다.

"할아버지?" "이 녀석아, 음식을 먹을 땐 조용히 먹는 거야!" "근데요, 할아버지……" "어허, 이놈이, 음식을 먹을 땐 조용히 먹는 거래도?" 그래 주눅이 들어버린 꼬마는 결국 아무 말 없이 식사를 끝냈다. "그래, 이제 말해 보아라. 할아버지에게 말씀드리려던 게 뭐냐?" "늦었어요. 할아버지 국에 파리가 빠졌다는 걸 말씀드리려고 했었는데."

동방예의지국의 식사시간은 전통적으로 조용했다. 말씀이 있으신다면 그건 제일 높으신 어른이 아랫사람들에게 하시는 간단한 훈계가 고작이었다. 어쩌면 이 불편한 전통을 꼬집으려는 사람이 이런 유머를 지어냈을 게다. 동방예의지국 국민 뿐 아니라 사람이란 어린아이나 별로 내세울 것이 없는 사람들의 말을 대개는 귀담아 듣지 않는다는 사실을 생각나게 하는 유머 한

토막이다. 그러나 하나님은 대단한 존재를 통해서도 메시지를 전하시지만 하찮은 사람들을 통해서도, 혹은 사람이 아닌 사물을 통해서 전하시기도 한다. 그런데 중요한 것은 전하는 자가 아니라 보내시는 분과 전해지는 메시지이다. 누구를 통해 전달되었든 상관없이 전해진 "아름다운 소식"을 믿는 자는 복을 받고, 믿지 않는 자는 사마리아 성문을 지키던 관리처럼 그 축복에 참여하지 못하는 것이다.

천사 같은 대단한 존재들을 통해서 소식이 전해진 예들을 찾아보자. 여리고를 상대로 한 첫 전투 전에 천사가 찾아와 여호수아에게 용기를 주었고(여호수아 5:13~15), 주권을 잃은 조국을 위해 기도하던 다니엘에게 천사장 미가엘의 도움을 받아 찾아온 "한 손" 혹은 "사람의 모양 같은 것 하나"가 하나님의 구원계획을 전해주었으며(다니엘 10:10~21), 예수를 잉태한 마리아와 그의 약혼자 요셉에게도,(마태복음 1:20) 그리고 예수께서 나시던 날 밤 들의 목자들에게도 천사들이 아름다운 소식을 전해주었다.(누가복음 2:8~12)

그러나 대부분의 아름다운 소식은 사람들을 통해, 또한 많은 경우 대단할 것이 하나도 없는 사람들을 통해 전해졌다. 문둥병, 혹은 악성 피부염으로 고생하던 시리아의 나아만 장군에게 하나님의 사람 엘리사에 관한 정보를 제공한 사람도 이스라엘에서 붙잡혀온 한 미천한 소녀였다.(열왕기하 5:2~4) 시리아 군대가 황급히 떠나고 엄청난 생필품을 버려두었다는 소식을 전한 이들은 소외당한 '문둥병자'들이었다. 천국이 가까웠으므로 회개하라고 외쳤던 예수도 "고운 모양도 풍채도 없는"(이사야 53:2) 분이었고, 그의 부활의 소식을 처음 전한 이들도 학문이 없는 것으로 무시당했던 어부들을 비롯한 그저 그런 사람들이거나, 남 등쳐먹는 걸로 미움 받던 세금장이들이었다.

그러나 전한 자가 어떤 사람이었든 상관없다. 중요한 것은 전해진 소식이 사람에게 가장 아름다운 소식이었다는 사실이다. 아사 직전에 처한 사마리아 사람들에게는 무제한의 생필품이 공급될 것이란 소식이었고, 목자가 없이 흩어진 양무리 같은 우리에게는 선하신 목자, 양을 위해 자신의 목숨을 버리신 목자가 오신다는 소식이었다. 어떤 의미에서 크리스천이라면 누구나 아름다운 소식을 전하는 자가 돼야 한다. 또 약간 좁은 의미에서 말씀 사역을 맡은 성직자들이 아름다운 소식을 전하는 발을 가지고 있다. 중요한 것은 전하는 자가 아니라, 전해지는 소식이다. 문둥이 막가파의 전한 소식도 아름다운 소식이었다면, 내 맘에 쏙 드는 성직자뿐만 아니라 부족한 점이 있을지라도 하나님의 말씀을 성실히 전하는 성직자들의 발은 아름다운 발로 칭송받는 것이 옳지 않을까?

구원은 여호와께로서

문둥이들을 통해 전해진 아름다운 소식에 관한 고찰은 이정도로 마무리하기로 하고, 이젠 화살 한 발 쏘지 않고 거둔 이스라엘의 승리의 의미와 그 교훈을 살펴보자. 군사력이 강하다고 반드시 전쟁에서 이기는 것은 아니란 사실은 역사가 증명해 왔다. 유럽 최강의 군사력을 자랑하던 18세기의 영국은 물자도 모자라고 훈련도 제대로 받지 못한 미국의 독립군을 이길 수가 없었다. 막강한 포병대와 기병대를 이끌었던 나폴레옹은 워털루에서 영국의 웰링턴 제독과 그 연합군에게 패하고 그로써 그의 제국의 종말을 고하게 되었다. 군사력 외에도 전쟁의 승패를 좌우하는 요소들은 너무 많다. 날씨, 본국으로부터의 거리, 지리 정보, 병사들의 사기, 국민 여론 등등…… 그러나 그 무엇보다도 중요한 요소는 바로 하나님이시다.

이미 언급한 대로 이스라엘은 여호와께서 모든 전쟁에 깊이 관여하고 계신다고 믿었다. 적군이 아무리 강해도 전쟁의 신이신 여호와보다는 강할 수가 없다고 믿었던 것이다. 사사 시대의 기드온과 삼백 명의 용사들은 "메뚜기의 중다함" 같은 병력과 "해변의 모래가 수다함" 같은 약대를 동원한 미디안과 아말렉 연합군을 물리쳤다.(사사기 7:12) 여호와께서 적진에 혼란을 일으키셔서 서로 치게 하셨기 때문이다.(22절) 남쪽 나라 유다의 경건한 왕 여호사밧은 기도와 찬송으로 모압, 암몬, 그리고 마온의 연합군의 "큰 무리"(역대하 20:2)를 이겼다. 유다인들이 찬송하는 동안 여호와께서 "복병"을 두셔서 그들을 치셨기 때문이다.(22절)[100] 북쪽 나라 이스라엘이 아시리아에게 망한 직후 유다의 또 다른 경건한 왕 히스기야는 아시리아의 "대군"(열왕기하 18:17)을 물리쳤다. 여호와의 사자가 밤중에 아시리아의 185,000 병력을 치셨기 때문이었다.(19:35)

그런데 위의 극적인 승리와 열왕기하 7장의 아람에 대한 승리를 비교해 보면, 무언가 다른 점이 발견된다. 여기에는 기도나 믿음에 관한 언급이 없다. 오히려 이미 살펴본 대로 이스라엘 왕이 여호와를 신뢰하기를 거부하고 선지자 엘리사를 죽이려고 했었다. 그런데도 여호와께서 화살 한 방 쏘지 않고 부상자 하나 없이 이기게 하신 뜻은 무엇일까? 어쩌면 하나님의 사람 엘리사가 있었기 때문일 수도 있겠다. 아니면 여호와께서 아직은 이스라엘을 멸하실 때가 아니라고 생각하셨기 때문일 수도 있겠다. 성경은 이에 대해 뚜렷한 답을 주지 않고 있으나, 한 가지 분명한 것은 여호와는 사람의 반응에 따라 전쟁의 승패를 결정하시는 분이 아니란 점을 분명히 하고 있다는 사실이다. 물론 이스라엘 백성들이 부르짖을 때에 그들에게 자비를 베푸셔서 구원하신 일이 허다하지만, 결정권은 전적으로 여호와께 있으며, 바로

---

100) 어떤 주석가들은 이 구절에 나타나는 수수께끼 같은 군대는 유다의 군대이었거나 연합군 중 어느 한 나라의 군대였을 것으로 추측하지만, 역대기의 기자가 이 군대가 하나님의 군대였다고 말하고 있다는 레이먼드 딜라드 교수의 견해가 합리적이라고 본다. 참고. Raymond Dillard, *2 Chronicles*, WBC, Vol. 15 (Waco, TX: Word Books, 1987) 159.

이 사실 때문에 이스라엘은 더욱 하나님만 바라보게 되는 것이다. 즉 구원은 오로지 여호와에게서만 온다는 진리이다.

이 진리는 국가적 차원에서 뿐만 아니라 개인적인 차원에서도 마찬가지로 적용된다. 우리는 그 좋은 예를 선지자 요나의 체험에서 찾을 수 있다. 그는 니느웨로 가서 여호와의 말씀을 전하라는 명령이 싫었다. 그래서 그는 여호와의 영향권 밖으로 탈출하겠다는 잘못된 생각으로 다시스로 향하는 배에 올랐으나, 바다 한가운데서 풍랑을 만나면서 어쩔 수 없는 곤경에 빠지게 되었다. 책임감을 느낀 그는 여호와의 진노를 무마하고 같은 배를 탄 모든 사람들을 구원하기 위해 자청해 바다에 빠졌다. 그러나 여호와께서는 큰 물고기를 준비하셨다가 그를 구원하신 것이다. 그는 물고기 뱃속에서 이렇게 고백했다.

> 구원은 여호와께로서 말미암나이다.(요나 2:9)

그런데 요나의 체험의 중요성은 그의 구원 체험이 한 개인으로 끝나지 않았다는 데 있다. 신약 성경은 요나의 구원 체험의 의미가 예수님의 십자가의 죽으심과 장사, 그리고 부활 사건에 그대로 투영되었다고 말한다.(마태복음 12:40, 누가복음 12:30). 마태복음은 예수님께서 이렇게 말씀하셨다고 전한다.

> 요나가 밤낮 사흘을 큰 물고기 뱃속에 있었던 것같이 인자도 밤낮 사흘을 땅속에 있으리라.[101]

즉 요나의 구원 체험의 의미는 신약 시대 예수님의 십자가와 부활의 체

---

101) 참고, Carson, "Matthew," 295f. 그리고 I. Howard Marshall, *Commentary on Luke: a Commentary on the Greek Test*, NIGTC (Grand Rapids: Eerdmans, 1978) 484f. 누가복음이 요나의 표적을 구체적으로 예수의 십자가와 부활과 연결시키지 않는 듯하다는 의문에 대해 카슨과 마샬은 누가복음도 마태복음과 같이 예수의 죽으심, 장사, 그리고 부활이 요나의 표적의 내용이란 사실을 암시하고 있다고 본다.

험에서 완성되며, 그를 믿는 모든 성도들은 주님 안에서 요나의 체험에 동참하게 되는 것이다. 한걸음 더 나아가 부활의 주님 안에서 온 우주가 새로워지는 체험도 이와 관계가 있다고 볼 수 있겠다. 요한계시록에서 주님은 "내가 만물을 새롭게 하노라."(21:5)라고 말씀하셨다. 그리하여 요나의 개인적 차원에서의 구원 체험이 주님의 부활로 말미암아 우주적인 차원으로 승화되는 것이다.

우리가 처한 헷갈리는 세상은 아직 완전히 새로워지지 않았다. 그러나 모든 만물이 주 안에서 새로워질 것이기 때문에 우리를 위해 죽으시고 부활하신 주님은 세상과 온 우주의 소망이 되시는 것이다. 하나님께서 이라크전을 비롯해 지금도 세계 도처에서 계속되는 크고 작은 전쟁들을 어떻게 이끌어 가실지 잘 모르지만, 확실한 것은 이 모든 전쟁들을 통해 하나님의 뜻을 이루어 가실 것이란 점이다. 그는 결국 모든 성도들을 구원하실 것이다. 그러므로 우리는 미국의 뜻도 후세인의 뜻도 아닌 하나님의 뜻이 이루어지도록, 그리고 주님의 부활의 능력이 세상의 소망이 되도록 기도해야 하겠다.

아들이 뭐기에

- 열왕기하 8:1~6 -

부동산 투기에 열을 올리는 여자들이 있어왔다. 남북통일 논의가 본격화되기가 무섭게 휴전선 근처에 땅을 사 놓으려는 복부인들이 엄청 설쳐댔다. 노무현 대통령의 "수도 이전" 발언 이후 충청권에서 일어났던 부동산 투기 붐은 말릴 장사가 없었다. 이런 와중에서 어쩌다 사회적 지위를 생각해야 하는 남편을 둔 부인들이 잘못 걸렸다 싶으면 얼굴을 가린 채 울며불며, "남편은 모르는 일이에요." 라고 말한다.

그러나 그 때 이스라엘은 땅이란 원래 맘대로 팔고살 수가 없었고, 다만 여호와께서 나눠주신 것을 자손 대대로 이어가야 했었고, 게다가 여자는 자기 이름으로 집 한 채 땅 한 평 가질 수 없었던 시절이었다. "호주제를 폐지하자."는 운동이 한창 일고 있는 21세기 사람들에겐 도무지 납득이 가지 않겠지만, 당시 이스라엘의 법이 그랬고, 그 법 뒤엔 여호와의 말씀이 있었던 것을 어찌하란 말인가. 자고로 성경이란 남자들이 다 해먹던 시절에 남자들 좋을 대로 만들어 놓았다고 말하는 극단적인 페미니스트들이 구약의 여호와 신을 깎아내리려는 생각을 갖게 된 게 한편 동정이 간다. 그러나 그게 성경이고 그게 그 당시 상황이었던 것이다.

그나마 다행스러웠던 점은 이방인과 고아와 함께 과부도 특별한 보호와

사회보장 혜택의 대상이 되도록 여호와께서 정하셨다는 점이다. 이는 출애 굽기 22:22를 비롯해 신명기 24장 등 구약의 수많은 구절들을 통해 명령하신 바이며, 여호와 자신도 과부들을 보호하시는 신으로 자신을 나타내셨다. (신명기 10:18, 시 68:5, 146:9 등) 또한 그의 대리자인 왕이나 재판관들은 과부들을 보호할 일차적인 임무가 부여되었던 것이다.(신명기 27:19 등) 이 장에서 우리는 한 사람의 과부가 왕에게 찾아와 그의 소원을 푸는 이야기를 하게 되었다. 그녀는 이미 우리가 만났던 수넴 여인이다.

그런데…… 성이 곧 함락될 것 같은 상황에서 전세가 극적으로 뒤집어져 승리를 거두는 장면이 끝나고 무대가 왕궁으로 옮겨진다면, 당연히 승전가와 함께 군중의 환호와 개선장군의 화려한 입장이 이어질 것으로 일반 관객들은 기대할 게다. 그런데, 열왕기하 7장으로 끝나는 극적 승리 후에 펼쳐지는 왕궁의 모습은 전혀 다르다. 거기는 개선장군도, 승전가도, 축하 파티도 없다. 그저 왕이 보좌에 앉아있고, 엘리사의 사환 게하시가 그와 대화를 나누고 있다. 대화 내용도 극적으로 승리한 전쟁 이야기가 아니라, 엘리사가 한 여인의 아들을 살려주었다는 얘기이다. 곧이어 바로 그 여인이 등장해 왕에게 토지 소유권 회복을 청원한다. 물론 부활 이야기 자체는 쇼킹한 이야기이지만 스토리의 진행은 어찌 보면 싱겁고, 어찌 보면 하찮은 사건 하나를 아무 의미 없이 끼워 넣은 듯하다. 그러나 앞서 두 장에 걸쳐 서술된 전쟁 이야기와 8장 전반의 여인의 청원 이야기를 자세히 뜯어보면, 이 두 에피소드를 연결하는 공통되는 주제와 더불어 강한 대조를 또한 볼 수 있으며, 어쩌면 열왕기 기자가 이 같은 기교를 통해 말하고자 하는 주제를 부각시키려는 의도적인 편집이 아닌가 하는 생각조차 들게 된다.

산 아들 죽인 어미, 죽은 아들 살린 어미

두 에피소드를 비교해 보자. 거기 공통적으로 나타나는 것들이 있다. 우선, 주요 캐릭터들이다. 즉, 왕과 여인이 공통적으로 등장해, 여인이 왕에게 탄원 혹은 청원을 하는 것이다. 편의상 6장의 여인을 '여인1', 8장의 여인을 '여인2'라고 하자. 다음은 배경 혹은 소재들이다. 우선 기근이 그 배경으로 깔리고, 아들의 존재가 언급된다. 마지막으로 지적할 만한 것은 선지자 엘리사의 활동이 관련되면서 '회복'이란 주제가 공통적으로 드러난다는 것이다.

그럼, '회복'이란 테마를 어떻게 전개해 나가는지 두 에피소드를 잠시 비교해 보자. 우선 사마리아 성 이야기는 드라마틱하다. 특히 성안 사람들이 시리아 진영으로 돌진하는 모습은 〈반지의 제왕〉 제2편 〈두 개의 탑〉에 나오는 전쟁 장면 못지않게 스펙터클했을 것 같다. 그러나 그 회복은 순간이었다. 이스라엘의 역사를 보면, 그 후에도 전쟁은 계속 이어졌고, 결국은 아시리아에게 패망하고 말았다. 이에 반해 8장의 한 여인의 청원 사건은 그 스케일이 무척 작지만 이 스토리에서 나타나는 회복은 성격상 훨씬 더 의미심장한 교훈을 우리에게 준다. 시리아 진영에서 가져온 양식은 얼마 후 다 없어졌겠지만, 이 여인이 다시 받은 토지는 그의 가족과 자손 대대로 양식을 공급해 주는 삶의 터전이 된 것이기 때문이다.

이와 관련해 중요한 역할을 하고 있는 것이 바로 '아들'이란 주제이다. 이 주제와 관련해 두 여인은 정반대의 모습을 보인다. 여인1은 허기진 배를 채우기 위해 살아있던 아들을 죽였고, 여인2는 죽은 아들을 살리기 위해 혼신의 힘을 다했다.

우선, 살아있던 아들을 죽인 여인1의 이야기이다. 배가 고팠다. 너무너무 고팠다. 그래서 옆집 여인과 이틀에 걸쳐 아들들을 번갈아 잡아먹기로 약속했다. 여인1의 아들을 첫날 잡아먹었다. 이튿날 옆집 여인이 아들을 숨겼다. 중대한 계약 위반이다. 이런 억울할 데가 있나. 그래서 왕에게 '억울함'(?)을 호소하게 된 것이다. 오죽 배가 고팠으면 그랬겠는가 하는 동정론도 가능하겠지만, 그래도 그렇지, 아무리 배가 고팠기로 그럴 수가. 배가 고파 팥죽 한 그릇에 장자의 명분을 팔았다는 에서처럼,(창세기 25:29~34) 여인1은 "여성 에서"가 되어버린 셈이다.

이번에는 죽었던 아들을 살린 여인2의 이야기이다. 죽은 아들을 살리기 위해 만사 제쳐두고 엘리사를 찾아가 그의 발을 붙잡은 사건은 이미 애기했었다. 아마도 부자 남편이 죽은 후였나 보다. 엘리사의 지시대로 그녀는 아들과 함께 칠년 기근을 피해 블레셋 사람들의 땅으로 피난 갔다. 그녀가 축복으로 받은 아들, 엘리사가 다시 살려준 아들과 함께였다. 홉스는 이 칠년의 기근이 바로 앞장에 서술된 시리아 군의 포위로 인한 기근이라고 말한다.102) 글쎄, 포위당하고 있었던 기간이 칠년이라면 좀 수긍이 가지 않을 정도로 긴 기간이다. 그러나 필자의 생각엔 그게 전쟁으로 인한 기근이냐 아니냐 하는 문제가 중요한 것 같지는 않다. 기근이 지나고 고향으로 돌아왔다. 버려두었던 땅을 다시 찾아야지. 그래야 아들과 함께 살아갈 수 있을 테니까. 그래서 왕께 나아왔다. 호랑이도 제 말을 하면 나타난다는 우리네 속담이 있거니와, 우연의 일치만은 아니었을 성 싶다. 어쩌면 하나님의 섭리가 그 뒤에서 역사했을 것만 같다. 엘리사의 사환 게하시와 왕이 바로 그 아들이 다시 살아난 이야기를 하고 있었다. 게하시는 그들을 이렇게 소개한다.

> 내 주 왕이여. 이는 그 여인이요 저는 그 아들이니 곧 엘리사가 다시 살린 자니이다.(8:5하)

이로써 이 에피소드에서는 '아들'과 '땅'의 주제에 '부활'이란 주제까지 가담한다. 왕은 바로 그 아들의 어미인 여인2에게 땅과 지난 칠년간의 모든

---

102) Hobbs, *2 Kings*, 100.

소출을 다 돌려주도록 하기 위해 담당관을 임명했다.

악명 높은 서울의 미 대사관에서 비자를 받을 때도 영사들의 그날그날 기분에 따라 쉽게 받기도 하고 어려워지기도 한다는데, 상식적으로 생각해 봐도 이런 상황에서 왕의 마음이 이미 이 여인의 문제를 향해 열려있는 상태였을 것이며, 따라서 왕의 호의적인 조치는 수월하게 이루어졌을 것 같다. 그러나 열왕기 기자의 이 보도에는 그 이상의 의미가 담겨있는 것으로 보고 싶다. 그게 무엇인가?

여기 제기된 질문에 관한 답을 얻으려면 구약 성경이 말하는 땅과 아들의 관계에 대해 생각해 볼 필요가 있겠다. 아들이란 존재가 그토록 중요한가 하는 질문에 대한 답을 자세히 풀려면 한이 없을 것이다. 구약 전체의 교훈을 간단히 요약하면, 여자는 자기 고유명의로 땅 한 평 소유할 수 없었던 시절 부활한 아들이 있었기에 재산권을 회복할 수 있었던 여인의 이야기가 배가 고픈 나머지 아들을 잡아먹은 여인의 이야기와 강한 대조를 이루면서, 성경에 나타나는 중요한 몇 가지 주제들을 부각시켜 주는 것이다. 즉 어떤 의미에서 한 동전의 양면과 같은 '아들'이란 주제와 '땅'이란 주제에 '부활'의 주제를 가담시켜 약속의 땅에서 쫓겨난 구약의 하나님의 백성들에게 하나님의 사랑을 입은 자손, 혹은 또 다른 주제인 '남은 자'를 통한 약속의 땅 회복에의 희망을 보여주고자 하는 것이라 생각된다.

이런 의미에서 이 여인의 에피소드는 엘리사 시대에 관한 이야기의 정점을 이루며, 나아가서는 구원의 희망을 보여주려는 열왕기 전체의 흐름 속에서 한 중요한 매듭을 이루고 있는 것이다.

아들이 뭐기에

돌이켜보면, 우리 배달민족만큼 아들에 관한 집착이 강했던 민족도 드물었다. 수천 년 전 일이 아니었다. 불과 수십 년 전, 필자의 어린 시절만 해도 아들을 향한 여인들의 집념과 사랑은 너무 강했고, 또 거의 맹목적이었다. 맹목적인 투자는 어리석게 보이지만, 아들을 향한 어머니의 맹목적인 사랑은 언제나 아름답게 그려져 왔다. 아들을 낳지 못한 여인은 시댁의 구박을 받으며 서러운 세월을 보내야만 했다. 그 이유는 남자에게보다 더욱 여자들에게 아들이란 미래였고, 삶의 의미였으며, 일종의 은퇴보험(?)이었기 때문이다.

이를 좀더 확대해 보면, 어떤 민족 어떤 나라든지 자녀들은 그 나라의 미래요 기성세대에게 존재의미를 부여하는 가장 중요한 가치 중 하나이다. 나라가 어려울수록 더욱 그렇다. 그러기에 우리 한민족이 일제 아래 신음하던 시절 목숨 걸고 자녀들을 가르쳤던 스승들의 삶이 영원히 빛나고 있는 것일 게다.

특히 이스라엘에게 아들이란 존재는 한민족 못지않게 중요한 존재였다. 왜냐하면 가나안 정복 후 분배받은 땅을 자손대대로 소유하기 위해 아들의 존재는 필수적이었기 때문이다. 가령 아들 없이 죽은 아버지가 받았어야 할 땅을 모세로부터 분배받은 슬로브핫의 딸들의 결혼상대가 친족으로 제한되었던 점을 생각해 보라. 그들이 만일 다른 사람에게 시집을 가서 아들을 낳으면 그 땅은 슬로브핫 가문의 땅이 될 수 없기 때문이었다.(민수기 36장) 또 일반적으로 형이 아들 없이 죽으면 아우가 형수에게 장가들어 형의 이름으로 아들을 낳아 주어야 한다는,(신명기 25:5~10) 동방예의지국 백성의 사고방식으론 납득이 가지 않는 법까지 있었던 것이다. 그것도 여호와께서 주신 율법 속에서 말이다.

그런데 효부 룻의 경우는 그중 더 특이하다. 나오미의 남편과 두 아들은 흉년을 피해 이민 갔던 모압 땅에서 다 죽고 시어미와 두 며느리만 남은 상태에서 작은 며느리 룻만 데리고 자기 땅으로 다시 돌아온 나오미는 죽은 남편 엘리멜렉의 땅을 이어받기 위해 자신이 친족과 결혼해 아들을 낳아야 원칙이었을 것이다. 그러나 그녀는 이제 생산능력이 없음을 자각했다.(룻기 1:12) 그래서 그 대안으로 생각해낸 것이 엘리멜렉의 형제는 아니지만 가장 가까운 친족 중 하나인 보아스에게 며느리 룻을 시집보내는 것이었다. 그리하여 룻은 보아스와의 원조교제(?)를 통해 결혼에 골인해 아들을 낳았다. 그런데 그 아들은 나오미의 손자가 아니라 아들로 인정받은 것이다.(룻기 4:17) 이렇게 해서 나오미는 죽은 남편 엘리멜렉의 땅을 회복할 수 있었던 것이다.

그런데 이보다 훨씬 더 납득하기 어려운 경우도 있다. 믿음의 조상 야곱의 아들 유다의 며느리였던 다말의 경우는 우리의 윤리관으로서는 해도 너무했던 경우였다.(창세기 38장) 모세의 율법이 공식화되기 훨씬 전이었지만 그 근본 사상은 같았다. 유다의 맏며느리였던 그녀는 남편이 아들 없이 죽자 큰 시동생과 결혼했다. 그런데 새 남편은 장자가 자기 아들이 아니라 형의 아들이 되는 게 싫어 요령 피다가 하나님의 진노를 사서 죽었다. 시아버지 유다의 입장에선 한심한 노릇이 아니었겠는가? 며느리 하나 잘못 얻어 우환이 생겼나 싶었을 것이다. 그래도 율법 상 아직 어린아이인 막내를 그녀에게 장가들일 수밖에 없었다. 그러나 하여간 아직 어리다는 핑계로 과부 며느리를 친정으로 보냈다. 세월이 지나 막내가 장가갈 나이가 되어도 그는 주저하고 있었다. 그러던 유다는 어느 날 사돈의 도시를 방문하게 되었다. 다말은 이 기회를 이용해 아들을 낳을 생각으로 창녀로 변장하고 그를 유혹했다. 그 후 유다는 수절 중인 며느리가 임신을 했다는 소식을 들었다. 세상에 이럴 수가. 그래서 잡아다가 죽이려고 했더니, 웬걸, 아이들의 아버지가 자신이라니. 그는 그제야 자신의 허물을 깨달았다. 그 허물이란 그녀의 마을에서 외도를 한 것이라기보다는 그녀에게 막내를 장가들이지 않았던 것이었다. 그래서 그는 이렇게 말했다. "그는 나보다 옳도다."(26절) 다말은 이렇게 해서 아들을 얻음으로써 자신의 유업을 지켰다. 그런데 그것은 그녀의 유업일 뿐 아니라 유다의 유업도 되는 것이므로 다말이야말로 유다의 집안을 지킨 장본인이 된 것이다.

그러면 이처럼 중요시했던 이스라엘의 아들에 관한 사상이 우리에게 주는 교훈은 무엇일까? 그 해답은 하나님의 백성의 조상인 아브라함에게 하나님이 주신 아들에 관한 약속을 신약성경이 어떻게 해석하고 신약 시대의 교회에 적용하는지를 살펴봄으로써 얻을 수 있을 것이다.

그곳을 바라보며

성경의 큰 흐름을 거시적으로 살펴보면 이스라엘의 아들에 관한 이 같은 집념은 결국 장차 태어날 한 아들에 초점이 맞추어지는데, 그가 바로 아브라함의 자손이신 예수 그리스도이시다. 사도 바울은 옛적에 여호와께서 아브라함에게 약속하셨던 "별같이 많은 자손"(창세기 15:5)에 관한 약속은 결국 예수 그리스도에 관한 약속이라고 해석해 다음과 같이 말했다.

> 이 약속들은 아브라함과 그 자손에게 말씀하신 것인데, 여럿을 가리켜 그 자손들이라 하지 아니하시고 오직 하나를 가리켜 네 자손이라 하셨으니, 곧 그리스도라.(갈라디아서 3:16)

어떤 의미에서 여인2는 신약의 교회의 모습을, 그의 아들은 아브라함의 아들이신 예수 그리스도를 상징한다고 할 수 있겠다. 이 점은 누가복음 18:1~8에 나오는 예수의 한 비유 속에 암시되었다. 즉 악한 재판관에게 나아가 끊임없이 탄원하던 과부가 결국은 억울함을 푼 것처럼 의로운 재판장이신 하나님께 끊임없이 기도하라는 내용의 비유이다. 그런데 독자들 중에서는 이 비유에서는 왜 아들과 기도내용에 관한 언급이 없는지 의아해할 분이 있을 수 있겠다. 이에 대한 답은 이 비유를 앞뒤 문맥 속에서 잘 살펴보면 얻을 수 있을 것이다. 즉 이 비유가 17장의 말세에 대한 예수의 예언에 바로 이어지고, "그러나 인자가 올 때에 믿는 자를 보겠느냐?" 라는 말씀으로 마무리 지어졌다면, 우리는 이 비유를 마지막 그날을 바라보는 성도의 관점에서 이해되어야 한다는 점에 동의할 수 있겠다.[103] 다시 말해서, 마지막 날을 바라보는 "택하신 자들"(7절)의 궁극적인 기도제목은 장차 주어질 하늘 나라가 아닐까? 또 과부와 같은 신약 교회가 그 나라를 상속받을 수 있는 법적인 근거는 곧 그리스도가 아니고 무엇이겠는가? 결론적으로, 여인2가 왕에게 나아와 탄원함으로 땅을 돌려받은 사건은 신약 교회가 의로우신 재판장이신 하나님께 "부활하신 예수"의 법적 근거를 가지고 끊임없는 탄원을 드림으로 영원한 그 나라를 상속받을 것을 보여주는 그림자였던 것이다.

그런데, 그리스도로 인해 회복될 땅은 옛적에 이스라엘 백성들이 분배받았던 팔레스타인의 어느 한 부분이 아니다. 그곳은 그리스도의 통치가 이루어진 새로운 가나안 땅, 즉 복음서에 나타나는 '천국'이며, 바울 서신의 용어로는 '그리스도 안'이다. 이 새로운 나라는 예수의 부활과 함께 활짝 열리게 되었다. 구약 성도들에게 예수는 그들의 영원한 땅을 회복시켜 주실 자손이었다면, 부활 신앙을 가진 신약 성도들에게는 맏형(히브리서 2:11)이 되셔서, 그가 계시는 천국에 우리도 기업을 얻게 하신 것이다.

이스라엘의 전쟁사는 여인2의 재산권 회복으로 끝나지 않았다. 오히려 그 후 더욱 처참한 전란에 휘말렸다. 작은 나라들의 정권교체 후 동맹관계는 깨어지고 밀고 밀리는 접전이 계속될 동안은 그래도 나라 전체의 운명이 흔들리지는 않았으나, 불과 한 세기 후 동방에서 일어난 초강대국들의 서진

---

103) Marshall, *Commentary on Luke*, 669. 누가복음의 과부의 기도의 비유에 대해 필자는 마샬의 종말론적 관점에서의 해석에 동의하며, 열왕기하 8장과의 모형학적 연결은 필자의 독자적인 시도이다.

으로 국권을 잃어버리는 지경까지 이르렀다. 수넴 여인의 아들의 부활도 영원한 것은 아니었다. 그러나 그녀의 아들의 부활을 통해 바라본 먼 미래인 메시야의 시대가 실현되면서, 우리가 부활하신 예수로 말미암아 이미 시민권을 얻어놓은 천국은 영원히 흔들리지 않는 나라로 서 있고, 우리는 그 나라에 들어가기 위해 힘써야 하는 것이다.

영원한 왕국은 없는가?

- 열왕기하 13장, 그리고 그 뒤 -

앞서 소개한 영화 〈스콜피온 킹〉의 마지막 장면이다. 고모라의 폭군 멤논을 죽인 후 마테우스는 고모라를 다스리게 되고, 카산드라는 평화와 번영의 시기를 예언한다. 이에 이어 둘은 다음과 같은 대화를 나눈다.

"이 평화의 시기가 얼마나 계속될까?"

"영원한 것은 없사옵니다. 폐하. 그리고 그것이 바로 모든 나라들의 운명이옵니다."

"그렇다면 우리가 운명을 만들어가야 하겠군."

맞는 말이다. 이 땅 위에서는 영원한 나라는 없다. 영원한 전사도 없다. 로마도 영원하지 못했고, 불로초를 구하던, 중국의 첫 황제로 알려진 진의 시황제도 영원히 살지 못했으며, 세계 제일의 군사력과 경제력을 자랑하는 미국도 언젠가는 최강국의 자리를 다른 나라에게 내어주게 될 것이다. 하나님이 특별히 사랑하신 이스라엘 왕국도 영원하지 못했다. 대머리 엘리사도 영원토록 이스라엘을 지켜주지는 못했다. 때가 다해 부르심을 받게 된 것이다.

그러나 주 안에서는 영원한 나라가 있다고 성경은 가르친다. 그 나라는 어떤 나라인가? 이제부터 풀어나가기로 하자.

내 나라는 여기에 속한 것이 아니니라

미국의 리처드 닉슨 전 대통령은 워터게이트 사건의 책임을 지고 울먹이며 하야 성명을 발표한 후 그를 고향까지 데려다줄 비행기 트랩을 오르면서 마지막으로 그의 특유의 제스처인 양 팔을 들고 양 손으로 'V'자를 그려 보이며 웃었다. 이 순간만큼은 수많은 미국인들이 숙연해졌다. 하물며 지금까지 이스라엘을 지켜왔던 특전사 엘리사가 임종을 맞이하는 장면에서 어찌 숙연해 지지 않을 수 있으랴. 그를 찾아온 이스라엘 왕 요아스가 눈물을 흘리며 말했다.

> 내 아버지여, 내 아버지여! 이스라엘의 병거와 그 마병이여!(열왕기하 13:14)

우선 이미 이 책 초두에서 살펴보았던 요아스의 눈물의 의미를 다시 한 번 헤아려보자. 어쩜 짤막한 구절에 너무 많은 의미를 부여하는 것 같을지 모르나, 그저 상식선에서 생각해 볼 때 전혀 의미가 없는 것은 아닐 것이다. 인생무상을 누군들 모르랴. 사람은 누구나 한 번 살다 죽는 법이요, 엘리사라고 예외일 수 없다는 사실은 그도 인정하고 있었을 터. 그럼에도 불구하고 그의 죽음은 요아스에게 큰 괴로움이 될 수밖에 없었던 것이다. 아람의 군사력에 눌려 지내다가 구원자 엘리사의 도움으로 이제 겨우 조금 회복한 상태에서 나라를 지켜주었던 엘리사가 떠나려 한다니, 얼마나 답답한 노릇이었을까? 이제 이 나라는 어찌해야 한단 말인가? 누가 지켜줄 것인가? 그의 이 답답한 심경이 입을 통해서는 이 절규로, 그리고 눈을 통해서는 눈물로 표출된 것은 지극히 자연스럽고 인간적인 모습이었다.

이번엔 엘리사의 마지막 비장한 모습을 보자. 죽어가면서도 나라를 지키는 전사의 모습이 장하다. 왜적에게 화살을 맞았으나 군사들에게 자신의 죽음을 알리지 못하게 했던 조선의 성웅 이순신 장군, 기원후 11세기 무어족의 침략으로부터 스페인을 지키다가 화살을 맞았으나 뽑지 않고 이튿날 죽은 채로 출정했다는 전설적인 이야기가 전해진 '엘 시드'란 별명의 로드리고 디아즈, 그리고 요아스 왕에게 활을 들어 창밖으로 쏘게 하고 땅을 두드리게 함으로써 아람으로부터 이스라엘을 회복할 것을 보여준 엘리사의 모습이 그렇다. 그러나 이스라엘의 회복은 어느 정도에 그칠 수밖에 없었고, 땅위의 정치적 이스라엘은 궁극적으로 우리가 바라보며 위하여 투쟁의 길을 가야 할 나라는 아니었던 것이다.

엘리사가 자신의 투쟁의 삶을 마감한 후에도 투쟁의 역사는 계속되었다. 그 후예들이 계속 바통을 주고받으며 투쟁 역사를 이어왔다. 거의 동시대에 각각 남북 왕국을 다스렸던 두 요아스 왕이 죽고 기원전 8세기로 넘어서면서 북쪽 이스라엘은 예후의 증손자 여로보암이, 그리고 남쪽 유다는 웃시야가 즉위하여 둘 다 장수하며 나라를 다스리는 동안은 다시 강성해진 아시리아의 세력으로 아람 즉 시리아가 약해진 사이 약 반세기 동안 평화와 번영을 누렸다. 그런데, 평안할 때 더욱 조심해야 했었다. 이 시절부터 자신들의 이름으로 된 책들을 남긴 호세아를 위시한 여러 선지자들이 나타나기 시작했다. 그들은 아람을 넘어뜨리고 남하할 아시리아와 그 뒤에서 일어날 신바빌로니아의 서진(西進)을 내다보면서 하나님의 백성들에게 회개의 메시지를 외쳤다. 그러나 그들의 소리 또한 피노키오의 귀에 너무 가늘게 들리던 귀뚜라미 양심 제리미의 소리 같았다. 아시리아와 바빌로니아의 군사력은 아람이 강성했던 시절의 군사력과 비교가 되지 않았다. 이들은 세계적인 제국을 건설한 초강대국들이었으며, 나라를 괴롭히고 압박하는 수준이 아니라 아예 통째 무너뜨리고 온 백성을 포로로 잡아갈 나라들이었다.

이런 역사적 과정을 거치면서 참 이스라엘의 의미가 영적인 차원에서 재해석되고, 엘리사가 모형이 되어 보여준 참 구원자 예수 그리스도로 말미암아 진정하고 영원한 이스라엘이 재건되기까지 그들은 투쟁의 삶을 계속 이어나갔다. 이제 예수 안에서 회복된 이스라엘은 팔레스타인에 세워진 정치적 이스라엘이 아니다. 이 진리는 기원후 1세기의 초강대국이었던 로마의 총독 앞에서 하신 예수님의 말씀으로 확실히 증거되었다.

내 나라는 여기에 속한 것이 아니니라.(요한복음 18:36)

그 나라는 영원한 하늘나라이다. 엘리사처럼 한 세월 활동하다가 죽을 구원자가 아닌, 단 한번의 제사로 영원한 구속을 이루신 참 구원자 예수가 지켜주시는 나라이다. 그 나라는 도둑도 없다. 테러범을 염려해 공항에서 신발도 벗고 허리띠도 풀어야 할 필요가 없다. 대량살상무기도, 사스 공포도, 빈 라덴도 후세인도 없다. 그 나라는 부활한 아들 때문에 여인이 돌려받았던 팔레스타인의 한 모퉁이 땅과는 근본적으로 다르다. 그 때 그 땅의 회복은 일시적이었으며 그림자에 불과했지만, 부활하신 예수로 말미암아 건설된 하늘나라는 영원하며, 그 아들을 구세주로 모신 모든 이들에게 영원한 안식을 주는 나라이다. 바로 이 나라가 우리가 위하여 싸워야 할 나라인 것이다.

그런데 이 나라를 위한 싸움에서 예수님은 이미 승리를 선언하셨다. 그는 부시 미 대통령과는 다르시다. 그의 십자가와 부활을 통한 승리는 결정적이었다. 종전 선언 후 사실상 전쟁상태로 다시 돌아가거나 전사자가 생길 염려는 없다. 주님이 승리하셨다면 승리한 것이다. 그러나 한편으로는 이 전쟁이 마무리되고 영원한 하늘나라가 완성될 때까지 우리의 투쟁은 계속된다.

그런데 이 계속되는 투쟁의 삶을 살아가기 위해 우리는 우리의 싸움이 양면성을 띠고 있다는 점을 명심해야 할 것이다. 그 한 면은 이스라엘의 적국 아람이 실존적인 존재였던 것처럼 우리의 대적, 즉 바울이 말한바 "공중의 권세 잡은 자" 즉 "지금 불순종의 아들들 가운데서 역사하는 영"(에베소서 2:2)은 실제로 저 너머 존재하는 적이라는 점이다. 또 다른 한 면은 우리와 세상 사람들의 약함이다. 우리는 구원은 받았지만 완성되지 않은 채 여전히 약점을 지니고 있으며, 반면 주를 알지 못하는 자들은 모두 마귀의 편이 아니며, 그중에서도 장차 우리의 형제자매가 될 사람들이 얼마든지 있다는 점을 또한 명심해야 하겠다.

이 같은 악한 세력과의 투쟁과 관련해 루이스빌 장로교 신학원의 신약학 교수인 수전 가렛트는 방금 언급한 양면 중 한쪽으로만 치우치는 극단을 피하도록 경고한다.104) 그녀는 내적인 투쟁이나 외적인 투쟁 중 어느 한쪽으로만 치우치지 말고 "중용"을 취할 것을 권고하면서 다음과 같이 말한다.

> 윙크의 견해[그는 악은 실존이 아니라 일종의 컴퓨터 바이러스 같은 것으로서 인간의 내부에서만 문제를 일으킨다고 본다.]를 참고해 권세 있는 자들을 향해 그들의 우상숭배를 위한 핑계와 약자들 위에 군림함이 죄란 사실을 지적하고, 하나님이 그들을 세상에 보내신 바른 목적으로 돌이켜 구원을 받게 하자. 그러나 라하이와 젠킨스의 견해[악은 우리 밖에 있는 실존이며, 바깥에서만 공격할 수 있는 존재라고 이들은 주장한다.]와 신약의 가르침을 따라 구원의 능력은 우리의 것이 아니라 그리스도의 것으로 실제로 존재하는 것이며, 유한한 우리가 다룰 수 있거나 잘못을 드러내기만 하는 인간적인 능력이 아니라 새롭게 하시는 신적인 능력임을 말하자.105)

---

104) "Christ and the Present Evil Age," *Interpretation* 57/4 (2003) 370~383.

105) Ibid., 380. 영어 원문은 다음과 같다. 단 [ ]내의 말들은 독자들의 이해를 돕기 위해 필자가 덧붙인 것임: "With Wink [for whom evil is not a real being but something like a computer virus that makes change inside only], let us see our mission as one of naming the powers, unmasking their pretensions to idolatry and their sinful dominion of the weak, and redeeming them by calling them back to the Creator's purposes for them in this world. But

　그녀의 언어구사가 조금은 난해할지 모르겠고, 또 전반부를 보면 개인적인 약함에 대한 관심은 별로 없이 사회악만을 강조하는 쪽으로 기우는 듯하다. 그러나 우리가 이점을 주의해 악의 세력과 싸우는 우리 자신의 연약함에 관한 문제도 그녀의 논지에 보탠다면, 그녀의 "중용" 정책은 매우 적절한 것으로 보인다. 그녀의 "중용" 정책을 현실에 적용해 보면 그 진의를 금방 알 수 있다.

　가령 북핵 문제 같은 정치적인 사안에 이 정책을 적용해 볼 수 있겠다. 즉 남한의 햇볕정책과 미국의 소위 "달빛정책"106)을 잘 조화시킨다면 어떨까 싶은 생각을 해볼 수가 있겠다. 즉 햇볕정책을 통해 인간 존엄성을 무시한 억압정책이 결국 파멸을 가져올 것이며, 자유와 인간존중 만이 공산주의가 망쳐놓은 나라를 다시 살릴 수 있다는 확신을 북한의 지도자들과 백성들에게 심어줄 수 있을 것이다. 즉 그들의 마음속에 변화를 일으키는 것이다. 다른 한편으로는 햇볕정책을 오해하거나 악용하려는 모든 시도에 대해서는 철퇴를 가함으로써 바램은 있으나 스스로의 힘으로는 벗어날 수 없는 억압정책으로부터 북한 동포들을 구출할 수 있는 길을 모색하는 것이다. 즉 그들의 외부에서 그들을 억압하는 세력을 분쇄함으로써 바뀐 생각을 실현할 수 있도록 길을 열어주는 것이다.

　같은 정책은 정치적 세계뿐만 아니라 영적인 세계에서도 적용이 가능하

---

with LaHaye and Jenkins (and the New Testament) [for them evil is a real being but invades from outside only], let us also insist that the power to redeem is not actually ours but Christ's and that it is real power, power beyond what we as mortals can muster, not merely human power to unmask but divine power to create anew."

106) "달빛정책"(Moonshine Policy)이란 표현은 2002년 12월 29일자 워싱턴 포스트 B07면에 게재된 칼럼니스트 매리 맥그로리의 "부시의 달빛정책"(Bush's Moonshine Policy)이란 기고문에서 부시의 대 북한 강경책을 일컫는 말로 처음 사용되었다.

다. 사실상 이 영적인 투쟁이 이 땅에 속하지 않은 영원한 왕국을 위해 싸워야 할 우리들에게 가장 중요한 투쟁이다. 이점은 바울의 말을 통해 확실히 나타난다.

> 우리의 씨름은 혈과 육에 대한 것이 아니요 정사와 권세와 이 어두움의 세상 주관자들과 하늘에 있는 악의 영들에게 대함이라.(에베소서 6:12)

이 싸움을 위해 우리는 내적 투쟁으로서 불신자들에게 복음을 전하는 아름다운 발을 가지도록 노력하고, 세상에서의 육적인 생활환경 개선을 위해서도 최선의 노력을 다해야 한다. 게다가 가렛트가 언급하지 않은 부분인 자신을 날마다 깨끗게 하는 일도 힘써야 하겠다. 또 외적으로는 우리의 대장 예수께서 앞장서서 싸워 승리하신 실존하는 악의 세력과의 계속되는 싸움을 위해 주님만 따라가야 할 것이다. 이 투쟁의 삶은 그가 영광스러운 재판장으로 다시 오셔서 그의 왕국을 완성하실 때까지 계속될 것이다.

나뉘는 세계

그런데, 우리가 위해 싸울 나라는 하늘나라라는 진리에 근거해서 이 땅의 일에는 무관심해도 된다는 잘못된 생각을 합리화해서는 안 된다. 오히려 주님께서 만물을 새롭게 하실 것이기 때문에 우리는 이 땅의 일에 충실하고 이 땅에서 하나님의 뜻을 이루는 투쟁에 동참해야 하는 것이다. 그러므로 우리는 우리가 처한 상황을 잘 이해하고 그 속에서 어떻게 싸워나가기를 주님이 원하시는지 생각해야 할 것이다. 그럼, 우리가 처한 상황은 어떤가?

우선 지난 일백여년 간의 역사가 낙관주의와 비관주의의 교체로 얼룩져 왔다는 사실은 이미 살펴보았다. 그러니까 19세기말의 낙관주의가 20세기 초의 비관주의에 자리를 내주었고, 냉전이 종식되면서 다시 낙관주의가 대두되었음을 고찰했다. 그러나 우리는 21세기 초를 맞아 갑자기 찾아온 비관주의의 분위기 속에서 살고 있다. 예일 법대 고홍주 학장은 학장으로 내정된 직후인 2003년 11월 뉴욕 타임즈의 한 기자와의 인터뷰에서 최근의 변화를 이렇게 표현했다. "베를린 장벽이 무너진 1989년부터 시작해서 월드 트레이드 센터가 무너진 2001년까지의 기간은 세계적인 낙관주의 시대였다고 볼 수 있습니다. 그러나 9월 11일 세계화의 시대 속에서 우리는 문자 그대로 빛이 꺼져버린 어두움에 떨어졌습니다."107) 여기서 꺼져버린 빛은 그가 주장하는 '법리주의'(the rule of law)로부터 나오는 빛을 의미하는 것 같다. 그러나 필자가 보기엔 법리주의의 빛과 함께 하나님의 빛도 가물가물한 것 같은 참담함을 느낀다.

이러한 비관적인 분위기 속에서 세계는 분열되어 가고 있다.

우선 최근 세계의 이목이 집중됐던 중동을 다시 한번 자세히 보자. 미국이 아프가니스탄의 탈레반 정권을 무너뜨릴 때까지도 세계는 그런대로 미국을 중심으로 연합하는 듯했으나, 미국이 이라크를 공격하면서부터는 세계의 분열이 가속도가 붙어버렸다. 이라크 인들과 아랍인들을 위시한 수많은 사람들은 미국이 표방하는 "민주 이라크"란 사실상 "친미 이라크"와 동의어라고 믿고 있다. 미군은 2003년 연말 사담 후세인은 잡았지만 이라크 민심은 끝내 잡지 못했고, 이듬해 봄 팔루자에서 발생한 미국인 시신 훼손 사건은 이라크 인들의 미국인에 대한 반감을 표출한 극단적이 예가 되었다. 또한 이로 인해 촉발된 팔루자와 나자프 등에서의 연합군과 "저항세력" 간의 전투는 잔인한 4월을 피로 물들였고, 2005년 1월 총선 실시 약속을 지

---

107) The New York Times interview with Koh, November 11, 2003. http://www.nytimes.com/2003/11/11/nyregion/11PROF.html에서도 볼 수 있음. 원문은 다음과 같음: "The period from the fall of the Berlin wall in ′89 to the fall of the twin towers in 2001 was the age of global optimism. On Sept. 11 we literally went out of the light and into the darkness in the age of globalization."

키지 못할까봐 다급해진 나머지 총공격을 감행했던 미군은 2004년 연말 수많은 전사자 가족들에게 슬픈 소식을 전해야만 했다. 결국 바그다드 내의 소위 "녹색 안전지대"(Green Zone)의 구분은 안전을 위한 구분 보다는 분열의 상징이 되어 버린 것이다.

게다가 계속되는 아랍인들의 자살테러와 이스라엘의 보복공격으로 부시 미 대통령의 "로드 맵"이 실현 가능성이 희박해 보이는 상황에서 미국의 반대의사 포기에 힘입은 아리엘 샤론 이스라엘 수상이 일방적으로 공포한 소위 "안보용 울타리"(Security Fence)[108]를 알 자지라 지는 "샤론의 토지 점유용 분리 벽"(The Sharon Land-Grab Segregation Wall)[109]이라고 부름으로써 또 하나의 분리의 상징으로 규정했다. 또한 2004년의 잔인한 4월을 전후해 샤론이 팔레스타인 게릴라단체인 하마스의 지도자 셰이크 아메드 야신과 그 후계자를 죽임으로써 이스라엘인들과 팔레스타인인들 간의 마음의 벽을 더욱 튼튼히 보강하고야 말았다. 물론 2004년 말경 팔레스타인 지도자 아라파트가 죽은 후 화해의 가능성이 되살아나고 있긴 하지만, 이도 시간을 두고 지켜볼 일이다.

또한 2003년 성탄절 직후 유적도시 밤을 강타한 지진 피해에 대해 세계 각국의 구호를 요청하면서 이란이 이스라엘의 지원은 거부한다고 밝힘으로써 혹시나 재해를 계기로 지구촌 가족들이 하나가 될 수 있을까 하는 일말의 기대에 찬물을 끼얹었다.

세계적인 분열 도미노는 중동만의 문제가 아니다. 미국의 국내 사정도 마찬가지이다. 「타임」 지 기자인 잔 디커슨과 캐런 튜멀티가 2003년 12월 1일

---

108) http://www.dissidentvoice.org/Articles9/Boychuk_Apartheid-Wall.htm.

109) http://www.aljazeerah.info/Special%20Reports/The%20Sharon%20Wall/The%20Sharon%20Land-Grab%20Segregation%20Wall.htm.

판에서 "큰 분열 조장자"(the Great Polarizer)라고 평가한 행동파 부시 대통령 때문에 미국에는 중립 층이 얇아지고 그를 싫어하는 파와 적극 지지하는 파로, 감세 찬성파와 감세 반대파로, 호전파와 반전파로, 유산 반대파와 유산 옹호파로, 그리고 2004년 국정연설 후는 동성결혼 옹호파와 동성결혼 반대파로 나뉘고 있다.110) 그리고 부시 대통령의 2004년 국정연설 이후 동성결혼에 관한 논란이 미국인들을 극과 극으로 갈라놓았고, 같은 해의 대선은 2000년의 대선에서의 분열상이 그대로 재현되었다. 게다가 지금까지 계속되어 온 빈익빈 부익부의 추세 등도 미국을 분열시키는 데 일조하고 있다. 그래서 어떤 이들은 미국이 더 이상 '아메리카합중국'(the United States of America)이 아니라 '아메리카분열국'(the Divided States of America)이 되어 버렸다고 개탄하기도 했다.

또한 미국이 진출하고자 하는 지역마다 세계 각국과의 이해관계 마찰로 분열이 조장되고 있다. 유럽연합과는 중동과 동부 유럽 등을 향한 경제적 주도권 싸움의 열기가 점점 고조되고 있고, 유로는 달러의 세계통화로서의 지위에 도전하고 있다. 한편 중앙아시아에서는 중국을 견제하기 위한 교두보 확보와 석유 수송의 헤게모니를 놓고 러시아와 겨루고 있으며, 구소련 지역 동유럽 국가들에 대한 영향력 행사에서도 러시아와 부딪히고 있다. 두 번씩이나 치르고도 국민들의 마음을 모으는 데 실패한 2004년의 우크라이나 대선은 이 같은 숨은 갈등을 반증하는 좋은 예가 되었다. 뿐만 아니라 이라크 전쟁을 비롯한 각종 국제적인 사안들을 둘러싼 유엔과 미국의 주도권 싸움 또한 지구촌 전 인류를 불안하게 하고 있다.

---

110) John Dickerson and Karen Tumulty, "Love Him Hate Him President: Americans adore Bush or loathe him, how we became a nation divided," *Time* 162/22 (Dec.1, 2003) 28~40. http://www.time.com/time/covers / 1101031201/story.html에서도 볼 수 있음.

소위 북한의 핵 위기를 겪고 있는 동북아는 어떤가? 2003년 5월 17일 기독교방송인 CBS 시사쟈키와의 인터뷰에서 한양대학교의 리영희 명예교수는 한반도의 긴장상태를 유지해 가는 것이 미국의 동북아 정책의 근간이라고 주장했다. 그렇게 함으로써 불안을 느낀 일본이 군사력을 강화하면서 미일동맹이 강화되고, 그 동맹관계를 통해 머지않은 장래 라이벌 초강대국이 될 중국을 견제하려는 것이 미국의 기본전략이라는 것이 그의 주장이다. 지난 세기의 "종이호랑이" 미국과 "잠자던 사자" 중국의 대결이 가까웠다는 뜻인가 싶기도 하다. 필자는 그의 주장을 평가할 만한 식견은 없다. 그러나 같은 해 같은 달 일본의 고이즈미 총리가 자위대를 정식 군대로 부를 수 있도록 헌법을 고치자고 주장하고 나섰고, 같은 달 23일 텍사스에서 부시 대통령과 만나 동맹관계를 재확인하면서 북한에 대해 한 목소리로 경고한 것은 그의 주장을 뒷받침하는 듯하다. 같은 해 가을이 깊어가면서 일본의 자위대는 정식 군대가 될 수 있고 해외 파병도 할 수 있는 법적 장치가 마련되고, 고이즈미 총리의 재선과 함께 일본의 우경화는 더욱 힘을 얻어갔다. 신사참배 부활 작업과 과거 일본 제국의 과오들을 미화하려는 움직임도 주변국의 반대에도 불구하고 계속되고 있다. 이런 점들이 동북아의 여러 나라들을 불안하게 하고 있는 것은 사실이다.

뿐만 아니라 2003년말부터 노골적으로 타이완의 독립을 주장하기 시작한 천수예밴 총통이 이듬해 말썽 끝에 재집권에 성공하고, 중국은 이에 대해 베이징 올림픽을 포기하는 한이 있더라도 타이완을 공격하겠다고 응수했다. 게다가 2002년부터 발동이 걸리기 시작한 소위 '동북아공정'(東北亞工程)을 통해 고구려의 역사를 중국 역사의 일부로 편입하려는 중국의 움직임은 양국이 특별한 조심성을 보이지 않는 한 학문적인 차원에서 보다는 오히려 정치적인 차원에서 한국과의 마찰을 야기하는 원인이 될 수도 있을 것이다.

한국의 국내사정은 또 어떤가? 두 여중생의 미군 탱크 압사 사건 이후 진보파와 보수파는 사사건건 서로 대립해 왔다. "반미냐 미국과의 불평등 관계를 청산하자는 것일 뿐이냐?" 하는 논란 속에서 진행된 촛불시위가 있었는가 하면, 미국과의 혈맹관계를 더욱 공고히 해야 한다는 기독교 단체의 시위도 있었다. 이라크 파병을 반대하는 무리가 있었는가 하면 이를 적극 추진해야 한다는 무리가 있었다. 심지어 기독교계도 2004년 총선을 앞두고 보수진영은 기독교정당을 만들고 진보진영은 이에 반대하면서 낙선운동을 천명하고 나섬으로써 교계의 극명한 분열상을 나타내었다. 이런 와중에 정치인들은 구태의연한 습관을 고치지 않고 새 당을 만들어 겉모습만 고쳤다. 결국 선거자금에 관한 시비로 여당과 야당이 극한 대립으로 치닫더니, 결국 대통령 탄핵 사태를 불러왔고, 이 사태에 크게 영향을 받은 2004년 총선은 한국이 아직도 영·호남간의 정치적 대립을 극복하지 못했음을 입증해 주었다. 또한 총선 이후 본격적으로 수면에 떠오른 수도 이전 문제와 안보법 폐지 문제도 보수와 진보의 대립을 더욱 고조시키고 있다.

이처럼 온 세계가 분열의 길로 치닫고 있는 가운데 인류는 또다시 전쟁과 전쟁, 난리와 난리의 소문에 깜짝깜짝 놀라면서 마음을 졸이고 있다. 하나님께서 또다시 세계를 찢으시려는 것일지도 모른다.

그런데, 이 같은 모든 분열의 배후에 도사리고 있는 것은 무엇인가? 그것은 자기 나라, 자기 파벌, 혹은 자기 자신의 이익을 절대로 양보하려고 하지 않는 인간의 속성이다. 모든 나라가 평화를 외치지만, 실상은 평화보다는 자국의 이익이 우선이다. 어쩌면 개인적인 차원에서는 도움이 필요한 이웃과 사회를 위해 자신을 희생하기가 쉬울 수도 있겠지만, 단체적인 차원이나 국가적인 차원에서는 그게 거의 불가능하다고 보는 것이 옳을 것이다.

나누시는 예수

그러면 이같이 분열되는 세계를 치유할 길은 없는가? 물론 없지는 않다. 우리는 정치, 외교, 군사, 경제, 사회, 문화 등 각 방면의 모든 노력들을 통해서 근본 치유는 못할지라도 최소한 개선은 할 수 있을 것이고, 최악의 경우 최소한 악화 속도를 늦출 수는 있을 것이다. 그러나 이 같은 노력들이 일시적이고 제한적일 수밖에 없는 이유는, 자신의 이익을 양보하기를 거부하는 사람의 근본 심령을 변화시키지 못하기 때문이다. 그러면 사람의 심령은 어떻게 고칠 수 있는가? 평화를 위해 자신을 희생하신 주님을 통해서만 가능하다.

그런데 아이러니컬한 사실은 분열이 있는 곳에 일치를 갖다 주실 평화의 주님이 또한 부시 미 대통령보다 더 크신 분열 조장자라는 사실이다. 게다가 겉으로는 평화만을 말하는 세상 정치인들과는 달리 자신이 분열 조장자심을 친히 증거하셨다. 이는 누가가 기록한 주님의 말씀에서 명백히 나타난다.

> 내가 세상에 화평을 주려고 온 줄로 아느냐? 내가 너희에게 이르노니 아니라. 도리어 분쟁케 하려 함이로라. 이 후부터 한 집에 다섯 사람이 있어 분쟁하되 셋이 둘과, 둘이 셋과 하리니, 아비가 아들과, 아들이 아비와, 어미가 딸과, 딸이 어미와, 시어미가 며느리와, 며느리가 시어미와 분쟁하리라.(누가복음 12:51~53)

그러면 그 분쟁의 씨앗은 무엇인가? 그것은 이 구절의 바로 앞 절을 보면 알 수 있다. 바로 앞 절이란 이미 갈멜 산의 사건과 관련해서 고찰했던, 십자가의 죽으심을 상징했던 또 다른 세례를 말씀하신 구절이다.

> 내가 불을 땅에 던지러 왔노니 이 불이 이미 붙었으면 내가 무엇을 원하리오? 나는 받을 세례가 있으니 그 이루기까지 나의 답답함이 어떠

하겠느냐?(49~50절)

　그렇다. 주님이 일으키시는 분쟁의 씨앗은 나라 간의 이해관계도 헤게모니를 위한 욕심도 아니다. 바로 십자가가 분쟁의 씨앗이다. 예수님의 이 말씀은 바울의 다음 말과 맥락을 같이한다.

　　십자가의 도가 멸망하는 자들에게는 미련한 것이요 구원을 얻는 우리
　　에게는 하나님의 능력이라.(고린도전서 1:18)

　그렇다. 십자가는 보는 사람에 따라 전혀 다른 두 모습으로 다가온다. 성도인 우리가 십자가를 바라볼 때는 우리를 정결케 하시고 구원하시는 능력으로 나타나지만, 주님 편에 서지 않은 이들에게는 심판으로 다가오는 것이다. 우리는 이미 갈멜 산의 결전 사건에서 그 그림자를 보았다. 온 이스라엘이 모여 수축한 제단에 불이 떨어졌던 것처럼 불같은 심판의 십자가 위에서 우리의 화목제물이 되신 주님이 온전한 고난을 받으시고 승리하셨을 때, 그를 구주로 믿고 하나님께로 돌아오는 사람들은 그의 부활에 참여할 자격이 보장되었으며, 그를 반대하는 사람들은 바로 그 불의 심판을 받게 된 것이다. 이 같이 불같은 십자가가 분쟁의 씨앗이 되어 세상을 두 편으로 갈라 놓는 것은 완전한 하나 됨을 위해 거쳐야 할 필수적인 과정이며, 이를 통해 주 안에서 거룩해 진 백성들에게는 누구도 빼앗을 수 없는 평화가 이루어지는 것이다.

　이 세상에서는 완전한 평화란 없다. 그러나 주 안에서는 참된 평화가 있다. 우리는 그 그림자를 엘리사와 그를 따르던 무리들에게서 보았다. 칠흑같이 어둡고 피비린내 나는 전쟁의 시기에도 그들 안에서는 사랑과 은혜가 넘쳤다. 이처럼 우리가 주 안에 있는 자유와 평화에 참여하고, 또 이에 아직 참여하지 못한 이들을 힘써 불러들여 주 안에서 평강을 누리는 사람들이 점점 많아지면, 이 세상도 점점 개선되어 나갈 것이다.

세상은 시시각각 변하고 있다. 독자들이 이 책을 읽을 때쯤이면 세상이 또 어떻게 변해 있을지 모르지만, 하여튼 한 가지 확실한 것은 현재의 모든 상황들이 우리의 코스가 지난 세기 말 꿈꾸었던 멋진 코스와는 정반대의 험하고 괴로운 코스가 될 것임을 시사하고 있다는 점이다. 우리가 달려야 할 투쟁의 삶의 코스는 이와 같은 긴장, 대립, 위협, 신 보수주의의 대두, 강대국들의 우경화 경향, 그리고 군국주의의 부활에 대한 우려가 고조되고 있는, 하사엘과 예후의 쿠데타 이후의 팔레스타인의 상황처럼 혼란한 코스이다.

그렇다면 이 같은 혼란한 코스를 싸워 나가야 할 우리에게 요구되는 것은 무엇일까? 그것은 십자가로 서로 분쟁케 하시고 그 분쟁을 통해 진리를 세우시고 진리 편에 하나님의 백성들을 모으신 주님을 따르는 용사로서 한 판 승부를 위한 엘리야의 비장한 각오일 것이며, 하나님께서 다시 찢으실지도 모르는 세계를 위한 엘리사의 눈물일 것이다. 또한 그 와중에서 주 안에서 평화를 이룬 사람들과 함께 자기 사람들을 끝까지 사랑하신 예수의 사랑을 나누는 삶일 것이며, 자기 사람들을 넘어 원수에게까지 복음의 햇볕을 비추고자 하는 열린 마음일 것이다. 그리고 이러한 삶을 살아가는 우리의 눈은 부활하신 주님으로 말미암아 우리가 상속받게 될 하늘나라를 바라보며 각자에게 주어진 코스를 달려가야 할 것이다. 헷갈리던 시절 오로지 여호와만을 믿고 그가 정해놓으셨던 투쟁의 길을 끝까지 완주했던 털보와 대머리처럼 우리도 각자에게 주어진 코스를 싸우며 달려가야 할 것이다. 먼저 투쟁의 코스를 완주하고 영원한 나라의 스타디움에서 우리 이름을 부르는 선진들의 모습을 바라보며, "믿음의 주요 온전케 하시는 이"(히브리서 12:2)이신 예수를 바라보며, 마지막 승리의 날을 바라보고 달려야 할 것이다.

끝까지 뛸 수는 있다

남아프리카의 요한네스버그였던 것으로 기억된다. 아니, 다른 도시였을 수도 있다. 매덕스 가의 아버지 윌 매덕스는 성공적인 사업가이기 이전에 일등만 고집하던 마라토너였다. 그의 자녀들 또한 전원 운동선수들이었다. 이등을 싫어하는 아버지를 만족시키려고 다른 선수들을 매수해 자동차경주에서 우승했던 큰아들은 오히려 아버지의 노여움을 사고, 진정한 실력으로 아버지를 기쁘시게 해 드리려던 다음 경주에서 사고를 당한다. 아버지를 이어받아 마라토너가 된 둘째는 아버지의 건설공사장에서 사고로 죽는다. 단거리 선수인 셋째는 스스로의 인생을 찾아 아버지를 떠났다가 예비 수녀와의 금지된 사랑으로 인해 상처를 받고 돌아온다. 수영선수인 외동딸만은 어머니가 감싸고돈다.

마라톤 대회가 가까웠다. 해마다 출전했던 매덕스 가의 대표선수가 없어진 상황에서 아버지 윌 매덕스는 매덕스 가의 마지막 희망으로 자신이 뛰겠다고 결심한다. 우승을 목표로. 이 때 그의 나이 49세이다. 나이가 많아 도저히 뛸 수가 없다고 만류하던 친구가 하는 수 없이 그의 훈련을 도와준다. 쓰러지고 또 쓰러지면서 훈련을 끝내고 출발선에 선다. 그런데, 수많은 선수들 속에 서 있는 막내아들을 발견하고 놀란다. 단거리 선수인 아들이 어떻게 마라톤 대회에 출전했는지 묻는다. 아들은 자기 나름대로 달리고 싶다고 대답한다. 출발신호가 울린다. 노련한 마라토너였던 아버지는 아들의 페이스를 잡아주고 뒤로 처진다. 친구가 그에게 묻는다. 막내아들이 대표로 뛰고 있으니 이젠 중단해도 되지 않겠느냐고. 그는 대답한다. "우승은 못할 것이다. 그러나 끝까지 뛸 수는 있다." 이제는 매덕스 가의 대표가 아니라 개인 윌 매덕스의 코스, 즉 "자신의 코스"(My Way)를 달리는 것이다.

마라토너들의 골인지점인 스타디움이다. 두 번째로 들어온 아들은 마지막 혼신의 힘을 다해 선두를 아슬아슬하게 제치고 골인해 극적으로 월계관을 받는다. 매덕스 가의 우승의 전통은 그대로 이어진다. 그 뒤로 선수들이 줄줄이 골인한다. 그리고 한동안 뜸하더니, 한 사람이 비틀거리며 들어온다. 윌 매덕스이다. 쓰러질 듯 쓰러질 듯 다가오는 그를 본 관중들은 하나씩 둘씩 일어서기 시작한다. 그가 쓰러진다. 누군가가 "윌! 윌" 하며 소리지르기 시작한다. 어느덧 다 일어서서 "윌! 윌!" 하며 그를 격려한다. 쓰러졌던 그는 다시 일어나 기어코 골인지점까지 도달한다. 목발 짚은 큰 아들, 자신을 싫어하는 시아버지의 손자를 임신한 큰 자부, 그리고 그보다 먼저 골인한 막내아들과 그가 잠자리를 같이 하지 않았던 것은 성불구자가 돼버렸기 때문이란 걸 알고 괴로워했던 그의 아내, 그리고 수많은 사람들이 그에게로 달려와 그의 완주를 축하한다.

대학 시절 감명 깊게 보았던 남아프리카 영화 〈마이 웨이〉(My Way. 원명은 The Winners. 1974)가 이 글을 쓰고 있는 이 순간 더욱 필자의 가슴을 저리게 하는 이유는 무엇일까? 어쩌면 이 글을 쓰기 시작했을 때의 필자의 나이가 미국식으로 49세가 되었다는 우연의 일치에도 어떤 의미가 있는 건지 모르겠다. 그러나 그보다 더욱 윌 매덕스의 인생에 필자의 살아온 내력의 일부가 투영되어 있는 듯한 느낌 때문일 게다. 겉모습만 본다면 그와 닮은 점이라곤 별로 없다. 이루어놓은 것도 하나 없이 나이만 먹었다. 그러나 친구들이 이해해주지 못하고 끝내는 가족들조차 돌아서버리는 그의 '일등주의'에의 집념처럼, 남들은 물론 가족들조차, 심지어 아내조차 쉽사리 받아들이지 못하는, 필자의 눈에만 그렇게도 멋있게 보이던 원칙주의 혹은 이상주의라는 목표를 향해 달리다가, 결국은 혼자 남았다는 절대고독을 느끼기도 했다. 그래서 이젠 혼자 달릴 수밖에 없다는 생각과 인생 경주의 목표를 수정해야 하는 쓰라림을 맛보았다는 사실들 때문에 그에게서 어떤 동질감을 느끼고 있는 것일 게다.

수많은 번민과 의혹 속에서도 예수에 대한 신앙은 결코 저버리지 않았지만, 그럼에도 불구하고 필자를 자주 괴롭히고 절망감에 사로잡히게 하는 것들이 있다. 이루지 못한 꿈으로 인한 좌절감, 경제적인 고통, 사회 진출의 문턱에 서있는 자녀들에 대한 의무감, 오랜 투병 끝에 결국 하늘로 가신 어머님에 대한 죄책감, 그리고 누구도 알아주지 않을 것 같은 나만의 외로움…… 어쩌면 믿음 없기 때문에 가지게 되는 부정적인 생각이 아닐까 싶기도 하고, 카프카의 소설 「성」의 주인공 K처럼 부르심을 받았다고 주장은 하지만 실상은 부르심을 받지 않았던 사람이 아니었을까 하는 의혹마저 생긴다. 혹은 나를 에워싼 아람 군대 너머 불 말과 불 병거의 천군들을 보지 못하는, 영안이 어두운 사람이 나일지도 모르겠다.

하나님이 "이 길을 달리라."는 사명을 주셨다고 믿고 있지만, 실상은 그게 아닐 지도 몰라. 아니야, 약한 마음 가지면 안돼. 남들이 믿음 없는 사람이라고 멸시할 거야. 꾸준히 뛰다보면 언젠가는 놀라운 세계가 내 앞에 전개되는 날이 올 거야. 아니, 하나님의 영광이 아니라 내 영광을 위해 달려가고 있었다고 날 버리신 건 아닐지. 넘어지고 쓰러져도 포기하지 않고 다시 일어나 달리다 보면 수많은 관중이 날 격려해 줄 스타디움이 나오기는 할까? 아니면 알라 신 만이 방황하는 아라비아 사막에서 끝없이 방황하게 되는 것일까?

이런 저런 생각들을 계속하며 어쨌거나 필자는 오늘도 달리고 있다. 많은 성도들이 각자의 경주 코스를 달리는 동안 나름대로 고민하고 방황하며 중도포기를 생각하고 있을지도 모르겠다. 그러나 히브리서 기자는 11장과 12장을 통해 허다한 증인들이 스타디움을 가득 매우고 모두 우리를 격려하고 있다고 말한다. 거기는 우락부락한 털보 엘리야도 조용하고 차분하지만 다부졌던 대머리 엘리사도 자신들의 경주를 끝내고 저기서 우리를 응원하고 있고, 믿음으로 죽은 자들을 부활로 돌려받은 그 때 그 여인들도 거기 있다. 예수의 부활을 통해 천국의 기업을 얻기까지 달리라고 우리 이름을 불러주고 있다. 그들은 월을 응원하던 관중들과는 다르다. 그들은 모두 우리처럼 자신들에게 주어졌던 투쟁의 코스들을 우리보다 앞서 달렸던 사람들이며, 그러므로 그들은 "관중"이 아니라 "증인"이라 부르는 것이다. 그들은 한결같이 우리의 고뇌와 번민을 경험했던 사람들이므로 더욱 연민의 정과 확신을 가지고 우리를 격려하는 것이다. 그리고 그 누구보다도 "모든 일에 우리와 한결같이 시험을" 받으신 예수님,(히브리서 4:15) "우리를 위해 십자가를 참으사 부끄러움을 개의치 아니하시고" 승리하셔서 하나님의 우편에 앉으신 그가 우리를 격려하고 계신다.(12:3)

꿈에도 생각지 못했던 일, 있을 수 없었던 일이 터져, 처음 꾸었던 꿈의 나래를 접을 수밖에 없게 되었다. 그러다가 문득 그 때 그 영화가 생각났고, 어느 샌가 삶의 목표가 바뀌어 버린 자신을 보고 적이 놀라게 되었다. 그렇다. 그 때 태평양 상공에서는 20년 후의 자신의 모습이 이렇게 되리라곤 생각지 못했지만, 처음 가졌던 꿈이 사라지면서 모든 것이 끝난 것처럼 보였지만, 이런 필자에게도 아직은 여전히 달려갈 길이 남아있을 것이란 생각이 든다. 우승은 못하겠지만 끝까지 달릴 수는 있다는 그의 말을 자신에게 뇌이면서, 그리고 천국의 스타디움의 모든 관중들이 기립해 나를 향해 격려의 환호를 보내는 모습을 상상하며, 필자의 생각으론 도무지 이해가 안 되는 이 길을 하나님이 주신 마라톤 코스로 믿고 오늘도 달려야 하겠다.